拉美国家现代化道路研究丛书
韩 琦 主编

阿根廷现代化道路研究
——早期现代化的历史考察

董国辉 著

世界图书出版公司
北京·广州·上海·西安

本书系
教育部人文社会科学重点研究基地重大项目
"拉美主要国家的现代化道路"
（项目批准号：06JJD770017）的成果之一。

本书由
南开大学"世界现代化进程研究"哲学社会科学创新基地
（"985工程"二期项目）资助出版。

目 录

"拉美国家现代化道路研究丛书"总序 …………………… 韩 琦 001

前言……………………………………………………………………… 001

第一章 阿根廷现代化进程启动的背景…………………………… 022
　一、罗萨斯独裁和1853年宪法 022
　二、英国势力的渗透 030
　三、阿根廷统一与现代化进程的启动 039

第二章 阿根廷早期现代化的思想准备…………………………… 044
　一、欧洲思想的影响 044
　二、"1837年一代"的思想鼓噪 049
　三、"文明—野蛮"之争 055
　四、实证主义的影响 062

第三章 阿根廷"美好时代"的经济增长………………………… 066
　一、初级产品出口繁荣 067
　二、其他经济部门的发展 073
　三、影响增长的经济要素 078

第四章 早期现代化进程中的政治发展…………………………… 089
　一、寡头民主制的确立与巩固 089
　二、激进公民联盟成立 092
　三、激进公民联盟政府的民主改革 103

第五章　外部冲击与发展模式的转变 …………………………………… 115
　　一、早期的发展模式之争　115
　　二、大萧条对阿根廷的冲击　122
　　三、发展模式的转变　135

结论 ……………………………………………………………………………… 142
　　一、阿根廷早期现代化的悖论　143
　　二、"阿根廷之谜"的原因探析　147

附录　阿根廷早期历史统计 …………………………………………………… 152

参考文献 ……………………………………………………………………… 176

后记 …………………………………………………………………………… 191

出版后记 ……………………………………………………………………… 195

"拉美国家现代化道路研究丛书"总序

韩 琦

从18世纪后期开始,世界上几乎所有的国家和地区都或早或迟地开始了从农业社会向工业社会转变的过程,这是一个客观存在的历史运动。现代化研究的历史任务就是要探索这个转变的过程,特别是第三世界国家在这个转变过程中的规律,用来指导我国自己的现代化建设事业。尽管少数发达国家已经进入了"后工业化"时代,但占世界国家和人口大多数的第三世界国家的现代化正方兴未艾,中国正在高速走向现代化。因此,对包括中国在内的广大第三世界国家来说,现代化研究仍然是一个现实意义极强的课题。

追寻工业文明是现代化作为全球历史进程的共同特征,但在不同的国家和地区,由于其地理位置和自然条件、历史遗产、文化传统、经济技术改造和社会改革的方式、对国际环境变化的应变能力等方面的差异,现代化道路和模式会呈现出不同的特点,现代化从来没有不可逾越的单一模式。研究和比较各国现代化的道路和模式,从中寻找出各国现代化进程的共性和个性,并使本国的现代化进程做到共性与个性的有机结合,也就是将现代化普遍规律与本国的具体实践相结合,从而在现代化进程中趋利避害,实现现代化的健康顺利地发展,这是我们从事现代化研究的一个重要目的。

在第三世界中,大多数国家是在第二次世界大战以后才启动现代化进程的,其现代化历史只有半个多世纪。但拉美国家则不同,如果从19世纪初的独立运动算起,至今已经有了200年的寻求发展的历史;如果从1870年算起,其现代化进程也已经历了一个多世纪。拉丁美洲是第三世界中唯一一个经历了古典自由主义、结构主义和新自由主义三种经济现代化战略,和初级产品出口导向、进口替代工业化、新型出口导向三种发展模式的地区。拉美的政治模式也经历了考迪罗主义、寡头威权主义、民众威权主义、官僚威权主义、现代代议制民主政治的演变。由于拉丁美洲是由33个国家和地区组成的,各国的情况又不尽相同,充满了多样性,因此,拉丁美洲是发展中国家最大、最丰富多彩的现代化"实验室"。这里积累了现代化建设的丰富的经验和教训。

国内拉美学界对拉美国家现代化的研究起步于20世纪80年代后期，并发表了不少研究成果。特别是2002年以中国社科院资深研究员苏振兴先生为首的课题组承担了中国社会科学院重大课题"拉美现代化道路研究"，辛勤耕耘，历时4载，最终以《拉美国家现代化进程研究》一书面世。该书五十余万字，从现代化进程、工业化、农业现代化、经济社会结构的变动、政治现代化等方面对拉美地区现代化作了比较详细全面的阐述，将国内的拉美现代化研究提高到了一个新的水平。但是，这本著作是以"地区"为单位研究的。我们通常讲的现代化首先是民族国家的现代化，因为民族国家是现代化的载体。因此，以"国家"为单位对拉美主要国家现代化道路加以剖析尚是拉美现代化研究的一个薄弱环节。

2006年我们申报了教育部人文社会科学重点研究基地重大项目"拉美主要国家的现代化道路"，并于该年年底获得比准。本丛书正是该项目的结项成果。该课题最初的设计是由五本专著组成，即《巴西现代化道路研究》（北京大学董经胜副教授）、《墨西哥现代化道路研究》（南开大学韩琦教授）、《阿根廷现代化道路研究》（南开大学董国辉副教授）、《古巴现代化道路研究》（南开大学王萍教授）、《中美洲现代化道路研究》（南开大学王翠文副教授）。确定这样的五本著作是基于如下的考虑：我们要加强对拉美主要国家现代化的国别研究。巴西、墨西哥和阿根廷是拉美的三个大国，其面积和人口加在一起均占整个拉美的一半以上，它们启动现代化的时间比较早，现代化的发展水平也比较高。它们虽然都想走一条"中间道路"，但巴西现代化是在咖啡经济带动下启动的，瓦加斯的民众主义政府实行了"巴西化"的进口替代，在军政府的官僚威权主义时期，巴西现代化出现了"巴西奇迹"。墨西哥现代化在通过墨西哥革命否定了迪亚斯的早期现代化模式之后，进行了卡德纳斯时期的政治和经济制度的创新，然后在革命制度党的领导下，现代化取得了长足发展，出现了"墨西哥奇迹"。阿根廷的现代化在20世纪初是拉美国家的佼佼者，但到20世纪末却被称为"破落"国家，政治长期动荡和经济由盛而衰成为人们费解的"阿根廷之谜"。古巴是西半球唯一的社会主义国家，它一直在探索走一条社会主义现代化的道路。中美洲由七个小国组成，是连接南北美洲和大西洋与太平洋的十字路口，战略位置十分重要，历史上是外国列强极力争夺和控制的地区，属于长期奉行初级产品出口发展模式的地区。应该说，这是五个特点鲜明、具有代表性的国家和地区。但是，作为拉美主要国家的现代化道路研究，仅仅这五个国家和地区似乎又不能反映其全貌，为了避开

"只见树木，不见森林"之嫌，我们接受了中国社科院拉美研究所资深研究员张森根先生的良好建议，将美国著名拉美问题专家伯恩斯先生《简明拉丁美洲史》（王宁坤译、张森根校）的最新版本（第8版）纳入到本丛书中，这是一本从现代化的角度诠释拉丁美洲历史的名著，它的加盟为我们的丛书锦上添花，弥补了本丛书地区研究的不足，从而使拉美现代化的多样性和一致性在本丛书中能够得到较好的体现。在此，我们对已经驾鹤仙去的伯恩斯先生以及对第8版的修订作出重要贡献的朱莉·阿·查利普教授表示由衷的感谢！

2003年中国的人均GDP超过了1 000美元大关，这标志着中国的现代化进入了一个新的阶段。随着中国现代化速度的加快，中国的能源、原材料需求与日俱增，中国也需要扩大制成品的出口市场，而拉美以其丰富的自然资源和广大的市场吸引了国际社会越来越多的关注。对中国来说，拉美的战略地位愈益凸显出来。然而，正如我国拉美史专家林被甸先生所言："近年随着中国国际交往的扩大，拉美的重要性在国人心目中的地位日益增加。但我们主要关注的是他们丰富的自然资源，那里历史上出产过闪闪发光的白银和黄金，今天又有数不尽的铁矿、铜矿和石油。可是拉美除了这些有形资源外，还蕴藏着一份极为宝贵的无形资源，至今仍未被人们所充分认识。这份无形资源就是他们200年寻求发展的历史和经验。""开发这份'无形资源'，总结拉美国家寻求发展的历史经验，对于包括我国在内的发展中国家具有很大的借鉴意义，对于我们正确认识未来世界的发展趋势，正确选择发展模式，把中国现代化事业推向前进，具有独特的重要意义。"[①]林被甸先生的这段话寓意深刻，但愿我们的这套丛书能为开发拉美的这一宝贵的"无形资源"作出微薄的贡献！

2009年4月30日于南开大学

---

① 林被甸："当代视野下的拉美史学新探索"，《世界历史》，2005年第3期。

前　言

对于中国人来说,阿根廷是一个遥远的国度。它位于南美洲东南部,东濒大西洋,南与南极洲隔海相望,西邻智利,北与玻利维亚、巴拉圭交界,东北与乌拉圭、巴西接壤。全国划分为 24 个行政单位,由 22 个省①、1 个地区(火地岛行政区)和联邦首都(布宜诺斯艾利斯)组成,领土面积 277.6889 万平方公里,在世界各国中居第 8 位,在拉丁美洲国家中居第 2 位。2012 年 7 月,阿根廷的总人口为 4 210 万,主要民族是白人,占总人口的 97%,多属意大利和西班牙后裔;印欧混血种人、印第安人等其他民族占 3%。92% 的居民信奉天主教,其余居民信奉基督教新教、犹太教及其他宗教②。官方语言为西班牙语。

阿根廷的自然条件十分优越③。全国的地势由西向东逐渐低平。西部是以

---

① 各省名称分别是:布宜诺斯艾利斯(Buenos Aires)、圣菲(Santa Fe)、科尔多瓦(Córdoba)、门多萨(Mendoza)、图库曼(Tucumán)、恩特雷里奥斯(Entre Rios)、查科(Chaco)、科连特斯(Corrientes)、萨尔塔(Salta)、圣地亚哥德埃斯特罗(Santiago del Estero)、米西奥内斯(Misiones)、圣胡安(San Juan)、胡胡伊(Jujuy)、里奥内格罗(Rio Negro)、福莫萨(Formosa)、丘布特(Chubut)、圣路易斯(San Luis)、内乌肯(Neuquén)、拉潘帕(La Pampa)、卡塔马卡(Catamarca)、拉里奥哈(La Rioja)、圣克鲁斯(Santa Cruz)。

② Central Intelligence Agency (CIA), *The World Factbook*: *Argentina*, https://www.cia.gov/library/publications/the-world-factbook/geos/ar.html. 值得注意的是,2013 年 3 月 13 日,来自阿根廷首都布宜诺斯艾利斯的枢机主教豪尔赫·马里奥·贝尔高利奥(Jorge Mario Bergoglio)当选为新任罗马教皇,称号为方济各一世(Francis I)。他是第一位来自欧洲以外的罗马教皇,也是第一位当选教皇的耶稣会教士。这在某种程度上说明,阿根廷和其他拉美国家在天主教世界影响的日益增强。

③ 美国学者乔纳森·C·布朗用这样一个笑话来概括了阿根廷自然条件的优越。他说:"在上帝创造地球后,他发现南锥体已经得到了所有的财富:辽阔的大草原、丰富的石油储量、雄伟的山脉、迷人的丘陵与湖泊、肥沃的河谷和多样的气候。于是,为了平衡,他让这个地区住上阿根廷人。"乔纳森·C·布朗:《阿根廷史》,262 页,上海:东方出版中心,2010。

绵延起伏、巍峨壮丽的安第斯山为主体的山地,约占全国面积的30%。该地区的葡萄和其他水果种植业发达,是阿根廷重要的葡萄酒酿造中心;东部和中部的潘帕斯平原,约占全国总面积的21%。这里地域广阔、地势低平、气候温和、土地肥沃,拥有耕地2 300万公顷,占全国耕地的87%,是闻名世界的农牧业生产基地。阿根廷人自豪地说:我们的潘帕斯平原,"从大西洋起,一犁头耕到安第斯山山麓,都不会碰到一块石头"①。这里集中了阿根廷主要的粮食、油料和饲料作物的生产,畜牧业以养牛为主,牛的存栏量占全国的三分之二以上。潘帕斯平原地区集中了全国农牧业生产的80%和工业生产活动的85%;北部主要是格兰查科平原,多沼泽、森林,主要盛产木材、桐油、亚麻、烟草和柑橘、棉花等经济作物,畜牧业也很发达;南部是巴塔哥尼亚高原,约占国土面积的30%,是阿根廷重要的羊毛生产基地。阿根廷境内的河流湖泊众多,水力资源十分丰富。巴拉那河全长4 700公里,为南美洲仅次于亚马逊河的第二大河。除此之外,阿根廷的矿产资源亦非常丰富,主要有石油、天然气、绿柱石、铀、煤炭、铁和银等。据相关统计材料显示,截至2012年11月,阿根廷的石油储量达到25亿桶,天然气储量为3 900亿立方米,储量在南美洲居于第三位。② 可以提炼稀有金属铍的绿柱石蕴藏量估计达1亿吨,仅次于巴西,居世界第二位。铀矿资源丰富,约占世界总储量的0.25%,在拉美各国中居于首位。③

正是仰仗其得天独厚的自然条件和有利的国际经济环境,阿根廷一度成为世界上最为成功的国家之一,在20世纪初期是当时世界上最为富裕的少数国家之一。著名的统计学家安格斯·麦迪森(Angus Maddison)以1990年的国际元价格估算,1820年阿根廷的人均GDP达到1 300国际元,高于美国的1 257国际元和西欧国家的1 230国际元(见表1)。阿根廷独立后的半个多世纪中,由于长期处于考迪罗统治下的战乱之中,经济发展受到严重影响。到1870年,阿根廷已经相对落后于美国和澳大利亚了,从表1中的指标就可以看出这种相对的落后。

从1870年起,阿根廷开始了其现代化进程中的"美好时代"(Epoca Bella),它充分利用国际市场对初级产品需求的迅速增长,通过引进外资,大力发展肉

---

① 江时学主编:《阿根廷危机反思》,前言第2页,北京:社会科学文献出版社,2004。
② Business Monitor International, *Argentina Oil & Gas Report*, November 2012, p. 10.
③ 王海军、于银杰:"阿根廷矿产资源及矿业投资研究",49页,《西部资源》,2007年第4期。

类、谷物等初级产品的生产和出口,迅速积累了财富,成为当时世界上经济增长最为迅速的国家之一。例如,如安格斯·麦迪森利用购买力平价的方法计算出1870—1913年阿根廷GDP的年均增长率为6.02%①。对此,阿瑟·刘易斯强调说,如此高的经济增长率,"使得阿根廷能与日本竞争1880年到1913年间世界上增长最快国家的称号"②。到1913年,阿根廷的人均GDP达到3 797国际元,超过了一些西欧国家,仅次于美国、英国和澳大利亚(见表1)。阿根廷成为世界上最富裕的国家之一。然而,从20世纪中期开始,阿根廷逐渐地显得落后了,它与世界发达国家之间的差距越来越大。到1998年,阿根廷的人均GDP为9 219国际元,而过去与他水平相当的西欧国家达到了18 742国际元,美国更是超过了27 300国际元。以汇率方法计算的人均收入差距则更大。以2009年为例,阿根廷的人均国民收入为7 570美元,美国高达47 240美元。③ 对于阿根廷与美国之间的差距,有学者这样描述道:"美国和阿根廷选择了不同的道路,但它们并不是命中注定要选择各自的道路的。短短一个世纪以前,美国和阿根廷还是竞争对手,从差不多的地方开始起跑。两国都赶上了20世纪初的第一波全球化浪潮。两国都很年轻,都有富饶的农场、信心百倍的出口商。两国都把新世界的牛肉送上了原来欧洲宗主国的餐桌。20世纪30年代大萧条降临之前,全世界最富裕的十个经济体,阿根廷排得上号。……一百年之后没什么可选了。美国成了历史上经济最发达的国家,阿根廷成了破产的空壳子。"④

更为糟糕的是,阿根廷从一个成功的国家逐渐沦落为一个充满矛盾的国家。例如,在20世纪初,世人几乎众口一词地说:"阿根廷共和国是当今世界最为进步的国家之一。她在商业、财富、影响力和人口方面仍然在迅速的发展中……阿

---

① 安格斯·麦迪森:《世界经济千年史》,191页,北京:北京大学出版社,2003。
② 阿瑟·刘易斯:《增长与波动》,283页,北京:华夏出版社,1987。
③ World Bank, *World Development Report 2011: Conflict, Security and Development*, Washington, D. C.: The International Bank for Reconstruction and Development, pp. 344,345. 而且,该报告的数据显示,阿根廷不仅与美国等发达国家的差距越来越大,而且还被一些东亚国家和地区远远地甩在了后面。例如,2009年新加坡、中国香港、韩国的人均国民收入分别高达37 220美元、31 420美元、19 830美元;而英国、澳大利亚、德国和加拿大等发达国家的人均国民收入更是分别达到47 240美元、43 770美元、42 560美元和42 170美元。
④ 艾伦·比蒂:《美国不是故意的:一部经济的辛酸史》,3页,北京:中国人民大学出版社,2010。

表1　阿根廷等国人均GDP(1990年国际元)

年份 国家	1820	1870	1913	1950	1973	1990	1998
阿根廷	1 300	1 311	3 797	4 987	7 973	6 512	9 219
拉丁美洲	713	748	1 601	2 700	4 873	5 465	6 324
英国	1 707	3 191	4 921	6 907	12 022	16 411	18 714
西欧	1 230	2 086	3 688	5 013	12 159	16 872	18 742
西方衍生国	1 201	2 431	5 257	9 288	16 172	22 356	17 475
美国	1 257	2 445	5 301	9 561	16 689	23 214	27 331
澳大利亚	517	3 645	5 715	7 493	12 759	17 043	20 390

注：1. 这里的拉丁美洲只包括阿根廷、巴西、智利、哥伦比亚、墨西哥、秘鲁和委内瑞拉等国家。

2. 西欧则包括奥地利、比利时、丹麦、芬兰、法国、德国、意大利、荷兰、挪威、瑞典、瑞士和英国等国家。

3. 西方衍生国是指澳大利亚、加拿大、新西兰和美国。

资料来源：安格斯·麦迪森：《世界经济千年史》，179、189页，北京大学出版社，2003。表中阿根廷1820年的数据，参阅 Angus Maddison, *Monitoring the World Economy 1820-1992*, Paris：OECD, 1995.

根廷正在成为世界上的重要国家之一。"[1]阿根廷注定要成为南美洲的"美利坚合众国"。[2] 然而,到20世纪70年代,有学者很有代表性地指出了"阿根廷社会中的许多似是而非和充满矛盾的特征：富裕而缺乏繁荣；政治变革而无发展和增长；被一些业余人士和打手操纵和利用的,但又精细的政治制度；一种用革命辞藻掩饰的反动政权；以及貌似左倾实则右倾的工会领导人。阿根廷军人现在对

---

[1] John Barrett, "A Century of the Argentine Republic", *The Independence... Devoted to the Consideration of Politics, Social and Economics*, May 26, 1910; 68; 3208; APS Online, p. 1121.

[2] Jorge Schvarzer, "The Argentine Riddle in Historical Perspective", *Latin American Research Review*, Vol. 27, No. 1, 1992, p. 169.

经济的控制甚至比殖民地时期的教会还严厉"。① 到20世纪90年代,世人更是普遍认为:"阿根廷代表了一种经济和社会倒退的、令人难以理解的模式。过去乐观主义的景象为生产的停滞所侵蚀,生产停滞又导致收入的急剧下降,社会边缘化,教育的收缩,以及数十载的制度不稳定和带来野蛮镇压的军事政变。"② 于是就出现了一个引起学术界广泛关注的问题:"阿根廷之谜"——为什么一个在20世纪初还比较富裕的国家,到20世纪末却变得相对贫困和落后了? 为什么一个曾经非常成功的国家,如今却变得危机四伏、矛盾重重了?

一、国外学术界的研究状况

关于这些问题,国外学术界历来就十分重视。早在1944年,美国学者费利克斯·J·威尔就出版了《阿根廷之谜》一书,着重论述了阿根廷的工业化进程,以及在此进程中阿根廷政治、经济、社会等多方面的情况,向世人,特别是美国人介绍了一个"谜"一般的国度。威尔强调,从19世纪末到20世纪40年代期间,阿根廷一共失去了获得持续发展的三次机会。在19世纪末期,阿根廷政府过度依赖肉类和谷物出口,没有通过发展工业来实现经济的多样化,从而失去了第一次机会;"一战"期间,阿根廷经济对外部市场过分依赖的劣势充分暴露出来,但阿根廷政府仍然没有采取切实可行的政策来保护幼稚工业的发展,一如既往地发展出口部门,因而失去了第二次机会;在大萧条时期,阿根廷保守派政府更是用双边主义来回避困难,过分依赖英国的贸易与投资,从而失去了第三次机会。造成这种局面的,不单单是一个比较优势或强调自然禀赋的问题,而是阿根廷国内新兴工业部门与根深蒂固的农牧业利益集团之间根本冲突的问题,而且正是农牧业利益集团在阿根廷政治、经济中占据的压倒性优势地位,使该国屡次与发展工业的良机失之交臂。③ 威尔所提出的"Argentine Riddle"(即"阿根廷之谜")一说,为后来的学术界提供了一个重要的命题。

---

① Claude Pomerleau,"The Argentine Puzzles",*The Review of Politics*,Vol. 37,Vol. 2,April 1975,p. 268.
② Jorge Schvarzer,"The Argentine Riddle in Historical Perspective",*Latin American Research Review*,Vol. 27,No. 1,1992,pp. 169-170.
③ Felix J. Weil,*The Argentine Riddle*,New York:The John Day Company,1944.

卡洛斯·迪亚斯·亚历杭德罗在1970年出版的《阿根廷共和国经济史论文集》中对威尔的观点提出了批判,认为1930年以前的阿根廷经济是非常成功的,不仅出口部门的迅速增长带来了很高的就业水平和人均收入的迅速增长,而且也并没有出现像威尔所称的"失去发展工业的机会"。事实上,1913—1929年间,阿根廷的制造业年均增长率高达3.2%,阿根廷经济呈现出日益多样化的发展趋势。阿根廷经济在1930年以后遇到的困难,归根结底要从国际经济在大萧条后的特点中去寻找。其中,1930年以来阿根廷主要出口产品贸易条件的不断恶化,是最为突出的不利因素,严重地影响了该国经济的发展。除此之外,庇隆主义的崛起,也是阿根廷"失去发展工业机会"的罪魁祸首。卡洛斯·迪亚斯·亚历杭德罗强调,庇隆政府限制外国投资的发展,不重视对外贸易,以及牺牲经济利益的民众主义分配方式,导致阿根廷国内出现了严重的外汇危机和经济危机,使经济增长缺乏持续能力。① 卡洛斯·迪亚斯·亚历杭德罗对阿根廷经济增长不断趋于缓慢的上述两种解释,均在学术界引起了广泛的共鸣。

一方面,许多学者将阿根廷发展进程由盛及衰的变化归罪于庇隆主义的政策失误。1987年,美国普林斯顿大学出版社出版了卡洛斯·H·魏斯曼所著的《阿根廷发展的逆转:战后的反革命政策及其结构性后果》一书。作者在书中借用了威尔的"阿根廷之谜"的说法,"着重探究了为什么阿根廷会变成一个不发达国家的问题",强调阿根廷政府在20世纪40年代所奉行政策的失当,尤其是工业政策和劳工政策的失误,是该国衰落的主要原因。② 同年,巴莱里阿诺·加西亚在其所著的一本小册子中也提出了类似的观点,认为庇隆政府要为"阿根廷的经济扭曲负责"③。1990年,美国学者保罗·H·刘易斯在《阿根廷资本主义的危机》一书中再次强调,阿根廷在20世纪的失败,主要责任在于庇隆主义统治。他说:"无论是工业家,商人还是农场主,庇隆主义的经济战略一开始就激起了他们的反对,然后他们就疏远政府,最后则撤回他们的投资。对未来的信心一旦被破坏,就很难再

---

① Carlos Diaz Alejandro, *Essays on the Economic History of the Argentine Republic*, New Haven: Yale University Press, 1970.

② Carlos H. Waisman, *Reversal of Development in Argentina: Postwar Counterrevolutionary Policies and Their Structural Consequences*, Princeton: Princeton University Press, 1987.

③ Valeriano F. Garcia, *Critical Inquiry into Argentine Economic History, 1946-1970*, New York: Garland Publishing, 1987.

拾起来了。……这可能是阿根廷资本主义危机的根本原因吧。"① 2007年，意大利裔美国学者维托·坦奇在《阿根廷经济编年史》一书中提出，正是由于庇隆政权"创造的永久性财政问题"使阿根廷经历了一个"从富裕国家变成贫穷国家的历程"。他强调说：庇隆政权在1946—1955年间执行的所谓"福利国家"政策，是通过剥削农牧业出口收益建立起来的，它使GDP总量的30%左右均用于社会福利等领域，不仅造成了阿根廷社会的"意识形态分裂"，还使该国陷入永久性的"财政恶性循环"之中。②

另一方面，一些学者更多地从外部因素中去找寻破解"阿根廷之谜"的答案。1962年，美国学者阿莱克·福特在《1880—1914年的金本位：英国与阿根廷》一书中提出，阿根廷与英国之间在19世纪80年代到"一战"爆发之间确立的特殊关系，为阿根廷在20世纪的逐步衰落埋下了伏笔。③ 1973年，美国著名学者H. S. 费恩斯在《1516—1971年的阿根廷共和国》中同样也论及了"阿根廷之谜"（Argentine Puzzle）的问题，他将阿根廷逐步衰落的主要原因归于外部因素，尤其是阿根廷与英国之间特殊的关系。④ 这种将"阿根廷之谜"更多地归罪于外部因素的观点，在20世纪六七十年代大行其道的"依附论"学派中有了最为充分的体现。例如，费尔南多·恩里克·卡多佐和恩佐·法勒托在他们合著的《拉美的依附性及发展》（1979）一书中强调，正是由于阿根廷与英国之间在19世纪末期所发展的密切经济关系，使"阿根廷出现了一个充满活力的、牢固地占据霸主地位的农业出口企业阶层，他们的统治体系涵盖了各种不同的地方集团"，这个集团不仅控制着"出口繁荣时期（1880—1914）"的阿根廷经济与政治，而且在20世纪30年代以后滋生了一个"依附于出口的工业部门"，并因此控制着工业化时期该国的经济与政治。这样，出口寡头集团与代表工业阶层的"民众主义"集团之间

---

① Paul H. Lewis, *The Crisis of Argentine Capitalism*, Chapel Hill: University of North Carolina Press, 1990.

② Vito Tanzi, *Argentina: An Economic Chronicle: How one of the Richest Countries in the World Lost its Wealth*, New York: Jorge Pinto Books Inc., 2007, pp. 1-15.

③ Alec G. Ford, *The Gold Standard, 1880-1914: Britain and Argentina*, Oxford: Clarendon Press, 1962.

④ H. S. Ferns, *The Argentine Republic, 1516-1971*, Newton Abbot: David & Charles, 1973.

的矛盾成为制约阿根廷发展的掣肘之一。① 1981 年，阿根廷人卡洛斯·安德烈斯·埃斯库德在耶鲁大学答辩通过的博士学位论文，将这种"外因论"发挥到了极致。埃斯库德强调，阿根廷与英国之间密切的经济联系，是该国经济繁荣的基石，也是其挑战美国在南美洲霸权的有力武器；"二战"后，美国对阿根廷长期的经济抵制政策和对英国在阿根廷影响的打压，致使阿根廷与英国之间的经济联系越来越疏远，阿根廷经济也因此失去了发展的动力，政治也变得动荡不定，其衰落就不可避免了。②

除此之外，文化因素也成为学者们解释"阿根廷之谜"的研究角度之一。在 20 世纪 60 年代，有学者将阿根廷发展的"大延迟"（Great Delay）归因于阿根廷人"消极的"价值取向，认为它妨碍了"形成那种有助于个人协调地追求共同目标的社会关系。相应地，这种特征又为经济创造性的形成设置了严重的障碍"③。劳伦斯·哈里森在 1985 年出版的《不发达是一种精神状态：以拉丁美洲为例》一书中以阿根廷与澳大利亚之间的比较研究为案例得出结论说，澳大利亚的成功得益于以英国文化为根基的民主政治，而阿根廷的不成功则源自其"政治上的失败"，而这种政治的根源则是"西班牙文化"。④ 1989 年，苏珊·卡维特和彼特·卡维特合著的《阿根廷的政治文化与不稳定》一书出版，他们从伊比利亚传统、天主教伦理、欧洲自由主义思想、合法性的缺失，以及经济价值和民族主义等文化价值观念着手，阐述了阿根廷经济失败的原因，试图用政治文化的方法来破解"阿根廷之谜"。⑤ 1991 年，尼克拉斯·沙姆维出版《阿根廷的发现》一书，从思想文化的角度解释阿根廷为什么会"被广泛视作一个失败国家"的问题，他说：阿根

---

① 费尔南多·恩里克·卡多佐、恩佐·法勒托：《拉美的依附性及发展》，114—121 页，北京：世界知识出版社，2002。关于依附论对阿根廷发展进程的看法以及由此引发的学术讨论，可参阅 James H. Street, "British Influence on Argentine Growth: The Dependency Controversy", *Journal of Economic Issues*, Vol. 16, No. 2, June 1982, pp. 545-553.

② Carlos Andres Escude, *The Argentine Eclipse: the International Factors in Argentina's Post World War II Decline*, Ph. D. Dissertation, Yale University, December 1981.

③ Tomás R. Fillol, *Social Factors in Economic Development: The Argentine Case*, Cambridge: MIT Press, 1961, p. 22.

④ Lawrence Harrison, *Underdevelopment is a State of Mind: the Latin American Case*, Boston: University of America, 1985, p. 128.

⑤ Susan and Peter Calvert, *Argentina: Political Culture and Instability*, Pittsburgh: University of Pittsburgh Press, 1989.

廷是"从第一世界在短短几十年时间内沦落为第三世界的少数国家之一",对此,学术界已经有大量"似是而非的片面解释:殖民地经济结构、不负责任的上层阶级,像庇隆那样的救世主义的鼓动家、反动的天主教会、渴望权力的将军、威权主义传统、共产主义阴谋、无所不能的跨国公司、诸如英国和美国那样的外部列强等"。因此,作者提出了一个"在经济、社会和政治史中经常被忽视的因素:该国最早形成阿根廷观念的知识分子们所造成的思想上的分裂",认为这才是"阿根廷之谜"的深刻根源。① 1998年,戴维·S·兰德斯在其被誉为"新国富论"的《国富国穷》一书中,将这种文化因素决定论发挥到了极致。他强调说:"当局千方百计阻止外来者染指西班牙在新大陆的财富。这种排外行径使西班牙在新大陆建立的帝国失去了最迫切需要的技术和知识,更不要说失去了文化多元性的优势。"而在独立后拉美各国中"机会最佳的"阿根廷,其"价值观与西班牙一脉相承",其"排外""游手好闲"和"爱出风头摆阔的不良的消费习惯"等文化因素,实际上是阿根廷发展进程迟缓的深层原因。② 乔纳森·C·布朗在2009年出版的著作中也应和了这种观点。他说:"阿根廷社会充满了偏见,阶级结构僵化。在许多方面,这个南美国家从来没有克服种族主义、社会歧视和政治傲慢这些殖民遗产。19世纪国家独立后,那些掌握国家政权的人继续使用暴力来维持社会秩序和分配财富。在20世纪初,经济增长和欧洲移民改变了这个国家,然而其政治文化、社会习俗并没有受到影响。移民对传统的阿根廷文化的吸收远远超过了对新的文化的培育。"③

当然,更多学者则从阿根廷现代化进程所面临的国际和国内环境等综合因素来解释"阿根廷之谜"。1978年,劳拉·兰达尔在当年出版的《20世纪阿根廷经济史》一书中写道:"在20世纪初的时候,我们认为阿根廷就是南美洲的美国。到20世纪30年代,一份绝密文件的作者指出,只要阿根廷继续生产奶牛,她将保持其优势,但如果她试图工业化的话,'黑人巴西'将取代阿根廷在南美洲的领导地位,因为巴西有更大的市场。……到20世纪60年代,阿根廷似乎是一个政

---

① Nicolas Shumway, *The Invention of Argentina*, Berkeley: University of California Press, 1991.
② 戴维·S·兰德斯:《国富国穷》,438—458页,北京:新华出版社,2001。
③ 乔纳森·C·布朗:《阿根廷史》,序言第5页。

治上愈发落后的国家,她四分五裂,仇视国外的一切。"①以此立论为出发点,兰达尔系统地考察了阿根廷经济发展进程中的基本理论、部门因素和外部影响,认为阿根廷的衰落既有国内政策失当的一面,也有"英国和美国政府对其干预所带来的种种限制"②。1992—1993 年间,美国的外交关系委员会(Council of Foreign Relations)召开了一系列有关阿根廷问题的研讨会,其中费利佩·A·M·德拉巴尔泽在 1993 年 6 月提交会议的著作《重塑阿根廷经济》引起了广泛的讨论。该书作者强调:"在第一次世界大战后,阿根廷在生活水平和政治民主方面是世界上最为先进的国家之一。它的社会发展水平,……同样位居前列。到第二次世界大战爆发初,大多数有关政治和经济的国际分析家都预计这个年轻、繁荣的国度拥有一个美好的未来。"③然而,在此后的 50 年间,"阿根廷在政治上陷入无政府状态,在经济上则日趋衰落"。原因何在呢?德拉巴尔泽进一步强调说:"阿根廷的衰落不仅根源于其未能适应(20 世纪 30 年代以来的)国际环境",还根源于其"政治制度中的合法性缺失和严重的政局动荡"。而且,与其他发展中国家不同的是,"阿根廷的不稳定和冲突产生于有组织的社会集团(如工会工人、军官、商人、政府官僚等)之间的斗争"④。2000 年 11 月 7 日至 9 日,在阿根廷的巴里洛切(Bariloche)召开了一次学术研讨会,主题是"阿根廷新经济史",与会学者从不同的角度,运用不同的理论与方法,着力探讨了一个共同的命题——"阿根廷之谜"。会后,由剑桥大学出版社结集出版了《阿根廷新经济史》一书。该书的主编者是法国巴黎美洲大学的赫拉多·德拉·宝莱拉教授和加州大学戴维斯分校的阿兰·M·泰勒教授,他们在"前言"部分中提出了"阿根廷之谜"的问题,并回顾了学术界对该问题的研究状况。他们指出:"阿根廷是现代社会唯一一个曾经非常富裕如今却比较贫困的国家。仅仅这一事实就引起了很大的争论。这种经济病是怎样染上的呢?病因在哪里?"⑤该书的作者们从历史、经济政策、制

---

① Laura Randall, *An Economic History of Argentina in the Twentieth Century*, New York: University of Columbia Press, 1978, p. 1.

② Laura Randall, *An Economic History of Argentina in the Twentieth Century*, p. 239.

③ Felipe A. M. de la Balze, *Remaking the Argentine Economy*, New York: Council of Foreign Relations, 1995, p. 2.

④ Felipe A. M. de la Balze, *Remaking the Argentine Economy*, p. 1.

⑤ Gerardo della Paolera and Alan M. Taylor, eds., *A New Economic History of Argentina*, New York: Cambridge University Press, 2003, p. 5.

度因素、外部条件,以及其他变量等方面对"阿根廷之谜"作了比较系统、深入的探讨。

除了上述著作以外,国外学术界研究阿根廷发展问题的论文更是汗牛充栋,而以"阿根廷之谜"为主题的文章亦数量不少。例如,本书前引豪尔赫·施瓦泽所撰《历史视角中的阿根廷之谜》是一篇评论性文章,综合评论了保罗·刘易斯的《阿根廷资本主义的危机》、威廉·史密斯的《威权主义与阿根廷政治经济危机》、基多·迪泰亚和鲁迪格·多恩布施主编《1946—1983年阿根廷的政治经济》、道格拉斯·里奇蒙德的《卡洛斯·佩列格里尼与阿根廷精英的危机,1880—1916年》、乔尔·霍洛维茨著《阿根廷的工会、国家和庇隆的崛起(1930—1945)》、劳尔·加西亚·艾拉斯著《北美汽车、道路与阿根廷的城市现代化(1918—1939)》和爱德华多·康内萨《阿根廷经济:寻求发展的政策改革》等六部著作,系统地评价了有关学者对"阿根廷之谜"命题的不同解释。克劳德·波梅卢的《阿根廷之谜》也是一篇书评,通过评述费恩斯所著《阿根廷共和国(1516—1971)》一书,作者指出了阿根廷社会中许多"充满矛盾的特征:富裕而缺乏繁荣;政治变革而无发展和增长;被一些业余人士和打手操纵和利用的,但又精细的政治制度;一种用革命辞藻掩饰的反动政权;以及貌似左倾实则右倾的工会领导人。阿根廷军人现在对经济的控制甚至比殖民地时期的教会还严厉"[①]。吉塞拉·克莱梅在《阿根廷之谜:1940年的皮内多计划和战争初期的政治经济》一文中认为,阿根廷财政部长费德里克·皮内托在1940年提出了一项经济复兴计划,旨在使阿根廷克服对外部市场的过度依赖,使该国经济尽快适应日益变化的国际政治经济环境。该计划史称"皮内多计划"。传统观点认为,正是由于阿根廷国会下院否决了该计划,使阿根廷错过了实现经济现代化的"黄金机会"[②],甚至有学者设想,"如果皮内多计划没有成为1940年激烈党派斗争的牺牲品,如果年轻有为的财政部长有机会实施一项彻底的改革计划,阿根廷历史可能呈现

---

① Claude Pomerleau, "The Argentine Puzzles", *The Review of Politics*, Vol. 37, No. 2, April 1975, p. 268.
② Felix J. Weil, *The Argentine Riddle*; Miron Burgin, "Post-Mortemon Argentina's Pinedo Plan", *Inter American Quarterly*, Vol. 3, No. 4, 1941, pp. 68-75.

一个迥然不同的、更加幸运的路径"①。对此，克莱梅经过深入研究"皮内多计划"的来龙去脉，提出了自己不同的看法，认为"经济复兴计划在国会的失败并没有产生灾难性的后果"②。

除去这些直接以"阿根廷之谜"为题的论文之外，国外学者还发表了大量论文，研究阿根廷经济增长率在20世纪30年代以后渐趋缓慢的问题。例如，卡洛斯·迪亚斯—亚历杭德罗在《发展研究杂志》上分两期连载的《1930年以来对阿根廷经济增长的解释》可以说是研究阿根廷经济史的扛鼎之作，成为其后学术界讨论"阿根廷之谜"问题的参照标杆之一。文章认为1929年大萧条是阿根廷经济增长的转折点。③ 艾伦·泰勒在1994年发表《阿根廷经济增长的比较研究》一文，是向美国经济史学会第53届年会提交的论文。泰勒在文中强调，"阿根廷经济地位的长期恶化，是发展研究领域最为难解的谜题之一，也是研究得最不深入的问题之一"。经过系统、深入的研究，作者在结论部分提出，"阿根廷经济的衰落主要归因于1913年以后其资本积累条件的日益恶化"④。英国学者科林·刘易斯在1995年发表的论文中系统地探讨19世纪50年代至20世纪80年代期间阿根廷经济由"增长"趋于"停滞"的历史现象，回顾了学术界从经济和社会历史方面所作的解释。⑤ 西班牙萨拉戈萨大学的伊萨贝尔·撒恩斯—比亚罗娅在2006年发表《1875—1990年阿根廷的经济周期》一文，开篇即提出了"阿根廷之谜"的问题，"从19世纪最后25年至20世纪初期，阿根廷的人均收入居世界前

---

① Gisela Cramer, "Argentine Riddle: The Pinedo Plan of 1940 and the Political Economy of the Early War Years", *Journal of Latin American Studies*, Vol. 30, No. 3. October 1998, pp. 519-550.

② Gisela Cramer, "Argentine Riddle: The Pinedo Plan of 1940 and the Political Economy of the Early War Years", *Journal of Latin American Studies*, Vol. 30, No. 3. October 1998, p. 548.

③ Carlos F. Diaz-Alejandro, "An Interpretation of Argentine Economic Growth since 1930", *Journal of Development Studies*. 至于论文的基本观点，在前引该作者的《阿根廷共和国经济史论文集》一书时有所涉猎，不再赘述。这里需要说明的是，该作者的姓名在两处的表述略有不同，笔者遵循忠实史料的原则，未作统一处理。

④ Alan M. Taylor, "Argentine Economic Growth in Comparative Perspective", *The Journal of Economic History*, Vol. 54, No. 2, June 1994, p. 435, 437. 这篇文章实际上是作者在美国西北大学答辩通过的博士学位论文的缩写版。

⑤ Colin M. Lewis, *The Argentine: From Economic Growth to Economic Retardation (1850s-1980s): A Review of the Economic and Social History Literature*, MESA REDONDA, Institut fur Spanien-und Lateinamerikastudien, 1995.

列,……事实上,这一时期的阿根廷能够跟上澳大利亚和加拿大的步伐,它们都是以初级产品出口为基础的移民经济。然而,在20世纪的某个时间以后,阿根廷经济却走上了一条不同于澳大利亚、加拿大和其他发达国家的路径"①。至于"20世纪的某个时间"是什么时候,撒恩斯—比亚罗娅强调学术界一直存在不同意见:迪泰亚和齐梅曼等人主张转折点在1913年前后;而迪亚斯—亚历杭德罗和费雷尔则认为在大萧条以后。该文作者则在前人研究的基础上对阿根廷经济增长的周期进行了重新划分,进而更加清晰地凸显出阿根廷发展进程的盛衰。

二、国内学术界的研究状况

国内学术界对阿根廷现代化问题的关注开始于20世纪70年代末期,研究领域则主要集中在三个主要方面:一是关于阿根廷发展道路和社会性质的探讨;二是庇隆与庇隆主义的问题;三是2001年阿根廷金融危机以及由此引发的反思问题。通过对这些问题的研究和讨论,国内学者们在解释"阿根廷之谜"的问题上作出了有益的探索。

20世纪80年代期间,国内学术界侧重于探讨阿根廷的发展道路和社会性质,其中农业部门发展由快变慢的根源则是讨论的焦点之一。例如,徐文渊在《试论阿根廷的经济发展道路》一文中,从资源禀赋、内外需求、人力资源、资本构成与外资等方面比较系统地探讨了阿根廷的经济发展道路,在肯定其取得一定成就的同时,也指出了增长速度趋于缓慢的根本原因。作者强调说:"政局的动荡、资本主义世界经济危机的冲击等固然都是重要因素,但阿根廷在经济领域中的许多重大问题没有得到妥善解决,经济政策多变、失误或顾此失彼,也是重要原因。"②该作者在另一篇论文中则从更广泛的角度分析了阿根廷社会经济形态的演化进程,并在此基础上提出,"阿根廷社会从封建主义向资本主义的转变,是在没有经过彻底的资产阶级民主革命的情况下完成的;农村资本主义的发展,走的是普鲁士式的道路,因此大土地所有制得以保存下来。……这是昔日的封建制度还影响着今日阿根廷的主要表现,也是阿根廷农牧业近几十年来发展缓慢

---

① Isabel Sanz-Villarroya,"Economic Cycle in Argentina,1875-1990",*Journal of Latin American Studies*,Vol.38,2006,pp.549-550.

② 徐文渊:"试论阿根廷的经济发展道路",《拉丁美洲研究》,8页,1982年第4期。

的主要原因之一"①。陈舜英在《阿根廷的资本主义发展道路》一文中提出了类似的观点,认为"阿根廷独立后建立的资产阶级和大地主的联合政权只是局部地完成了资产阶级民族民主革命任务,没有也不可能彻底消灭封建土地关系,……因此阿根廷农村走上了一条既保留封建残余,又发展资本主义农业,即以资本主义剥削代替封建剥削的,缓慢的、改良的'普鲁士式道路'"②。袁兴昌则提出了不同的观点,认为阿根廷走的并不是"普鲁士式的道路",而是所谓的"阿根廷式道路",其主要特点包括:(1)农村中本来就没有根深蒂固的封建制度;(2)大土地所有制是在国家独立以后资本主义生产关系不断发展而资产阶级国家政权尚未建立的情况下形成的,并首先在以畜牧业为主的农村生产活动中开始采用雇佣劳动制度;(3)这种土地所有制与资本主义世界市场的结合产生了一种既不同于封建主义又不同于资本主义的租佃关系,农牧业生产在这期间出现突飞猛进的发展;(4)随着世界市场需求的减少,占主导地位的租佃制度又让位于雇佣劳动制度,农业生产处于长期停滞状态。作者据此得出结论说:"阿根廷农村生产关系中出现的复杂现象,特别是它的模棱两可的性质,使阿根廷民族资产阶级始终不敢触动土地制度这个实质问题,以至于传统的土地制度至今仍得以保留下来,并自三十年代以来对阿根廷农业乃至整个经济的发展起了阻碍作用。"③苏振兴在《阿根廷农业发展缓慢的原因》一文中指出,"如果从发展的角度来看,阿根廷的农业自三十年代以来长期处于相对停滞的局面",其原因在于阿根廷农业对国际市场依赖较大、国内农产品需求结构发生变化、技术改造步伐缓慢、大地产制度的制约和农业政策失误等方面。④该作者在另一篇文章中则系统探讨了阿根廷农业资本主义发展的历史进程,剖析了该国农业发展取得的进步和存在的缺陷。⑤陈舜英在1982年发表的一篇论文中提出了"战后阿根廷农业经济迟滞、起伏,但仍在曲折地向前发展"的观点,并在此基础上着重论述了战后阿根廷农业发展的经验和教训。⑥除此之外,阿根廷工业部门的发展,尤其是外资在其中的

---

① 徐文渊:"阿根廷社会性质初探",《拉丁美洲研究》,60页,1981年第1期。
② 陈舜英:"阿根廷的资本主义发展道路",《拉丁美洲研究》,36页,1984年第6期。
③ 袁兴昌:"阿根廷农村生产关系的演变与性质当议——关于阿根廷农业资本主义发展'普鲁士式道路'的商榷",《拉丁美洲研究》,38页,1985年第4期。
④ 苏振兴:"阿根廷农业发展缓慢的原因",《拉丁美洲研究》,5—8页,1981年第4期。
⑤ 苏振兴:"阿根廷农业资本主义的发展",《拉丁美洲丛刊》,9—13页,1980年第1期。
⑥ 陈舜英:"战后阿根廷农业发展的经验教训",《拉丁美洲研究》,10—15页,1982年第6期。

作用,也是国内学术界在这一时期所讨论的重要问题之一。例如,徐文渊在《阿根廷的工业发展水平》一文中充分肯定了进口替代工业化对阿根廷发展进程的积极影响,并认为20世纪70年代末期的阿根廷"已经不是一个单纯的农牧业国家,而是一个在工业水平方面居于拉丁美洲前列,工、农业都比较发达,工业又在国民经济中占主导地位的国家"①。陈舜英在《战后外国私人投资对阿根廷的影响》一文中比较系统地研究了外国私人投资在战后阿根廷经济发展中的新特点,以及由此带来的利弊影响。② 需要指出的是,徐文渊、陈舜英、刘德合著的《阿根廷经济》一书则是这一时期国内学者对阿根廷经济问题进行较为系统研究的主要成果之一。③

从20世纪80年代初至今,庞隆主义问题成为国内学术界讨论阿根廷发展进程的另一个焦点。1980年,《世界历史》杂志第3期发表论文,系统地阐述了庞隆的个人经历与庞隆主义理论的形成、主要内容、具体实践和阶级实质等问题,强调庞隆主义"既有反对帝国主义、要求民族独立的革命性的一面,又有反对共产主义、害怕工人觉悟和镇压革命运动的反动性的一面"④。1982年,陈舜英发表《庞隆政府经济政策简评》一文,认为"经济独立"是庞隆主义"国家主权、经济独立和社会正义"三大支柱的基石,其核心是通过国有化和工业化来实现"经济独立"。作者在肯定庞隆政府经济政策取得一定成就的同时,指出了其两条严重的失误之处,即过度强调发展工业而忽视农业生产是一种"釜底抽薪的经济政策";盲目套用外国经济理论,通过财政赤字和通货膨胀来刺激需求、增加就业的做法,"无异于饮鸩止渴"。⑤ 1985年,鲍刚著《庞隆主义的历史地位》一文,强调"在评价庞隆主义的历史地位时,除肯定其积极的一面外,还应看到其历史和阶级局限性。庞隆主义是一个内容十分庞杂的思想体系,融合了基督教、改良主义、西方资本主义和拉美大陆的民族主义等各种思潮,甚至还受法西斯主义的影响。因此,不论在理论上还是在实践上都经常前后不一致和自相矛盾,……这恰恰反映了庞隆主义所代表的阿根廷民族资产阶级的本质和特点:软弱性、动摇性

---

① 徐文渊:"阿根廷的工业发展水平",《拉丁美洲丛刊》,8页,1980年第1期。
② 陈舜英:"战后外国私人投资对阿根廷的影响",《拉丁美洲研究》,30—32页,1981年第3期。
③ 徐文渊、陈舜英、刘德:《阿根廷经济》,北京:人民出版社,1983。
④ 霜叶:"庞隆及庞隆主义",《世界历史》,50页,1980年第3期。
⑤ 陈舜英:"庞隆政府经济政策简评",《拉丁美洲研究》,29—30页,1982年第5期。

和妥协性"①。1990年王春良先生发表《简论阿根廷庇隆政府的改革》一文,系统地研究了庇隆两次执政时期的主要改革措施,强调"庇隆主义,及其所实行的一系列改革,在阿根廷和拉丁美洲现代史上产生了重大影响,至今在阿根廷仍有许多人自命为'庇隆主义者',……庇隆及其改革,在阿根廷人中的影响是不可低估的"。至于庇隆主义的历史作用,王先生一方面强调其存在"消极的方面",另一方面则认为"其主流始终是反对帝国主义、维护阿根廷的独立和发展民族经济"②。唐显凯在1991年发表的一篇论文中分析了阿根廷劳工阶层与庇隆主义运动之间的关系,认为"开启于本世纪(即20世纪——引者注)40年代并持续至今的庇隆主义运动,因为有广大劳工的参与和支持,对阿根廷历史进程产生了深远影响"③。次年,刘纪新撰文着重讨论了庇隆的劳工政策及其对阿根廷工会运动的影响。④ 2000年,夏立安发表《拉丁美洲的第三条道路——庇隆主义》一文,从全球、拉丁美洲地区和阿根廷三个层面阐述了"第三条道路"出现的必然性和合理性,着重论述了庇隆主义作为"第三条道路"产生的根本原因及其表现特征。作者认为,"在拉丁美洲国家中,阿根廷的庇隆主义是公开声称走第三条道路的理论,对第三条道路的阐释也最系统和最完备",而"来自欧洲的法西斯主义和阿根廷当地的民族主义构成了庇隆主义的思想基础"⑤。2010年,李紫莹的专著《阿根廷正义主义研究》出版,该书从正义主义,即庇隆主义发展历程的角度,根据阿根廷自身的情况特点,在国际大背景的视角下,对阿根廷正义主义思想理论的演变及其执政政策进行了系统的分析和研究,将正义主义分成庇隆、梅内姆和基什内尔三个阶段,并对各阶段正义党政府的政策和特点进行了较为深入的研究。⑥

---

① 鲍刚:"庇隆主义的历史地位",《拉丁美洲研究》,19页,1985年第1期。
② 王春良:"简论阿根廷庇隆政府的改革",《山东师大学报(社会科学版)》,1、9页,1990年第4期。
③ 唐显凯:"劳工与庇隆主义运动的兴起",《拉丁美洲研究》,48页,1991年第1期。1990年,该文作者在罗荣渠先生和林被甸教授指导下完成了硕士学位论文《庇隆主义运动的兴起》。
④ 刘纪新:"庇隆的劳工政策与阿根廷工会运动",《拉丁美洲研究》,38—43页,1992年第3期。
⑤ 夏立安:"拉丁美洲的第三条道路——庇隆主义",《拉丁美洲研究》,49、51页,2000年第4期。作者于2001年在北京大学答辩通过的博士论文《论庇隆主义》(指导教师是林被甸教授)则将国内学者对庇隆主义问题的研究提高到了一个新的高度。
⑥ 李紫莹:《阿根廷正义主义研究》,北京:世界知识出版社,2010。

前言

2001年阿根廷金融危机爆发以后,阿根廷的发展进程再次成为国内学术界关注的重点,其中对危机根源的探讨和由此引发的反思成为讨论的关键。在阿根廷金融危机爆发后不久,国内学者就发表了一系列论文,提出了对这场危机的根源与影响的基本观点。其中主要包括江时学所著《阿根廷危机的来龙去脉》(载《国际经济评论》2002年第1期)和《阿根廷债务危机评析及其启示》(载《国际金融研究》2002年第2期)、汤志江等合著《阿根廷债务危机的根源、影响及教训》(载《金融教学与研究》2002年第3期)、方旭飞著《阿根廷经济危机对拉美经济的影响》(载《拉丁美洲研究》2002年第4期)、沈安著《阿根廷经济跨国公司化及其后果——阿根廷金融危机探源之一》《阿根廷债务危机的形成及启示——阿根廷金融危机探源之二》和《阿根廷联系汇率制是如何走向崩溃的——阿根廷金融危机探源之三》(连载于《拉丁美洲研究》2003年第2—4期)等等。在国内学者所发表的一系列论文中,江时学在2002年发表的《阿根廷危机的由来及其教训——兼论20世纪阿根廷经济的兴衰》一文,不仅着眼于阿根廷当时的危机,还较为系统地回顾了阿根廷经济在20世纪的盛衰历程,并由此得出这样几点启示:"政府干预是必要的,但必须适度和有效;在发挥农业比较优势的同时,要大力发展工业;外向发展优于内向发展,尽管外向发展并非十全十美;政局稳定是经济发展的必要条件;只有提高国内储蓄率,才能减少对外资的依赖。"①

对阿根廷危机进行深入研究的重要成果,还体现在两部著作的问世上。2004年,由江时学主编的《阿根廷危机反思》一书出版,该书的作者既包括曾昭耀、徐世澄、江时学、吴国平、吴洪英等中国拉美研究学界的翘楚,也汇集了宋林峰、谢文泽、方旭飞等青年才俊,他们从理论和实践层面对阿根廷危机的根源、特点、影响进行了深入探讨,同时还通过剖析危机反思了阿根廷的政治、经济发展的历程,以及国际货币基金组织在其中的作用等问题。尽管作者在前言部分承认"限于篇幅,本书没有分析20世纪阿根廷经济由盛至衰的全过程,而是着重探讨当前阿根廷危机的根源、特点和影响"②,但本书为学术界更为深入地研究阿根廷危机,乃至"阿根廷之谜"的问题奠定了很好的基础。2009年,国内知名的阿根廷研究学者沈安出版了《阿根廷危机的回顾与思考》一书,作者以大量纪实

---

① 江时学:"阿根廷危机的由来及其教训——兼论20世纪阿根廷经济的兴衰",《拉丁美洲研究》,4页,2002年第2期。
② 江时学主编:《阿根廷危机反思》,前言第2页。

性文字叙述了这场危机发生前后阿根廷国内外的形势,危机的全过程和危机各个阶段发生的重要事件以及政府的对策。作为危机的亲身经历者,作者从一个新闻记者和学者的视角,分析了危机发生的原因,记述了阿根廷实行新自由主义改革的始末及其引发的严重后果,并介绍了阿根廷以危机为契机、转变发展战略和发展模式、放弃新自由主义、探索新发展道路的过程。①

与此同时,围绕对2001年阿根廷危机的讨论和反思,国内学者还进行了更加深入的研究,出版了更加有助于破解"阿根廷之谜"的著作,其中吕芳所著《制度选择与国家的衰落》可以说在这一方面作了有益的探索。该书在回顾阿根廷政治发展历史脉络的基础上,分别从初始资源禀赋、"断裂状"社会的阶级结构、职团主义与规则意识的缺乏、"流寇国家"与经济衰落,以及政党政治的特点等方面进行了较为深入的研究,进而从制度失败的角度来解释阿根廷为什么会从一个成功国家沦落为一个衰落国家的"阿根廷之谜"。对此,作者在结束语中强调说:"阿根廷作为一个'失败'的国家,其经历给人们留下许多思索。从最初寡头统治的'自由民主制',历经庇隆的民众主义,再到1966—1973年、1976—1983年间的官僚—权威主义,而后复归了十多年的'自由民主制',到最后经济、政治、社会全面崩溃,阿根廷几乎探索了发展中国家所有的选择。然而,无论是'自由民主制'、诉诸平民大众的民众主义,还是否定民主的官僚—权威主义都无法引导阿根廷走出困境。阿根廷的危机是一种合法性危机。"②

三、本书的内容简介

可见,在国内外学者的笔下,20世纪的阿根廷历史展示给世人的是一部令人沮丧的、失败的历史,它"不仅使阿根廷人倍感挫折,而且也为学者们提供了一个谜题"③。国内外学者为破解这个"谜题"所作的种种努力,为我们更加深入地研究阿根廷现代化问题奠定了坚实的基础。然而,国内外学者在探讨"阿根廷之谜"的问题时,多将研究的重点时段放在阿根廷现代化进程不断趋缓的20世纪

---

① 沈安:《阿根廷危机的回顾与思考》,北京:世界知识出版社,2009。
② 吕芳:《制度选择与国家的衰落》,204页,北京:中国政法大学出版社,2007。
③ Jorge Schvarzer,"The Argentine Riddle in Historical Perspective", *Latin American Research Review*, Vol. 27, No. 1, 1992, p. 169.

30年代以后,尽管对大萧条之前的诸多问题亦有所涉猎,但多是作为解释阿根廷为什么会从富裕之邦沦落为一个"衰败国家"的历史背景,因而缺乏深入性和系统性。然而,通过对大量历史文献的解读和阿根廷整个现代化进程的反思,笔者认为,阿根廷之所以呈现给世人以一种由盛而衰的"阿根廷之谜",20世纪30年代以后的诸多问题固然很重要,但这些问题往往都能追根溯源到该国独立后最初一个多世纪的发展进程。因此,本书立足于研究阿根廷早期现代化进程在解释"阿根廷之谜"方面的重要作用,主要运用历史研究的方法,同时借助于经济学、政治学、社会学等学科的研究方法,以要素分析的手段,从经济、政治、思想文化等领域剖析阿根廷早期现代化进程的成败得失,以期探寻到解读"阿根廷之谜"的深层原因。具体地说,本书正文主要分成以下几个部分:

第一章主要从整体上研究阿根廷早期现代化进程启动的准备阶段(独立至19世纪70年代)。1810年五月革命之后,西班牙殖民时期的原拉普拉塔总督辖区的独立运动迅速展开,并于1816年7月9日正式宣布"拉普拉塔联合省"独立。在独立后的拉普拉塔地区,布宜诺斯艾利斯省与其他各省之间、中央集权派与联邦派之间、保守派和自由派之间的纷争与冲突不断,使国家长期难以得到统一与稳定。这种动荡不定的政局最终成就了胡安·曼努埃尔·德·罗萨斯(Juan Manuel de Rosas)在布宜诺斯艾利斯省长达23年的独裁统治和英国势力在拉普拉塔地区的渗透。在寻求推翻罗萨斯独裁统治和实现国家统一的斗争中,尽管拉普拉塔地区的发展进程迟缓而曲折,但同样在政治、经济和思想等方面为阿根廷现代化进程的启动创造了一定的准备条件。在政治上,推翻罗萨斯独裁统治的斗争诞生了适用至今的1853年宪法,为阿根廷的宪政和统一奠定了制度基础;在经济上,拉普拉塔地区逐步探索着自己的比较优势,形成了初级产品出口的经济模式,在国内市场初具雏形的同时,其与英国之间的经济联系也日益密切。

第二章着重研究阿根廷早期现代化的思想准备问题。早在独立前,拉普拉塔地区就深受欧洲启蒙思想的影响,独立运动的重要领导人马里亚诺·莫雷诺(Mariano Moreno)和曼努埃尔·贝尔格拉诺(Manuel Belgrano)等人便是主要代表;阿根廷独立后,欧洲的自由主义思想在该地区发挥着重要的影响,以"1837年一代"(Generation of 1837)为代表的思想家们在政治、经济、社会、教育等领域提出了一系列的设想,为阿根廷的统一和发展奠定了思想基础。他们在阿根廷国家制度和发展思路的确定上发挥了至关重要的作用,尤其是 1853 年宪法的颁布和"治国之道在于移民"等政策的确定上,更是居功至伟;1862 年阿根廷统一后,实证主义成为主导该国现代化进程的主流思想,"1880 年一代"成为主导阿根廷现代化方向的重要思想库,他们在经济上主张自由放任,在政治上倾向于寡头民主,在文化上强调教育世俗化和普及化,在思想上希望与欧洲看齐,主张通过移民等手段强化阿根廷的欧洲化。

第三章的研究重点是阿根廷初级产品出口繁荣阶段(19 世纪 70 年代至 20 世纪 30 年代)的经济侧面,以及影响早期现代化进程的经济要素。根据 1853 年宪法,1862 年,巴托洛梅·米特雷(Bartolomé Mitre)当选为联邦总统,提出了实现"民族团结"的政治目标,注重改善布宜诺斯艾利斯省与其他各省之间的关系,先后平息了两次叛乱,从而结束了独立后的长期动乱和分裂的局面。1880 年,胡里奥·A·罗加(Julio A. Roca)当选为阿根廷总统,采取了建立首都联邦区、完善中央公共管理体制等改革措施,使阿根廷成为一个永久统一的国家。从这个意义上说,阿根廷现代化进程的启动应该确定在 1862—1880 年这一历史时期。此后直至 20 世纪 30 年代大萧条爆发前,是阿根廷现代化进程的"美好时代"。本章的第一节着重论述 1870—1930 年间阿根廷初级产品出口部门发展;第二节重点探讨交通运输部门、早期工业、城市化和教育等其他部门的发展情况;第三节则着重分析影响这一时期阿根廷现代化进程的经济因素,诸如资源配置、土地制度、投资、劳动力等因素。

第四章着力研究阿根廷早期现代化进程中的政治发展问题,并以此为重点研究影响阿根廷早期现代化进程的非经济因素。1880 年,阿根廷实现最终统一后,罗加成立了阿根廷最早的全国性政治组织——民族自治党(Partido Autonomista Nacional),它作为执政联盟将各省省长均吸收进来,并任命他们在中央政府中担任要职,从而形成了一种典型的寡头式民主制度。该党长期成为阿根廷的执政党,直到 1916 年激进公民联盟(Unión Cívica Radical)上台执政。后者成立于 19 世纪 80 年代末期,一直抵制民族自治党的寡头政治,并在与寡头集团的斗争中不断发展壮大,推动了阿根廷现代政治的发展和进步。其中,1912 年的选举法改革既是激进公民联盟不断斗争的重要成果,也为其参加 1916 年大选扫清了障碍。1916—1930 年间,激进公民联盟在阿根廷进行的代议制民主的改革,也是该国早期现代化进程的一个重要方面;改革的相对失败,实际上为阿根廷在大萧条后的政治动荡埋下了隐患，从而在某种程度上为"阿根廷之谜"的形成埋下了伏笔。

第五章"外部冲击与发展模式的转变"，主要研究阿根廷早期现代化进程主要依赖的初级产品出口模式在遭遇到一系列外部冲击后，带给阿根廷人对其发展道路的反思。事实上，早在19世纪70年代，阿根廷国内就围绕是否要发展工业的问题展开了辩论。1873—1876年间，由于受欧美资本主义国家严重经济危机的影响，阿根廷以初级产品出口为核心的经济遭遇到统一以来的第一次危机，阿根廷国会于1877年就是否引入关税保护机制来鼓励发展工业的议题展开了辩论。"一战"的冲击使阿根廷围绕发展模式的辩论更加深入和广泛，但战后的短期繁荣使传统的发展模式获得了暂时的喘息，直到20世纪30年代大萧条的来临，才从根本上动摇了初级产品出口模式在阿根廷继续存在的合理性。然而，通过政变上台的保守派依赖与英国之间达成的贸易协定，继续维持着寡头集团的利益。这也就激化了阿根廷国内民族主义思潮的传播，为庇隆主义的粉墨登场和进口替代工业化战略的实施奠定了基础。

本书第六章则是结论部分，希望在前文研究的基础上，尝试着探讨"阿根廷之谜"的原因。本章主要包括两节：第一节重点概括阿根廷早期现代化进程中的种种矛盾之处，诸如过度依赖农牧产品出口，使阿根廷的经济结构相对单一；过度依赖肥沃的潘帕斯草原，而忽视其他地区的发展，使经济的二元性结构特征更加突出；过度依赖国际市场的供求关系和外国资本的帮助，使阿根廷经济缺乏自身的原动力；过度维护出口集团的利益，进一步巩固了出口利益集团与外国资本之间的联盟等。第二节则是力求从深层次分析"阿根廷之谜"的原因，强调阿根廷早期现代化进程所形成的依附性经济难以实现自身的持续发展，而只能仰仗外部经济所产生的拉动力；与此同时，寡头民主制度又进一步强化了经济的依附性。在这种意义上说，阿根廷之所以会从20世纪初期的一个繁荣国度和希望之邦逐渐沦落为一个相对贫困的"衰败"国家，深层次的原因在于其早期现代化进程中存在的诸多矛盾。

第一章 阿根廷现代化进程启动的背景

阿根廷独立后的最初几十年间,并没有出现政治稳定和经济繁荣的局面。阿根廷国内对立的局面日趋严重,特别是布宜诺斯艾利斯省与其他各省之间,中央集权派与联邦派之间,保守派和自由派之间,经常发生纷争与冲突,致使国家长期得不到稳定和统一。这种动荡不定的局面,滋生了形形色色、大大小小的考迪罗(Caudillo)①,他们彼此之间争斗不已,使得政局愈发动荡,并最终使胡安·曼努埃尔·德·罗萨斯掌握了政权。在这位独裁者执政的23年中,对外采取领土扩张、对内实施恐怖政策。他宣扬个人崇拜,屠杀印第安人,并到处掠夺土地和财富。与此同时,英国迅速取代过去的宗主国成为阿根廷重要的外部影响势力,通过自由贸易和外国投资逐步建立了与阿根廷之间密切的经济关系。独立后长期的动荡局面和外部势力的渗透相互影响,大大延迟了阿根廷现代化进程的启动时间。

一、罗萨斯独裁和 1853 年宪法

1810年5月,阿根廷摆脱西班牙殖民统治的独立运动迅速展开。5月25日,布宜诺斯艾利斯以"火花社"为首的250名起义者,身佩蓝白两色丝带,聚集在市政议会大厦前,要求罢免总督巴尔塔萨·伊达尔戈·德·西斯内罗斯(Bal-

---

① 事实上,根据李春辉先生的说法,拉美历史上的"考迪罗"一词,最初只是指与布宜诺斯艾利斯省作战的拉普拉塔地区的首领,后来逐步推广,用于指所有拉丁美洲国家的军事独裁者。参阅李春辉:《拉丁美洲史稿》上卷(一)册,2版,210页,北京:商务印书馆,1983。关于"考迪罗"一词来源的其他说法,可参阅 John Lynch, *Caudillos in Spanish America, 1800 – 1850*, Oxford: Clarendon Press, 1992, pp. 3-34.

tasar Hidalgo de Cisneros），并向议会递交了他们对组织本地政府的意见和人员名单。这场运动史称"五月革命"。

五月革命的胜利产生了名义上包括现今阿根廷、乌拉圭、巴拉圭及玻利维亚在内的拉普拉塔临时政府及其领导机构执政委员会。原城防司令克尔内略·萨维德拉（Cornelio Saavedra）被任命为执政委员会主席，兼任军队总指挥，马里亚诺·莫雷诺（Mariano Moreno）为执政委员会书记，负责政府管理和战争事务。随后执政委员会还建立了其他政府机构，实施了一系列改革措施，如改组市政议会，开设新的贸易口岸，颁发出口许可证，实行土地改革，通过移民法令，鼓励欧洲移民等。这些措施推动了阿根廷独立运动的发展。

然而，布宜诺斯艾利斯的革命行动并没有在整个拉普拉塔地区形成一股统一的革命洪流。相反，布宜诺斯艾利斯的行动却使该地区出现了分裂：圣菲、科连特斯、萨尔塔等地在克里奥尔人的推动下，支持执政委员会的革命行动；而蒙得维的亚、上秘鲁（今玻利维亚）、门多萨等保皇派控制的地区则仍然效忠于西班牙王室，拒绝承认布宜诺斯艾利斯革命政府。同时，内陆地区对于布宜诺斯艾利斯的控制力也有所顾虑，不愿意看到过于强大的中央政府出现。于是，拉普拉塔地区出现了保守派与革命派，中央集权派与联邦派，布宜诺斯艾利斯与内陆各地区之间的矛盾与斗争，因而无法形成统一的认识，从而也大大推迟了独立运动的步伐。

直到1816年3月24日，拉普拉塔联合省国会第二届会议在图库曼召开，胡胡伊、萨尔塔、图库曼、拉里奥哈、卡塔马卡、圣地亚哥—德埃斯特罗、门多萨、圣胡安、圣路易斯、布宜诺斯艾利斯、科尔多瓦、恰尔卡斯、科恰班巴、图比萨和密斯科等省的32位代表参加了会议。会议于7月9日正式宣布"拉普拉塔联合省"独立，圣路易斯省议员胡安·马丁·德·普埃伦东（Juan Martin de Pueyrredon）担任政府首脑。1819年4月，拉普拉塔联合省国会通过了阿根廷历史上的第一部宪法。

令人扼腕的是，这个以美国宪法和法国宪法为蓝本的1819年宪法，并没有将分裂的阿根廷统一起来，反而更加剧了中央政府与各省之间的矛盾。1819年宪法规定，中央政府有权任命包括各省省长在内的地方官员。这一条主要体现了布宜诺斯艾利斯省利益集团的愿望，他们试图建立一个以布宜诺斯艾利斯省为核心的中央集权型政府。他们的这一主张立即遭到了其他各省的反对和抵制。双方展开了激烈的斗争，拉普拉塔地区的分裂持久化了：一方面，中央政府的控制权在不同派别的"强人"手中频繁更换,无法形成一种统一的局面;另一方面,各地出现了大大小小的考迪罗,他们独霸一方,俨然是一个个"独立王国"。在这样的情况下,拉普拉塔地区难以成为一个真正意义上的"民族国家",严重影响了政治、经济的发展,现代化进程亦难以启动。

在这些大大小小的考迪罗中,胡安·曼努埃尔·德·罗萨斯最终脱颖而出,于1829年夺取对布宜诺斯艾利斯省的控制,建立了长达23年之久的独裁统治。1793年3月30日,罗萨斯出生于布宜诺斯艾利斯的一个富裕的牧场主家庭,[①]早年曾参加抵抗英国入侵的战斗。但在阿根廷五月革命期间,罗萨斯却是一个局外人,甚至对革命还抱有些许的敌意,因为"他毫不掩饰其对殖民地社会秩序的偏爱,认为这种秩序是和平与统一的保证"[②]。

也正是基于这种观点,在阿根廷独立运动初期,罗萨斯一直对拉普拉塔地区动荡不定的局势深表忧虑,将主要精力放在经营自己家族的大牧场上,直到1820年才开始涉足政界,进而也卷入了阿根廷独立后布宜诺斯艾利斯省与内地各省之间围绕中央集权制和联邦制而进行的斗争。

1826年7月,中央集权派领袖贝尔纳迪诺·里瓦达维亚(Bernardino Rivadavia)当选总统。新政府谋求通过自由贸易、外国投资和欧洲移民来推动经济发展,进行了一系列改革,并颁布1826年宪法以保证改革的合法性。新宪法具有一定程度的调和性,试图迎合中央集权派与联邦派的共同需要。它一方面规定,国家实行联邦制,拉普拉塔联合省改名为阿根廷联邦共和国,承认各省拥有自治管理的权利;另一方面则规定总统任期9年,有权罢免和任命各省省长。宪法同时规定,布宜诺斯艾利斯市从布宜诺斯艾利斯省中划分出来,组成首都联邦区,各省解散民团,废除地方关税和印花税等。

尽管1826年宪法意在调和中央集权派与联邦派之间的矛盾,但其中央集权的色彩仍然激起了内地各省的不满,科尔多瓦、拉里奥拉、卡塔马卡和圣地亚哥—德埃斯特罗4省甚至建立军事同盟,反对新宪法。而且,里瓦达维亚的改革"完全脱离了阿根廷的政治节奏,惹恼了内陆省的考迪罗省长,使其家乡布宜诺

---

① John Lynch, *Argentine Caudillo Juan Manuel de Rosas*, Wilmington, Delaware: A Scholarly Resources Inc., 2001, p.2;但宋晓平却认为,"罗萨斯出身于牧民家庭,家境贫寒"。见宋晓平编著:《阿根廷》,54页,北京:社会科学文献出版社,2005。

② John Lynch, *Argentine Caudillo Juan Manuel de Rosas*, p.3.

斯艾利斯省的地主们开始抱有敌对态度"①。本意是在两派之间进行调和,结果却得罪了双方,里瓦达维亚被迫于1927年6月28日宣布辞职,其改革措施旋即失败。

1827年7月5日,维森特·洛佩斯(Vicente Lopez)被国民议会任命为临时总统。洛佩斯重新召开了布宜诺斯艾利斯省众议院,恢复了该省的自治,并任命罗萨斯为布宜诺斯艾利斯省武装部队总司令。8月12日,布宜诺斯艾利斯省议会选举曼努埃尔·多雷戈(Manuel Dorrego)为该省省长。8月15日,洛佩斯辞职,阿根廷联邦共和国国民议会宣布解散。拉普拉塔地区再次陷入了各省分立自治的局面。②

为了解决拉普拉塔各省共同的问题,尤其是与巴西作战的问题,各省与多雷戈之间达成协议,授予布宜诺斯艾利斯省省长外交处置权。这也在一定程度上承认了布宜诺斯艾利斯省省长在拉普拉塔地区的超越各省领袖之上的特权,成为该地区事实上的"中央政府"首脑。

1828年8月27日,在英国政府的斡旋下,多雷戈政府与巴西签订合约,结束了两国之间围绕东岸地区的战争,承认乌拉圭独立。同年12月1日,胡安·拉瓦叶(Juan Lavalle)和何塞·玛丽亚·帕斯(Jose Maria Paz)利用和约在拉普拉塔地区引起的不满,发动了反对多雷戈的起义,拉普拉塔地区混乱依旧。

1829年4月,联邦派首领罗萨斯领导的、主要由护庄民兵团和高乔牧民组成的军队击败了拉瓦叶领导的部队,迫使拉瓦叶辞去布宜诺斯艾利斯省长的职位,由胡安·何塞·比亚蒙特(Juan Jose Viamonte)担任临时省长。③ 12月6日,布宜诺斯艾利斯省议会选举罗萨斯为省长和该省武装力量总司令,从而开始了其长达23年之久的独裁统治。

对于罗萨斯,有学者这样评价说:"1829年到1852年统治布宜诺斯艾利斯省及其同盟省份的胡安·曼努埃尔·德·罗萨斯,大概是19世纪最著名的领袖,他体现了19世纪拉丁美洲领导人的品质。他粗鲁、勇敢、冷酷、专横,是一个

---

① 乔纳森·C·布朗:《阿根廷史》,102页。
② Jose Maria Rosa, *Historia Argentina*, Tomo IV Unitariosy Federales (1826-1841), Buenos Aires, 1965, pp. 75-76.
③ Miron Burgin, *The Economic Aspects of Argentine Federalism*, 1820-1852, Cambridge: Harvard University Press, 1946, p. 146.

精明的政治战略家。作为军事领导人,罗萨斯具有平易近人的美德。他从小在一个大牧牛场长大,学会了生活在广阔潘帕斯平原的居民——包括间或猛烈抵抗殖民者袭击的印第安人和加乌乔人——的作风和语言,他过着他们那样的朴素生活,学会平原居民能做的一切事情,而且做得更好。"①也有学者强调,罗萨斯"是阿根廷最反动的封建寡头、上层商人和天主教势力的政治代表。他的政权得到英国的大力支持。……当时所有的史学家都毫不掩饰地证实英国欢迎罗萨斯政权"②。

关于罗萨斯的独裁统治,我们可以参阅国内外有关论著,③本章仅就与现代化启动相关的一些问题,谈谈笔者的看法。

罗萨斯的独裁统治带给拉普拉塔地区的现代化进程最大的影响之一是,它促进了一个新的经济利益集团——庄园主——的崛起。独立初期,阿根廷革命的主要领导阶层是布宜诺斯艾利斯的商人,他们崛起于殖民地后期对外贸易的迅速发展进程。在独立运动中,他们逐渐通过与土生白人官员、职业政客、形形色色的"考迪罗"结盟,获得了对权力机关的控制。

然而,"大约从1820年起,许多商人家族开始谋求其他出路并且向土地、牛和腌肉工厂投资。这些人是未来的居支配地位的社会集团,是扎根于商业和来自城市社会的、拥有土地的寡头集团"。他们最初并没有控制国家权力机构的能力,但控制了本地区的经济命脉。于是,在拉普拉塔地区出现了一种比较尴尬的局面:"拥有经济力量的人并不进行统治,而进行统治的人又缺乏经济基础。"④罗萨斯的上台,实际上是顺应了新崛起的利益集团控制国家政权的需要,从而也进一步推动了这一利益集团的发展。

为了巩固大庄园主集团的利益,罗萨斯采取了一系列的政策措施。首先,罗萨斯通过"荒漠远征"行动,派出大批军队,驱赶、屠杀潘帕斯草原上的印第安人,

---

① 谢里尔·E·马丁、马可·瓦塞尔曼:《拉丁美洲史》,271—272页,海口:海南出版社和三环出版社,2007。
② 田森:《阿根廷简史》,23页,北京:商务印书馆,1984。
③ John Lynch, *Argentine Caudillo Juan Manuel de Rosas*; Academia Nacional de la Historia, *Nueva Historia de la Nacion Argentina*, Tomo 5, Buenos Aires: Editorial Planeta Argentina, 2000, pp. 77-104.
④ 约翰·林奇:"自独立到巴拉圭战争时的拉普拉塔河地区各共和国",莱斯利·贝瑟尔主编:《剑桥拉丁美洲史》,第三卷,653页,北京:社会科学文献出版社,1994。

大大拓宽了布宜诺斯艾利斯省的疆界,并在军队、政客中瓜分新夺占的大片土地。1833—1834年,罗萨斯领导的"荒漠远征"活动夺占了印第安人的大量土地,在"西至安第斯脉,南抵内格罗河流域"的广袤区域内,仅在1834年和1836年两次供分配和出售的土地就高达1 550平方里格,约合682万平方英亩。① 与此同时,罗萨斯还废除了里瓦达维亚政府规定的国有土地不得转让的法律,允许土地自由交易,使土地集中的趋势愈演愈烈。1830年,布宜诺斯艾利斯省的538名土地所有者占有土地865.6万公顷;到1840年,293名土地所有者就占有860万公顷土地。② 其次,罗萨斯通过独裁统治和高压政策,确立了对布宜诺斯艾利斯省的绝对控制,并在一定程度上对其他省份施加影响。罗萨斯建立的秘密暗杀队"马扎卡"(Mazorca,即"大棒子"之意)就是这种恐怖统治的典型体现。③ 第三,尽管罗萨斯在其执政早期进行了保护主义的一些尝试,1835年的关税法就是这种努力的一种体现。但由于英法等列强的反对,它们先后多次对拉普拉塔地区进行封锁,造成了物资短缺和物价飞涨,政府收入锐减。最终,罗萨斯转而奉行自由贸易的政策,强调发展具有比较优势的出口部门,放弃了对幼稚工业的保护。其结果,一方面布宜诺斯艾利斯的出口经历了迅速的增长,从1822年的大约70万英镑增长到1851年的200万英镑,同年畜牧业出口在全部出口中的比重高达78%;另一方面,"工业仍然处于局限在由作坊和手工业者组成的经济生活的边缘"④。

罗萨斯政权的内外政策激起了布宜诺斯艾利斯省内外的广泛不满,许多有识之士纷纷组织起来,以各种形式抒发对罗萨斯独裁统治的不满。其中,埃斯特万·埃切维利亚(Esteban Echeverría)、胡安·巴蒂斯塔·阿尔韦迪(Juan Bautista Alberdi)、米戈尔·加内(Miguel Gané)、胡安·马里亚·古铁雷斯(Juan María Gutiérrez)等人,于1837年6月在布宜诺斯艾利斯成立了一个"文学沙龙",成为反对罗萨斯独裁统治斗争的"第一个中心"⑤。在"文学沙龙"的活动

---

① Miron Burgin, *The Economic Aspects of Argentine Federalism, 1820-1852*, Cambridge: Harvard University Press, 1946, p. 252.
② 叶尔莫拉耶夫主编:《阿根廷史纲》上册,232—233页,北京:三联书店,1972。
③ 关于罗萨斯的恐怖独裁统治,可参见李春辉:《拉丁美洲史稿》上卷(二),769—770页。
④ 约翰·林奇:"自独立到巴拉圭战争时的拉普拉塔河地区各共和国",莱斯利·贝瑟尔主编:《剑桥拉丁美洲史》,第三卷,643页和642页。
⑤ 叶尔莫拉耶夫主编:《阿根廷史纲》上册,253页。

中,埃切维利亚和阿尔韦迪等人发表了一系列演说和文章,对罗萨斯的独裁统治进行了严厉批判,"文学沙龙"很快就被罗萨斯当局封闭了。

1838年7月,埃切维利亚和阿尔韦迪等人创立一个秘密团体"青年阿根廷",提出为在阿根廷实现"自由、平等、博爱"的资产阶级民主制度而进行斗争。"青年阿根廷"也被称为"五月协会",因为该组织的成员认为,1810年的五月革命奠定了阿根廷国家发展的基础,它所提出的革命目标远未实现。1839年1月,流亡蒙得维的亚的"青年阿根廷"成员发表了一篇《告阿根廷青年和祖国全体优秀儿女的原则宣言》,强烈谴责罗萨斯的独裁统治,提出了建立资产阶级民主制度和加强社会协调的基本原则。

"五月协会"的活动很快得到迅速发展,并传播到几乎整个拉普拉塔地区。例如,多明戈·法斯蒂诺·萨米恩托(Domingo Faustino Sarmiento)在圣胡安省组织了类似的秘密团体,文森特·菲德尔·洛佩斯(Vicente Fidel López)在科尔多瓦省成立了当地的"青年阿根廷"组织。此外,巴托罗梅·米特雷和卡洛斯·特赫多尔(Carlos Tejedor)等大批阿根廷青年在"五月协会"的影响下,公开向传统的文学规范提出挑战,主张文学应该反映现实生活,勇于揭露社会弊端,发表了一系列批判罗萨斯独裁统治的诗歌、散文和小说,成为反对罗萨斯独裁统治的重要力量。[1] 在阿根廷历史上,以"五月协会"为核心的一批浪漫主义青年作家通常被称为"1837年一代"。对于"1837年一代"的历史作用和影响,有学者评价说:"1837年一代也许是19世纪拉丁美洲知识分子中思想表达最清晰有力,自我意识最强的一群人。他们不仅积极倡导和投身于建立自由国家的激烈斗争,而且还忠实地记录他们所经历的历史事件。"[2]还有学者强调说:1837年一代"是在罗萨斯独裁的阴暗岁月中唯一的革命组织。它的思想,不仅对于阿根廷,而且对于其他拉丁美洲国家的社会思想的形成和发展,都起了重大的影响"[3]。

正是在"1837年一代"的积极鼓噪下,拉普拉塔地区逐渐形成了一股反对罗

---

[1] 例如,巴托罗梅·米特雷出生于1821年,在"五月协会"的主要成员开展反独裁统治活动时,他还只是一个刚刚16岁的"文学青年",但学术界普遍认为,"米特雷常常是与1837年一代紧密联系在一起的"。参阅 Nicolas Shumway, *The Invention of Argentina*, Berkeley: University of California, 1991, p. 188.

[2] William H. Katra, *The Argentine Generation of 1837: Echeverria, Alberdi, Samiento, Mitre*, Madison: Fairleigh Dickinson University Press, 1996, p. 7.

[3] 叶尔莫拉耶夫主编:《阿根廷史纲》上册,256页。

萨斯独裁统治的同盟,该同盟的领导人是恩特雷里奥斯省省长胡斯托·何塞·德·乌尔基萨(Justo Jose de Urquiza)。1852年2月3日,该同盟的军队在卡塞罗斯(Caseros)击败罗萨斯的主力部队,罗萨斯政权被推翻,罗萨斯本人被迫流亡欧洲,罗萨斯独裁政权就此退出历史舞台。这一历史事件在阿根廷现代化进程中占有重要的地位,为阿根廷的统一和稳定扫清了道路。对此,有学者强调说:"罗萨斯的下台,为自由主义宪法的颁布、资本主义的发展、土地投机的飙升,以及养牛业以前所未有的规模进行商业拓展打开了大门。"[①]

1853年5月1日,乌尔基萨主持召开制宪会议,并制定了以美国宪法为蓝本的宪法,成立了新的联邦共和国。根据1853年宪法的有关规定,乌尔基萨出任共和国总统。这里需要着重指出的是,"1837年一代"的关键人物之一胡安·巴蒂斯塔·阿尔韦迪,就是阿根廷1853年宪法的主要设计者之一,他在智利流亡期间所撰写的《阿根廷共和国政治组织的基础和出发点》(*Bases y puntos de partido para la organización política de República Argentina*)一书,"对阿根廷1853年宪法产生了重大影响"[②],其本人也因此被称为"阿根廷宪法之父"[③]。尤为重要的是,1853年宪法为阿根廷逐步走向统一奠定了司法根基。

根据1853宪法的规定,阿根廷实行联邦制,设立议会两院和独立的司法体系。宪法规定,总统不得连选连任,总统享有参与制定、批准和颁布法律的权力,有经议会同意任命最高法院法官、宣战和宣布戒严的权力,总统同时担任全国武装力量总司令。宪法同时规定,阿根廷的最高立法机关是议会,由参众两院组成。众议院议员由每2万居民中选举1人,参议院则由各省和联邦首都各选派2人组成。与此同时,1853年宪法还秉承"1837年一代"的理想和实证主义的要求,规定了一系列促进资本主义发展的基本原则和政策,鼓励移民和教育,发展交通,促进新兴工业的建立和发展,禁止以任何形式限制贸易等。例如,宪法第9条规定:"在国家全部领域内,只准设置国立的海关,收取议会所批准的关税";

---

① E·布拉德福德·伯恩斯、朱莉·阿·查利普:《简明拉丁美洲史——拉丁美洲现代化进程的诠释》,130页,北京:世界图书出版公司,2009。

② John E. Dougherty, "Juan Bautista Alberdi: A Study of his Thought", *The Americas*, Vol. 29, No. 4, April 1973, p. 491.

③ Sam Schulman, "Juan Bautista Alberdi and his Influence on Immigration Policy in the Argentine Constitution of 1853", *The Americas*, Vol. 5, No. 1, July 1948, p. 3.

第 10 条规定:"本国生产和制造的商品,和在海关履行了手续的一切外国物品和商品,在共和国内自由流通,一律免税";第 11 条规定:"本国或外国生产和制造的商品和各种牲畜,跨越省界时免交通行税。享有此种权利的还有车辆、船只和过往车船中载运的牲畜。事后亦不得以任何名目征收过境税";第 12 条规定:"对从一省开往另一省的船舶不得强迫入港、停泊和收缴过境税"。① 这样,1853 年宪法明确地规定了国家的统一和国内市场的重要性,为阿根廷摆脱独立后的分裂局面,建立真正统一的民族国家奠定了制度基础。②

二、英国势力的渗透

英国对拉美地区的兴趣由来已久,从胡安·卡博托(Juan Cabot)远征美洲起即已开始向本地区扩张。16 世纪,英国海盗频繁出没于加勒比海、巴西沿海,并在圭亚那和巴西登陆。17 世纪,英国开始在美洲和加勒比海占领一些领土,并建立殖民地。它的主要目的是掠夺黄金、占领产糖地区和为奴隶贸易提供基地。到 18 世纪初,英国通过"西班牙王位继承战争"后的《乌德勒支和约》正式得到了牙买加,使之成为向西班牙美洲殖民地出售奴隶和其他产品的"基地"。18 世纪末英国占据了圭亚那东部地区,并通过 1814—1815 年的《巴黎和约》正式将这一地区建为英国的殖民地。

阿根廷独立运动爆发前夕,英国对拉普拉塔地区的野心暴露无遗。1806 年 6 月 25 日,由霍姆·波费爵士(Sir Home Popham)和海军将领威廉·卡尔·贝雷斯福德(General William Carr Beresford)率领的一支英国舰队出现在布宜诺斯艾利斯附近的洋面上。当时的拉普拉塔辖区的总督马尔克斯·德·索夫雷蒙特(Marques de Sobremonte)仓皇逃往科尔多瓦,其他许多西班牙官员也纷纷弃城而逃。6 月 27 日,1 640 名英国士兵轻而易举地占领了布宜诺斯艾利斯城,并

---

① Constitución de la Confederación Argentina,1 de mayo de 1853. 引自 http://es. wikisource. org。

② 阿根廷 1853 年宪法至今仍然生效,是拉美地区适用时间较长的宪法之一。从诞生之日起,只有在 1949 年庇隆政府通过了新的宪法,在 1956 年被废止;在 1966 的军事政变冲击下所有的宪法保障的公民权被终止了,1976 年军事政变又再次废除了 1853 年的宪法,而在 1983 年得以回复。除此之外,宪法还在 1860 年、1866 年、1898 年、1957 年进行了修正。

巴西:未来之国

1964—1985年军事独裁时期的巴西

韩晗 主编

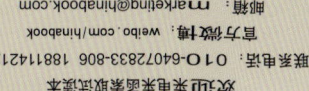

北京市电话：010-64072833-806 18811421266
新浪微博：weibo.com/hinabook
邮箱：marketing@hinabook.com

后浪出版咨询（北京）有限责任公司
www.hinabook.com
POST WAVE PUBLISHING CONSULTING (BEIJING) CO., LTD.

在城堡上升起了英国国旗。

关于英国军队入侵拉普拉塔地区是否得到英国政府的允许,学术界历来就存在分歧:一般说来,英美等国家的学者多趋向于认为,英国的行动并不是政府授权的结果,而是波费爵士个人积极活动和筹划的结果。例如英国学者 F. A. 柯克帕特里克(F. A. Kirkpatrick)认为:"这次大胆冒险行动的始作俑者不是英国政府,而是一个野心勃勃和好献媚的海军军官霍姆·波费爵士。他多次向英国海军部提议,攻占西班牙在美洲的领地。他的所有这些建议都被英国内阁否决了,波费转而筹划对西班牙在美洲领地的远征计划。"①为了实施他的计划,波费在 1804 年 10 月,与委内瑞拉独立运动的早期领导人米兰达共同制定了从三个方向同时远征南美洲的书面计划,打算从委内瑞拉、太平洋和布宜诺斯艾利斯发动对西班牙王室的战争,以支持和鼓励这些地区反抗西班牙殖民主义的斗争。后来,波费说服南非开普敦的军事总督,同意他率领贝雷斯福德将军的舰队,远征拉普拉塔地区。

另一方面,中国和前苏联的一些学者则坚持认为,英军在拉普拉塔地区的侵略活动得到了英国政府的允许,至少是默许,是英国与西班牙争夺海外利益斗争的一部分。例如,中国学者宋晓平写道:"1806 年 6 月 25 日,英国政府利用西班牙殖民统治危机,派兵入侵布宜诺斯艾利斯。"②前苏联学者叶尔莫拉耶夫指出:"英国人占领了荷兰在非洲好望角的殖民地以后,决心去攻占布宜诺斯艾利斯。英国政府对于拉普拉塔的情况非常熟悉,它知道那里没有能够击退进攻的足够的武装力量,知道克烈奥尔人对于西班牙人的治理心怀不满,以及在他们中间正滋长着分立主义的情绪。因此,英国政府估计攻占拉普拉塔的计划不会遇到特殊的困难。"③

不论上述两种观点中的哪一个更加接近历史真实,英国占领布宜诺斯艾利斯后的所作所为却是不折不扣地为英国政府服务的。在英军占领布宜诺斯艾利斯之后,贝雷斯福德宣布布宜诺斯艾利斯从此成为英国主权之一部分,各级官员必须向英王乔治三世宣示效忠;同时,贝雷斯福德还自任为布宜诺斯艾利斯的总

---

① F. A. Kirkpatrick, *A History of the Argentine Republic*, London: Cambridgeat the University Press, 1931, p. 47.
② 宋晓平编著:《阿根廷》,44 页。
③ 叶尔莫拉耶夫主编:《阿根廷史纲》上册,94 页。

督,声称尊重拉普拉塔的天主教、司法行政和私有财产,宣布布宜诺斯艾利斯港是一切友好国家的商船均可自由进出的口岸,大幅降低关税,对英国的商品实行优惠关税率。这些举措实际上为后来英国在该地区的经济影响奠定了基础。

英国人的入侵激起了布宜诺斯艾利斯,乃至整个拉普拉塔地区居民的爱国主义情感。例如,阿根廷杰出的爱国志士曼努埃尔·贝尔格拉诺(Manuel Belgrano)在谈到英国人的入侵时,曾经这样说:"当我看见敌军进城而且他们的人数和布宜诺斯艾利斯的人口相比又是那么微不足道的时候,我真感到万分羞耻。看到我的祖国受外人统治,特别是在如此屈辱的情况下,我非常痛苦。"[①]阿根廷的另外一位杰出爱国志士马里亚诺·莫雷诺(Mariano Moreno)回忆说,当他得知英国人占领布宜诺斯艾利斯,攻进要塞和兵营时,曾因悲愤而痛哭。[②] 因此,当地居民面对英国的入侵展开了英勇抵抗,很快击败了入侵者。1807年6、7月间,英国军队再次入侵拉普拉塔地区,同样遭到了布宜诺斯艾利斯人民的顽强抵抗,大败而归。

布宜诺斯艾利斯人民击败英国军队的两次入侵,推动了当地人民独立意识的成长。对于这一点,美国学者戴维·布什内尔(David Bushnell)评论说:"在西班牙统治的最后岁月中,布宜诺斯艾利斯是最易发生政治动乱的殖民地之一。英国人的入侵一方面表明西班牙不堪一击,同时也使克里奥尔人的气势剧增,因为是他们肩负了击败入侵者的重任。作为一个海上贸易中心,布宜诺斯艾利斯易于接受外来的思想和经济影响,同时,紧靠着它的内地出口大量畜牧产品使地产利益集团和投机商人进一步认识到扩大自由贸易的潜在好处。总之,由于种种原因,拉普拉塔地区应在支配自己的事务方面享有更大发言权的舆论不断增多……。"[③]

另一方面,尽管英国军队很快就被击败,但随之而来的英国商品却很快在拉普拉塔地区占据了一席之地。例如,一名英国商人罗伯特·斯泰普斯(Robert Staples)向英国外交部报告说,1808年11月到1809年11月,共有31艘英国船

---

① Manuel Belgrano, *Autobiografia y memorias sobre la expedición al Paraguay y batalla de Tucuman*, Buenos Aires, 1942, p. 18.

② A. Yunque, *Breve historia de los argentinos*, Buenos Aires, 1942, p. 96.

③ 戴维·布什内尔:"西属南美洲的独立",莱斯利·贝瑟尔主编:《剑桥拉丁美洲史》,第三卷,98页。

只抵达布宜诺斯艾利斯,10艘抵达蒙得维的亚,货物价值分别达到1 133 000英镑和1 653 000英镑。① 英国商品对拉普拉塔地区的渗透可见一斑。

1810年5月,阿根廷独立运动爆发后,英国进一步加强了对该地区的经济渗透。对于这种渗透,美国加州大学伯克利分校的学者图略·霍尔帕林·唐伊(Tulio Halperin Donghi)的评价比较形象。他说:"1810年,在听到放宽贸易和布宜诺斯艾利斯外交革命的消息后,许多商人冒险家离开伦敦,到南美洲去出售英国货物,然而当他们到达布宜诺斯艾利斯时,不仅发现那里的英国商人冒险家太多,而且还出乎意料地发现他们不得不同里约热内卢的英国商人竞争。结果他们不得不赔本出售,从而使英国海外产品加速战胜了布宜诺斯艾利斯市场上那些来自安第斯山麓或来自秘鲁和上秘鲁的传统产品。"②

不过,拉普拉塔地区的独立运动爆发后,英国政府方面却采取了一种比较暧昧的"骑墙"政策:一方面,英国保持与西班牙王室政权之间的反法同盟关系,共同对抗拿破仑的大陆封锁政策;另一方面,英国又不能轻易地站在西班牙一边来反对殖民地,这样一来会在这些殖民地获得独立后影响它们与英国的关系,二来等于是支持西班牙政府继续对英国在西班牙美洲贸易利益的限制。拿破仑战争结束后,为了维持欧洲大陆的力量均衡,英国对待西属美洲的独立运动继续采取"骑墙"政策。1823年4月,法国入侵西班牙和美国政府于1822年和1823年率先承认大哥伦比亚、墨西哥、拉普拉塔和智利独立的行动,迫使英国政府开始调整其政策。1823年12月15日,英国政府决定承认拉普拉塔、墨西哥和哥伦比亚独立。③ 对于英国政府的政策调整,当时的英国外相乔治·坎宁(George Canning)说:"法军入侵西班牙,破坏了势力均衡……我要在另一半球寻找补偿物……我宣布,如果法国占有西班牙,这个西班牙不得把'西印度'包括在内。我创造新世界,就是为了调整旧世界的均势。"④

---

① Foreign Office Papers,72/157,Staples to the Foreign Office,21 June 1810. H. S. Ferns,*Britain and Argentinain the Nineteenth Century*,Oxford:Oxford University Press,1960,pp. 67-68.

② 图略·霍尔帕林·唐伊:"西属拉丁美洲独立后的经济与社会状况",莱斯利·贝瑟尔主编:《剑桥拉丁美洲史》,第三卷,303—304页。

③ Harold Temperley,*The Foreign Policy of Canning,1822-1827:England,the Neo-Holy Alliance,and the New World*,London:G. Belland Sons,Ltd.,1925,p. 147.

④ Ibid.,pp. 583-584.

就拉普拉塔地区而言,在英国政府看来,毫无保留地承认阿根廷的主权,承认阿根廷当局拥有对其领域内任何人的立法、行政和司法权力,这是英国同阿根廷发展商业贸易联系的前提。英国在普拉塔河地区不要求任何专门的政治特权或者地位,只希望同一个真正的、完全独立的共和国打交道。当然,英国希望和一个真正独立的国家打交道,这也就意味着其他国家同样也不可以在阿根廷申张他们的特权。对此,乔治·坎宁说:"在与阿根廷交往的过程中,英国绝不会有任何的把阿根廷沦为自己帝国领地的意图。同样,我们也绝不允许其他任何国家有这样的想法。"①

坎宁的这种做法并不能说明他本人不关心英国在阿根廷乃至整个拉美地区的商业利益。坎宁比他的任何前任都更加坚定地保护英国在海外的商业利益,对新独立的拉美地区,他更是备加关注。这种对新独立的拉美各国的兴趣,可以从 1824 年 12 月他写给时任英国驻巴黎大使的戈兰维尔(Viscount Granville)的一封信里看出。坎宁在信里说:"西属美洲解放了,现在还包括墨西哥和中美洲,如果我们没有把事情搞糟的话,她将是属于英国的。"一年以后,他又说:"看!新世界独立了,如果我们不放弃,它是我们的!"②1823 年 10 月,坎宁任命年仅 27 岁的伍德拜恩·帕里什(Woodbine Parish)为"大英帝国驻布宜诺斯艾利斯总领事",委派他专程赶到拉美,考察拉普拉塔联合省的气候、地理、经济和政治情况,以便制定英国在拉普拉塔地区的有效政策。1824 年 3 月,帕里什抵达布宜诺斯艾利斯。

尽管帕里什在一封私人信件中称,布宜诺斯艾利斯是一个"不友善的、让人心灰意冷的地方"③,但他仍然竭尽全力地为英国政府服务。在拉普拉塔地区任职的 9 年时间里,帕里什搜集了大量的资料,向英国政府发回了一系列的报告,

---

① Public Record Office, Foreign Office Papers, 6/1, Letters of Instructions, October 10, 1823. 转引自 H. S. Ferns, *Britain and Argentina in the Nineteenth Century*, Oxford: Clarendon Press, 1960, p. 110.

② Leslie Bethell, "Britain and Latin America in Historical Perspective", Victor Bulmer-Thomas, ed. *Britain and Latin America: A Changing Relationship*, Cambridge: Cambridge University Press, 1989, p. 4.

③ Foreign Office Papers, 6/27, Private Letter to Lord Dunglass, 20 Aug. 1829. 转引自 H. S. Ferns, *Britain and Argentina in the Nineteenth Century*, Oxford: Clarendon Press, 1960, p. 114.

强调拉普拉塔联合省是一个气候、环境都十分宜人的地方,具有巨大的经济潜力。①坎宁对帕里什的调查报告感到非常满意,他在致帕里什的一封信中说:"总的说来,你完成了一份令人满意的布宜诺斯艾利斯形势报告,(让我们了解到)当地政府的温和原则,走向稳定、祥和的趋势,……以及与该国发展最紧密友好关系的意向。"②因此,坎宁此后的阿根廷政策,在很大程度上说是依据帕里什的报告所提供的信息而制定的。

坎宁与他的前任卡斯尔雷(Viscount Castlereagh)一样,认为英国在拉美的利益从根本上讲是经济层面的,良好的经济关系就是一切;其他方面的关系,包括融洽的政治关系在内,都是在经济关系中派生出来的。因此,在坎宁的对阿根廷政策中,一个重中之重的问题就是签署一份英国与阿根廷的商务条约,以保证两国之间密切的经济关系。为此,坎宁指示帕里什一方面广泛收集拉普拉塔地区政治、经济、社会等方面的信息,另一方面则与布宜诺斯艾利斯政府的主要官员进行密切接触,就两国之间达成商务条约所涉及的有关问题进行积极的游说和谈判。在谈判的过程中,坎宁指示帕里什向阿根廷当局提出要求,拉普拉塔联合省政府对待其境内英国商人的态度,应该像对待其他在阿外国人的态度一样;阿根廷政府对待在阿英国人,应该与对待阿根廷本国公民相同。最终,经过反复的谈判与磋商,帕里什与布宜诺斯艾利斯省外交部长曼努埃尔·加西亚(Manuel Garcia)于1825年1月30日达成协议,约定在两周内签订《英国与阿根廷友好、通商和航海条约》(以下简称《英阿商约》)。阿根廷国会随即对条约进行了秘密审议,2月19日,布宜诺斯艾利斯省省长胡安·格雷戈里奥·德拉斯埃拉斯(Juan Gregorio de Las Heras)通知帕里什,宣布其政府已经通过了商约;英国政府也立即批准了该条约。

1825年《英阿商约》第二款规定:"两国的居民,各自在对方的国境内应该享有以下的自由和安全:他们可以乘坐船只,带着自己的货物,到达那些其他国家

---

① 帕里什的报告后来汇编成册于1839年出版,具体内容可参阅:Woodbine Parish, *Buenos Ayres and the Provinces of the Rio de la Plata: Their Present State, Trade and Debt*. London: John Murray Albemarle Street, 1839.

② F. O. 118/1, George Canning to Woodbine Parish(No. 4), August 23, 1824, in C. K. Webster, ed. *Britain and the Independence of Latin America, 1812-1830: Select Documents from the Foreign Office Archives*. Vol. I, London: Oxford University Press, 1938, p. 114.

的人可以或者可能被允许到达的诸如港口、河流之类的地方,可以在这些地方停留或者居住,为了经营商业的需要,可以在这些地方租住房屋、占领仓库;并且,两国的商人都应该享有两国法律和法规最大程度上的、完全的保护。"①

这一款以下部分的内容就是对这项规定进行详尽的阐释,明确规定了一些细节方面的处理原则,并且有明确的不许歧视外国人的规定,如缔约双方任何一方不许从税收、关税以及其他经济或者商业方面,对对方国家商人的活动自由加以限制。

条约第八款、第九款保证了英国人在拉普拉塔联合省享有开办企业和经商的自由,同时体现了互惠的原则,规定联合省的公民在英国同样能够享受到这样的权利。比如第八款规定:"所有商人、船主以及其他英王陛下的子民,在联合省任何地方,都应该享有联合省本国公民所能够享受到的、相同的自由:他们可以经营自己的产业,或者受雇于其他雇主,只要他们自己愿意。……在任何时候,都应该给购买者和出售者绝对的价格上的自由,允许他们就货物、器皿、机器等一切物品讨价还价,无论这些物品是从英国进口到联合省的、还是由联合省出口到英国的。"②

条约的其他条款,旨在保证两国公民在对方境内享有免受武力侵扰的权利。最后的条款规定缔约双方应该携手合作,共同限制奴隶贸易,这当然是出于道德、进步、文明以及人性诸多方面的考虑,在某种程度上反映了两国政治家的开明之处。

因此,从字面上看,1825 年的《英阿商约》总的说来是一种相对平等和友好的商务条约,特别是将之与英国在 1810 年与葡萄牙达成的商务条约相比。在英葡条约中,英国商人在巴西获得了治外法权,不受葡萄牙—巴西当局的约束。甚至连坎宁本人都认为该条约是"可恶和失策的"③。相形之下,1825 年的《英阿商约》更明显地反映了早期自由主义思想在经济、政治和外交中的体现。在通过这种商约建立起来的经济关系中,政府所扮演的不是积极的主导者的角色,而是一种消极的保护者的角色;保护的对象,就是合法的、自发的、平等的、市场化的商业活动。然而,我们通过深入分析签约时英国与阿根廷之间的力量对比,以及由

---

① H. S. Ferns, *Britain and Argentina in the Nineteenth Century*, p. 111.
② Ibid., p. 112.
③ Ibid., p. 110.

这一条约所带来的两国之间的贸易分工,可以说,1825年的条约奠定了英国—阿根廷交往的基础,也对以后英国—拉美经济关系的发展产生了重要影响。尤为重要的是,该条约为大量廉价的英国工业品向阿根廷市场的流入提供了合法的依据,强化了阿根廷决策阶层对自由贸易和比较优势的追捧,从而将阿根廷定位为初级产品出口者而加入了资本主义世界经济体系。从长远的角度上说,该条约为阿根廷对英国和其他中心国家的经济依附性奠定了法律基础。

在罗萨斯独裁时期,英国对阿根廷的经济渗透进一步加强。1833年1月2日,为了防止美国夺占马尔维纳斯群岛(英国称福克兰群岛),由约翰·詹姆斯·翁斯洛(John James Onslow)舰长率领的英国"史诗女神"号护卫舰开进东岛的索莱达港;第二天,升起英国国旗,宣布奉命行使英国对马岛的主权。阿驻马岛的海军中校何塞·玛丽亚·皮内多(José Maria Pinedo)总督及其50名士兵被迫撤回布宜诺斯艾利斯。对于英国公然违背1825年《英阿商约》的行为,阿根廷胡安·拉蒙·巴尔卡塞(Juan Ramón Balcarce)政府对英国的"野蛮入侵"表示抗议,但遭到英国外交大臣帕麦斯顿(Palmerston)的拒绝。[①] 随着英国在马岛殖民政策的不断完善,再加之蒙得维的亚出现的分离主义倾向,布宜诺斯艾利斯的自由贸易主义者与关税保护主义者之间在1835年围绕关税政策爆发了激烈的辩论。其结果是新的关税法于12月18日获得通过。新关税法将一般商品(有特别规定的商品除外)的基本进口关税提高到17%,皮革、贵金属、煤炭、农业设备等维持较低关税水平,但服装、家具、酒类、烟草、奶酪、镜子等消费品则征收35%的进口关税,马鞍、啤酒、意大利面和其他面粉制品则课以50%的进口关税。[②] 1835年的关税法是阿根廷第一次摒弃自由贸易的传统,将关税作为一种帮助国内经济发展的手段。对此,有学者评论说:"这是布宜诺斯艾利斯外贸政策的转折点。"[③]当年再次当选布宜诺斯艾利斯省省长的罗萨斯也在致议会的信中强调说:"外国的竞争是国内工业和农业恢复的主要障碍,新关税将带来内外

---

① Barry M. Gough, "The British Reoccupation and Colonization of the Falkland Islands, or Malvinas, 1832-1843", *Albion: A Quarterly Journal Concerned with British Studies*, Vol. 22, No. 2, Summer 1990, p. 272.

② Miron Burgin, *The Economic Aspects of Argentine Federalism, 1820-1852*, Cambridge: Harvard University Press, 1946, p. 238.

③ Miron Burgin, *The Economic Aspects of Argentine Federalism, 1820-1852*, p. 237.

贸易的快速增长和国家收入的提高。"①

除了提高关税以外,罗萨斯还宣布严禁外国船只驶入巴拉那河。布宜诺斯艾利斯省的这些措施对英国在拉普拉塔地区的经济利益产生了一定的影响。对此,有学者较为客观地描述说:"1830 年英国航运一枝独秀的初始阶段结束后,大不列颠对布宜诺斯艾利斯贸易运输的控制权丢给了其他国家的船只。""19 世纪早期,英国垄断了进口市场,但其他国家产品所占的份额逐渐地增加。曾经一度有人说,布宜诺斯艾利斯街头人们穿的衣服是曼彻斯特和兰开夏制造的。英国的五金器具、陶器、餐具甚至在布宜诺斯艾利斯省乡村都很普遍。然而,随着这个世纪中期的到来,法国船只带来了制造精良的服装制品、香水和葡萄酒,热那亚和加的斯送来了意大利和西班牙的葡萄酒……"②为了应对罗萨斯政府保护主义政策带来的不利影响,英国方面充分利用拉普拉塔地区的固有矛盾,以及罗萨斯政策导致的布宜诺斯艾利斯与其他各省和法国等列强之间的矛盾,以"调停者"的角色从各方获利,从而进一步加强了在拉普拉塔地区的经济渗透。对于这种渗透的结果,约翰·林奇(John Lynch)指出:"布宜诺斯艾利斯靠对外贸易生活,而它的日益扩大的庄园则依靠外国市场。……国际贸易的媒介是向伦敦交易所开出的信用证,结果是英国商人控制了布宜诺斯艾利斯的金融市场。基本联系是英国纺织品换取阿根廷皮革的贸易,……阿根廷依靠英国的制成品、英国的航运、英国的市场。"③事实上,从 19 世纪 40 年代起,罗萨斯政府的保护主义政策便开始让位于自由贸易政策,对工业部门的保护几乎被完全放弃,阿根廷社会到处都充斥着舶来的英国工业品,畜牧业出口集团仍然在拉普拉塔地区居于主导地位。对此,林奇的描述更为精彩,他说:"当英国人查尔斯·曼斯菲尔德 1852—1853 年访问拉普拉塔河地区时,他像是一个宣传英国货的活广告:他在科连特斯买的白棉布披巾是曼彻斯特制造的;他在布宜诺斯艾利斯买的电镀马刺是伯明翰制造的。这种对于一个农牧业经济的偏爱既反映了经济情况也反映

---

① Mabragaña, ed., *Los Ensajes: Historia del Desenvolvimiento de la Nación Argentina Redactada Cronológicamente por sus Gobernantes, 1810-1910* (Tomo. I 1810-1839), Buenos Aires: Tálleres Gráficos de la Compaña de Fósforos, 1910, p. 304.

② 乔纳森·C·布朗:《阿根廷史》,105—107 页。

③ 约翰·林奇:"自独立到巴拉圭战争时的拉普拉塔河地区各共和国",莱斯利·贝瑟尔主编:《剑桥拉丁美洲史》,第三卷,643、644 页。

了社会结构。上层集团喜爱进口的制成品,而居民中的其余部分并没有为国家工业形成消费者市场。在罗萨斯统治的布宜诺斯艾利斯没有多少自由,但是自由贸易却是其中之一。"①

三、阿根廷统一与现代化进程的启动

长期的分裂局面和外国势力的渗透,大大地影响了阿根廷现代化进程的启动。对于这一点,有学者从比较研究的角度指出:"在美国,来自英国的殖民者自己造就了他们的革命,当他们反抗宗主国时,他们已经具有了自我意识、国家的目的与追求。但是,对阿根廷来说,人民面对一个尚未定型、尚未成熟的实体,难免有些手足无措,自我意识、民族象征、国家方向都没有形成,此时的共和国只是形式上的实体,还没有发展出对文化、历史和领土的认同。真正的国家形成时期要到1862—1880年间。"②

事实也确是如此。在1853年以前,拉普拉塔地区的矛盾主要集中体现在布宜诺斯艾利斯省的霸权地位和由此引发的其他各省对其霸权地位发起挑战的斗争上。如前所述,拉普拉塔地区独立后,陷入了长期分裂的局面。1819年宪法主要体现了布宜诺斯艾利斯省利益集团的愿望,他们试图建立一个以布宜诺斯艾利斯为核心的中央集权型政府,立即遭到了其他各省的反对和抵制。1826年宪法尽管意在调和中央集权派与联邦派之间的矛盾,但其中央集权的色彩仍然很浓厚,从而激起了其他各省的不满和反对,拉普拉塔地区再次陷入了各省分立自治的局面。不过,为了解决拉普拉塔各省共同的问题,各省之间在1827年达成协议,授予布宜诺斯艾利斯省省长外交处置权。这也在一定程度上承认了布宜诺斯艾利斯省省长在拉普拉塔地区的超越各省领袖之上的霸权地位。罗萨斯在1829—1852年间的独裁统治便是在这样的制度框架下建立和维系的。因此,这一时期拉普拉塔地区的主要矛盾体现在:其他各省主张建立联邦制度,以此制约布宜诺斯艾利斯省的霸权地位;而布宜诺斯艾利斯省则主张建立中央集权政府,以扩大其在本省和其他省份的控制力,进而维护主导该省政治、经济生活的

---

① 约翰·林奇:"自独立到巴拉圭战争时的拉普拉塔河地区各共和国",莱斯利·贝瑟尔主编:《剑桥拉丁美洲史》,第三卷,642页。
② 吕芳:《制度选择与国家的衰落》,26页。

大地产主和进出口商人的利益。

当然,布宜诺斯艾利斯省的霸权地位实际上是其经济实力超强的一种体现。早在殖民地时期,布宜诺斯艾利斯市及其周边地区就是拉普拉塔地区主要的经贸中心,是其对外经贸往来的主要口岸。独立后,布宜诺斯艾利斯省在整个拉普拉塔地区的经济重要性变得越来越突出。其一,罗萨斯统治时期,布宜诺斯艾利斯省的地域面积由于"荒漠远征"的进行而大大增加,该省的农牧业生产的能力大大提高。以养羊业为例,1810年布宜诺斯艾利斯省有200万至300万头"劣质"绵羊,但到1852年则增加到1 500万头优质的"美利奴绵羊",羊毛出口也从1829年的333.7吨增加到1840年的1 609.6吨,1850年增加到7 681吨。其二,布宜诺斯艾利斯市作为拉普拉塔地区的主要贸易口岸,在整个地区进出口贸易中的重要性也大大提高。例如,19世纪30年代,布宜诺斯艾利斯省年均出口牛皮789 564张,到40年代即增加到年均2 303 910张,几乎占到整个沿海各省全部出口量的三分之二。同时,布宜诺斯艾利斯进口总额也由1825年的150万英镑增加到1850年的210万英镑,而且几乎一半的进口品都是"供应市场上高档的制成品"[①]。因此,布宜诺斯艾利斯省与其他各省相比具有超强的经济实力,因此也希望建立一种有利于其经济发展的政治制度。然而,1853年宪法的通过和生效,大大地改变了拉普拉塔地区矛盾的方向和内容:"过去是各个省拒绝接受布宜诺斯艾利斯的控制,现在是布宜诺斯艾利斯拒绝和各省合作,也不服从它认为是替考迪罗主义充门面的宪法。而各省无法迫使布宜诺斯艾利斯违背它的意愿去参加联邦:它强大,它富足,它的海关仍然是阿根廷主要的收入来源,它是外贸的焦点和一个省的财产。"[②]

具体地说,1853年宪法的诸多条款如若付诸实施,将触动布宜诺斯艾利斯省主要土地寡头和商业集团的根本利益。第一,前引第9至12条明确规定取消省际之间的关税,各省的海关收入将成为联邦政府的收入,而不是各省专有的财产。这些条款对布宜诺斯艾利斯省的冲击是最大的,因为它的海关收入在整个阿根廷占有很高的比例。因此,尽管这些条款在客观上有助于形成一个统一的

[①] 约翰·林奇:"自独立到巴拉圭战争时的拉普拉塔河地区各共和国",莱斯利·贝瑟尔主编:《剑桥拉丁美洲史》,第三卷,670页和643页。

[②] 同上,674页。

阿根廷国内市场,但在布宜诺斯艾利斯省的土地寡头和进出口利益集团看来,则会将他们的收入和财产用于补贴其他各省的发展。这是该省对新宪法加以抵制的一个重要原因。第二,宪法在如何平衡联邦政府与各省权力的问题上,也引起了布宜诺斯艾利斯省的不满。一方面,宪法规定了各省拥有地方自治的权力。例如,第105条规定"各省有各自的地方体制,根据各自的制度办事。各省自行选举本省省长、省议员和其他官员,联邦政府不得干预";第107条规定"各省之间可签订有关司法管理、经济利益和公益事业的地方协定,并报告联邦国会备案。各省可制定保护性法律,利用本省资源发展工业,提倡移民,修筑铁路,开辟航道,垦殖省公有土地,引进和建立新型工业、引进外资和勘察本省河流"。另一方面,宪法又对各省的权力作出了种种限制。如宪法第108条明确规定:"各省不得行使属于国家的权力,不得签订政治性的地方协议。不得制定有关贸易、内河航行或航海的法律。不得设立省海关,不得铸造货币,未经联邦国会批准不得成立发行纸币的银行。在国会颁布民法、贸易法、刑法和矿业法后,各省不得另行颁布这类法律。各省不得对公民和国籍、破产、伪造货币或国家文件等事项颁布法律。不得征收船舶吨位税。不得建造战舰或组建军队。但遭受外来入侵或遇迫不容缓的危险时,不在此限,但事后须向联邦政府报告。不得任命驻外代表或接受外国代表。不得接纳新教派。"

相形之下,联邦总统则被赋予强有力的行政权力:根据宪法第86条、第109条的规定,总统可以提出自己的法案,可以不经国会同意来任免政府部长的职务;他还有权干涉各省的事务以便维护联邦政府来对付国内的骚乱或来自外部的入侵,为此他可以撤换当地政府,并强行安排联邦官员等。事实上,如果卡塞罗斯的胜利者是布宜诺斯艾利斯省的领导者,如果1853年宪法是由该省各利益集团来主持制定的话,上述规定不至于成为矛盾的焦点;然而,卡塞罗斯的胜利者是反对布宜诺斯艾利斯省省长罗萨斯的其他各省联盟,1853年宪法更多地体现了外省联盟的愿望和利益。

令布宜诺斯艾利斯省感到雪上加霜的是,乌尔基萨在1853年11月当选为阿根廷联邦共和国总统以后,就采取了一系列政策措施,限制布宜诺斯艾利斯省对进出口贸易的垄断,增加其他各省参与国际与国内贸易的机会。首先,乌尔基萨在1854年3月将联邦首都从布宜诺斯艾利斯迁往恩特雷里奥斯省的巴拉那,以摆脱布宜诺斯艾利斯省对联邦政府的控制。其次,乌尔基萨政府还同英国、法国和美国签订了商业条约,开放巴拉那河与乌拉圭河,允许各国商船自由航行,并计划将罗萨里奥兴建成一个新的货物集散地,借此希望沿岸各省直接参与对外贸易,减少国家对布宜诺斯艾利斯在进出口贸易上的过度依赖。第三,乌尔基萨政府还于 1857 年颁布一项新的关税法案,对布宜诺斯艾利斯省与其他各省之间实行差别关税,希望吸引更多的欧洲客商直接与联邦政府进行贸易往来,从而进一步削弱布宜诺斯艾利斯的商业地位。

乌尔基萨政府的上述政策由于遭到代表布宜诺斯艾利斯省利益的中央集权派的反对,只是部分地取得了成功:据有关统计资料显示,经由罗萨里奥的海关收入从 1855 年的 116 000 英镑增加到 1860 年的 172 000 英镑。① 但这些收入不足以负担联邦政府庞大的开支,增加额外收入的努力又由于布宜诺斯艾利斯省的"阻挠"而归于失败。因为沿巴拉那河到罗萨里奥要多花 5 天的航程,即便那里的关税更低,从事进出口贸易的商船宁愿在布宜诺斯艾利斯港装卸货物。结果,乌尔基萨政府的政策措施不仅没有将联邦政府从破产的边缘拯救过来,反而加剧了联邦政府与布宜诺斯艾利斯省之间的矛盾,拉普拉塔地区再一次陷入了分裂的泥沼之中:一方是中央集权派控制的布宜诺斯艾利斯省,另一方则是乌尔基萨领导的联邦派政府,它统辖着 13 个其他省份。

在上述种种措施得不到布宜诺斯艾利斯省支持和配合而流于失败的情况下,乌尔基萨决定以武力来解决问题。1858 年 10 月,乌尔基萨领导的联邦政府军队攻入布宜诺斯艾利斯,在塞佩塔(Cepada)战役中击败了巴托洛梅·米特雷领导的布宜诺斯艾利斯省军队,布宜诺斯艾利斯省省长阿尔西纳(Alsina Valentín)被迫答应向联邦政府提供一定数额的补贴,并同意就布宜诺斯艾利斯并入联邦展开谈判。1860 年 3 月,布宜诺斯艾利斯省军队的领导人米特雷取代阿尔西纳成为该省省长,使阿根廷向真正统一的方向迈出了关键的一步。米特雷是"1837 年一代"的重要代表人物之一,在阿尔西纳担任省长期间多次公开反对布宜诺斯艾利斯省独立,主张建立一个包括拉普拉塔地区各省的统一的大阿根廷。在这一点上,他与乌尔基萨之间实际上是一致的,但"乌尔基萨希望在统一的阿根廷中削弱布宜诺斯艾利斯的权力,而在米特雷的统一计划中布宜诺斯

---

① David Rock, *Argentina, 1516-1982: from Spanish Colonization to the Falklands War*, Berkeley:University of California Press, p. 122.

艾利斯占据着至关重要的地位"[1]。因此，米特雷上任后继续加强军事方面的工作，并于1861年9月率领布宜诺斯艾利斯省军队在帕翁(Pavón)战役中击退联邦政府的军队。

帕翁战役后，拉普拉塔地区的形势开始朝有利于布宜诺斯艾利斯省的方向发展。一方面，沿海地区和内地各省纷纷发生反对乌尔基萨的起义，建立各自的自由派政权，联邦政府几近崩溃，乌尔基萨只得将自己的军队后撤至他的大本营恩特雷里奥斯省，以求自保。米特雷则乘胜追击，派出大批军事力量支援各地的自由派政府，并不断向乌尔基萨施加压力，迫使后者答应解散联邦政府；另一方面，米特雷还在布宜诺斯艾利斯省内作出了不懈的努力，说服本省各利益集团的代表接受以1853年宪法为框架与乌尔基萨领导的联邦政府进行谈判。最终，中央集权派与联邦派之间达成了妥协：乌尔基萨解散联邦政府，米特雷成为整个拉普拉塔地区的领导人；米特雷领导的中央集权派则接受联邦派颁布的、经过修正的1853年宪法。这样，到1861年，"建立一个以布宜诺斯艾利斯为中心、内地在那里设置代表的联邦的思想就被人们接受了。……各省的联合实现了，阿根廷第一次被称为阿根廷而不是用一种拙劣的转弯抹角的说法来称呼它"[2]。

1862年10月，巴托洛梅·米特雷当选为阿根廷共和国联邦总统，再次迁都布宜诺斯艾利斯。在其任内(1862—1868)，米特雷提出了实现"民族团结"的政治目标，注重改善布宜诺斯艾利斯与其他各省之间的关系，先后平息了两次叛乱，从而结束了独立后的长期动乱和分裂的局面，使阿根廷成为一个真正统一的国家。随后继任的萨米恩托政府(1868—1874)和阿维利亚内达(Nicolas Avellaneda)政府(1874—1880)，将米特雷政府的政策进一步发扬光大，通过创办现代教育体系、鼓励移民、发展小农场垦殖计划等一系列措施，进一步促进了阿根廷国内市场的逐步形成，为阿根廷现代化进程的启动铺平了道路。

---

[1] David Rock, *Argenfina 1516-1982: From Spanish Colonization to the Falkands war*, Berkeley: University of california Press, 1985, p. 122.

[2] 约翰·林奇："自独立到巴拉圭战争时的拉普拉塔河地区各共和国"，莱斯利·贝瑟尔主编：《剑桥拉丁美洲史》，第三卷，675页。

第二章　阿根廷早期现代化的思想准备

事实上,关于如何确定一个国家现代化进程启动时间的问题,历来就是学术界广泛讨论的焦点之一。大体说来,国内外学者普遍能够接受的一个观点认为,民族认同感的广泛形成和民族国家的建立是一个国家现代化进程启动的标志。① 根据这种观点,阿根廷现代化进程的启动时间应该是在1862年到1880年这一段时间。② 在此期间,阿根廷共经历了米特雷、萨米恩托和阿维利亚内达三届政府,他们在阿根廷现代化进程中起到了承前启后的作用,为之后数十年的初级产品出口繁荣的"美好时代"作了较为充分的思想准备。这个准备过程的主旋律,我们可以借用当事人之一的萨米恩托的名著《法昆多,或文明与野蛮》一书的主题,即"文明"与"野蛮"之争。阿根廷思想家们的这种二元文化思想,恰与19世纪中期以后在拉美地区广泛盛行的欧洲实证主义思潮产生了契合,使之成为主导阿根廷早期现代化进程的重要思想动力之源。

一、欧洲思想的影响

作为波旁王朝改革的一部分,西班牙国王卡洛斯三世于1776年8月1日颁布圣谕,在布宜诺斯艾利斯设立了直接受王室统辖的拉普拉塔总督辖区,并先后进行了一系列配套改革措施:1777年11月,颁布《自由准入法》,授权布宜诺斯艾利斯与秘鲁和智利进行"自由贸易";1778年,颁布法令,准许拉普拉塔地区直

---

① 钱乘旦、杨豫、陈晓律:《世界现代化进程》,南京:南京大学出版社,1999。
② 1880年,布宜诺斯艾利斯省专门划出一块地方成为阿根廷的联邦首都区,学术界认为这是阿根廷国家最终统一的标志。

接与西班牙进行贸易等。西班牙王室的改革措施大大提高了拉普拉塔地区在西班牙美洲殖民体系中的重要性，尤其是在对外贸易方面。因此，布宜诺斯艾利斯也成为英国、荷兰等其他欧洲国家对西班牙美洲开展走私贸易的重要口岸。

"自由贸易"改革和走私贸易的开展，不仅推动了商品的交易，也推动了欧洲启蒙思想在拉普拉塔地区的传播。尽管西班牙殖民当局对美洲殖民地采取严格的书刊审查制度，禁止"先进的思想渗透到那里，但是它并没有做到"，其结果，"在布宜诺斯艾利斯、科尔多瓦、丘基萨卡和拉普拉塔总督辖区其他大中心城市的私人图书馆和大学图书馆里，藏有孟德斯鸠、狄德罗、伏尔泰、卢梭和英国经济学家的著述。曼·贝尔格拉诺、马·莫雷诺、贝·蒙特亚古多和阿根廷解放运动的许多其他活动家，都很熟悉这些作家的作品"。[①]

到殖民统治末期，法国革命和北美独立运动的爆发，进一步推动了启蒙思想在拉普拉塔地区的传播和影响。对此，阿根廷杰出的政治家和思想家萨米恩托写道："《社会契约论》不胫而走，争相传阅。马布里和雷纳尔成为报刊中的先知；罗伯斯庇尔和国民公会成为了典范。布宜诺斯艾利斯自命为欧洲的外延部分，如果不把自己的精神和风尚直视为纯法国的或者纯北美的，那就是否认自己的西班牙起源。……布宜诺斯艾利斯展示出了这些思想所赋予的革命能量，……它完全成为了一个革命家的城市——贝尔格拉诺、龙多、圣马丁和阿尔韦亚尔……与欧洲国家的联系从一开始就比西班牙美洲其他地区更加彻底。"[②]例如，五月革命的重要领导者莫雷诺（Mariano Moreno）早在1809年就曾向拉普拉塔总督提出《牧场主的呈请书》（*La Representación de los Hacendados*），力主发展自由贸易，他强调说："开辟同外国人进行自由贸易的港口，不仅能起到解决财政问题的临时措施的作用，而且为总督辖区经济的全面发展、首先是拉普拉塔畜牧业和农作业的发展所必需。"[③]他还将卢梭的《社会契约论》翻译成西班牙文出版。1810年参与领导五月革命，任执政委员会军事和政治秘书，负责主编《布宜诺斯艾利斯日报》，传播进步思想，要求完全独立，实行政教分离和建立共和国。

---

① 叶尔莫拉耶夫主编：《阿根廷史纲》上册，90、92页。

② Domingo F. Sarmiento, *Facuendo or, Civilization and Barbarism*, New York: Penguin Books, 1998, pp. 113-114.

③ 叶尔莫拉耶夫主编：《阿根廷史纲》上册，115页。原文可参阅 Moreno, *La Representación de los Hacendados*. http://www.biblioteca.clarin.com/pbda/ensayo/moreno_escritos/hacendados.html.

阿根廷独立运动的另一个重要领导人贝尔格拉诺（Manuel Belgrano）也主张打破宗主国在商业上的垄断，发展自由贸易；同时，他也承认法国革命对其自由主义思想形成产生了重要的影响。他说："由于1789年我在西班牙，当时的法国革命已经引起各种观念的改变，这在我所经常交往的文学界中尤其如此。于是我就充满了关于自由、平等、安全、财产权的思想，并且只认为那些反对不要剥夺上帝和自然所赋予人（无论这个人在什么地方）的权利的人，才是暴君。"①

阿根廷独立后，启蒙思想和自由贸易的观念成为拉普拉塔地区的主流思潮，在主导独立运动领导权的社会精英中尤为显著。贝尔纳丁诺·里瓦达维亚则是其中的杰出代表。里瓦达维亚出生于1780年，1815—1820年期间，作为阿根廷的"国家全权代表"常驻巴黎，争取欧洲各国尽快承认阿根廷独立。在巴黎期间，里瓦达维亚深受启蒙思想的影响，为其之后在阿根廷国内进行的改革奠定了思想基础。1821年7月，里瓦达维亚担任了布宜诺斯艾利斯省省长马丁·罗德里格斯的内政部长，开始了选举制度、土地制度、银行制度、教育制度和宗教领域等方面的改革。其中1823年12月23日通过的选举制度法令，遵循了启蒙思想倡导的自由投票原则，明确划分了各政权机关之间的权力分配，宣布出版自由和私有财产神圣不可侵犯。同时，里瓦达维亚还倡议召开国民会议，讨论拉普拉塔地区各省之间的统一问题；在教育领域，1821年成立了布宜诺斯艾利斯大学，大力推行世俗化教育改革，并将西方启蒙思想家的理论作为授课内容，为启蒙思想的进一步弘扬和传播创造了条件。除此之外，里瓦达维亚还在布宜诺斯艾利斯省创办了医学院和以世俗教育为基础的中小学，成立了文学社，开办了农业学校和自然历史博物馆，设立了物理学、化学、地质学、统计学等研究机构和公共图书馆。

1826年2月3日，拉普拉塔联合省议会通过政府组织法，规定由内政、外交、陆军、海军和财政五部组成政府，设立总统职务，在全国宪法通过以前行使国家首脑的职能。2月7日，里瓦达维亚当选为总统，进而将他在布宜诺斯艾利斯省所进行的改革进一步向全国范围推广。其中，1826年12月24日通过的宪法既是里瓦达维亚改革的重要成果之一，也是其推行全面改革的制度基础。1826年宪法规定，拉普拉塔联合省的国名更改为阿根廷联邦共和国，实行三权分立的

---

① Manuel Belgrano, *Autobiografía y memorias sobre la expedición al Paraguay y batalla de Tucumán*. BuenosAires, 1942, p.14. 转引自叶尔莫拉耶夫主编：《阿根廷史纲》上册，92—93页。

国家政治制度：立法机关为参众两院。众议院通过直接选举产生，每1.5万名居民选举1名议员。参议院由选举委员会间接选举产生，每个省和首都均选举2名参议员；行政权属于以总统为首的政府部门，总统由选举产生，任期5年，不得连任。总统有权罢免和任命各省省长；最高司法机关为最高法院，最高法院的法官由总统任命，任期3年，不得连任。

1826年宪法通过后，正式选举里瓦达维亚为阿根廷联邦共和国总统。同时，里瓦达维亚还建议将布宜诺斯艾利斯市从布宜诺斯艾利斯省中划分出来，组成独立的首都联邦区，各省解散民团，废除地方关税和印花税等改革措施。可见，阿根廷的1826年宪法更多地体现了中央集权派的主张，他们深受启蒙思想的影响。然而，这部新宪法和里瓦达维亚政府遭到了各省保守派大庄园主们的反对，他们拒绝取消地方关税和解散地方民团武装。科尔多瓦、拉里奥哈、卡塔马卡和圣地亚哥—德埃斯特罗4省甚至建立了军事同盟，共同反对新宪法。迫于保守派的压力，里瓦达维亚被迫于1827年6月辞去总统职务，其改革也宣告失败。

尽管里瓦达维亚的改革最终以失败收场，但其改革进程中所蕴含的启蒙思想和自由主义政策却在阿根廷得到了更为广泛的传播，进而逐渐形成一股思潮，最终在"1837年一代"思想家们的言行中得到了最为充分的体现。

如前所述，在反对罗萨斯独裁统治的斗争中，"1837年一代"思想家们逐渐登上历史舞台。"1837年一代"的主要成员包括埃斯特万·埃切维利亚、胡安·巴蒂斯塔·阿尔韦迪、多明戈·法斯蒂诺·萨米恩托、米戈尔·加内、胡安·马里亚·古铁雷斯、巴托罗梅·米特雷和卡洛斯·特赫多尔等人。在"1837年一代"看来，罗萨斯用来对付敌人的暴力代表了独裁统治的野蛮本质。这种野蛮状态是由于缺少进步和文明的产物。他们认为，政府必须推行促进阿根廷文明和现代化的政策。他们提出的文明是欧洲的、城市的模式，这与罗萨斯时代农村在阿根廷扮演的重要地位正好形成鲜明的对照。因此，他们大多以欧洲启蒙思想和自由主义思想为武器，以小说、诗歌等浪漫主义的文学形式来表达其对罗萨斯独裁政权的批判和对国家未来发展方向的关注。

其中，欧洲启蒙思想的影响尤为明显。埃切维利亚是"1837年一代"的主要领导者之一，他在留学欧洲期间，深受孟德斯鸠等欧洲启蒙思想家的影响，强调社会是一个历史产物，阿根廷的五月革命是一个有着特殊理论和思想的历史过程。埃切维利亚还致力于人们道德的改善和提高。埃切维利亚认为人人生而自由、平等——所有人生而为兄弟,人与人之间的兄弟情义是将所有纯洁、真诚的爱国之心联结在一起的黄金纽带。若没有这一纽带,就不会有力量、团结和祖国。他还认为世界原本处于阴霾笼罩之下,是基督教给人们带来了光明和启示。基督教是最积极的宗教,它可以给人类带来团结友爱、平等、自由,可以维护人们的权益。1830年,埃切维利亚从巴黎归国,在阿根廷国内广泛传播启蒙思想,逐渐成为青年学生们的领导者。1837年,埃切维利亚成了反对罗萨斯政权的秘密组织"五月协会"的领导人之一,而以"五月协会"为核心的一批浪漫主义青年作家也就是阿根廷历史上的所谓"1837年一代"。

浪漫主义运动是法国大革命、欧洲民主运动和民族解放运动高潮时期的产物,它反映了资产阶级上升时期对个性解放的要求。在浪漫主义运动的影响下,出现了一批杰出的作家,维克多·雨果(Victor Hugo)、阿尔封斯·德·拉马丁(Alphonse de Lamartine)、阿尔弗雷德·德·缪塞(Alfred de Musset)、乔治·戈登·拜伦(George Gorden Byron)和沃尔特·司各特(Walter Scott)等作家,都在拉美和阿根廷青年知识分子中广受欢迎,他们的作品在拉美历史上产生了巨大影响。在欧洲浪漫主义运动,特别是在法国、英国和德国的思想文化影响下,阿根廷的浪漫主义文学诞生了,这是拉美浪漫主义文学的源头。作为阿根廷"1837年一代"知识分子的领导者和开拓者之一,埃切维利亚也是阿根廷浪漫主义,乃至拉美浪漫主义的重要代表人物。留学法国时的埃切维利亚在文学上深受当时欧洲盛行的浪漫主义影响。他阅读莎士比亚、拜伦、雨果等人的作品。埃切维利亚回国后为阿根廷带来了欧洲浪漫主义文学运动的成果及理论。他的早期诗作《归来》和《五月的光荣》发表于1830年,四年后,他的诗集《安慰》出版。1837年发表《诗歌》,其中浪漫主义叙事诗《女俘房》,是阿根廷文学史上一部划时代的作品。在埃切维利亚的影响和带动下,"浪漫主义"思想成为阿根廷青年知识分子的共同追求。他们探讨浪漫主义运动以及欧洲的政治和社会革命,此外,他们还呼吁创作自由,打破文学创作的种种清规戒律,用不受拘束的方式去描绘自然、抒发感情、增强民族意识。值得注意的是,由于阿根廷知识分子将"自由主义同浪漫主义相结合,这使阿根廷浪漫主义具有民主和进步的特征"①。因此,阿根

---

① Ronald Villamil Carvajal,"La filosofia romantica de la historia en Herder y sus aportes a la joven Argentina del siglo XIX", *Historia crítica*, No. 30, Jun-Dic, 2005, p. 150.

廷的浪漫主义运动不仅是一股文学潮流，更是一种对传统思想的抗争。

二、"1837年一代"的思想鼓噪

也正是在对传统思想的批判过程中，"1837年一代"形成了他们比较系统的思想体系，勾勒出对阿根廷历史的理解和该国未来发展道路的规划。概括地说，"1837年一代"对阿根廷早期现代化的设想主要包括了以下几个方面的内容：

第一，对阿根廷历史进行批判性的思考，以期寻求一条抑短扬长的发展道路。"1837年一代"思想家对西班牙殖民统治时期的历史持批判性的观点，认为西班牙的殖民统治造成了阿根廷社会结构的薄弱和民众的无知。埃切维利亚认为，西班牙的殖民统治使阿根廷形成了一种缺乏理性的传统，它拒绝分析，思想僵化，这是西班牙殖民统治对阿根廷造成的最坏影响。萨米恩托则称西班牙是"欧洲的落后的女儿"。埃切维里亚和萨米恩托均认为阿根廷，甚至整个拉美落后的根源之一在于各地区之间缺乏联系和凝聚力，而这一特性正是源于西班牙殖民时期的统治管理模式。西班牙将拉美殖民地划分为不同的总督辖区进行直接统治，并限制殖民地内部各地区之间的联系和交往。这是拉美独立后缺乏内部统一和凝聚力的重要原因。"殖民地时期，西班牙限制欧洲人大规模的迁往美洲，同时鼓励在南美形成自给自足的经济模式"①，前者使南美未能如北美一样与欧洲建立密切联系，后者则导致了南美内部各地区之间的隔绝和孤立。总之"1837年一代"认为西班牙的殖民统治是阿根廷落后的重要原因之一。相应地，他们将潘帕斯视为有待驯化的野蛮之地，认为美洲印第安人、黑人和高乔人是不思进取、无知而野蛮的，这两者都是阿根廷野蛮的代表，也是阿根廷落后的原因。受孟德斯鸠关于民族性格和自然环境关系理论的影响，萨米恩托将阿根廷面临的问题归咎于土地，认为土地是野蛮的根源。阿尔韦迪更是强调，"在美洲，一切非欧洲的东西都是野蛮的"②。在此基

---

① Domingo Faustino Sarmiento, *Viajes por Europa, Africa i América, 1845-1847*, Nanterre, France: ALLCAXX: Université Paris X, Centre de recherches latino-américaines, 1993, p. 780.

② Juan Bautista Alberdi, *Bases y puntos de partida para la organización política de la República Argentina*, Buenos Aires: W. M. Jackson, 1953, p. 101.

础上,"1837年一代"知识分子提出了用欧洲"文明"去战胜美洲"野蛮"的发展思路。

第二,强调阿根廷民族认同感的重要性,以培育阿根廷民众的国家意识和民族归属感为使命,其最终目标是实现国家的统一。对此,有学者评价说:"1837年一代是阿根廷历史上第一批推行全方位文化变革的知识分子,其运动以建立国家认同感为核心……他们共同关注的一个问题是'国家'。"[①]事实上,阿根廷独立后所面临的一个重要问题是缺乏民族认同和国家意识,广大民众仅服从于和认同于大大小小的考迪罗,在集权派和联邦派的长期斗争中几乎无所适从。这大大影响了阿根廷民族国家的统一和现代化进程的启动。对于"1837年一代"知识分子来说,罗萨斯独裁统治时期的流亡生活,民族认同感尤为珍贵。这一点在萨米恩托身上体现得特别明显。尽管在智利期间,萨米恩托政治地位的迅速提高和社会影响力的增强使其一度以为自己是智利社会的一份子。但是在"阿根廷人"和"智利人"、"浪漫主义"和"古典主义"的争论中,萨米恩托越来越认识到,不管自己的身份是什么,其根本的前提是"阿根廷人"。这种民族或国家认知心理的雏形在同时代其他知识分子身上也有不同程度的体现。在某种程度上说,"1837年一代"知识分子为阿根廷国家意识和民族认同感的形成奠定了基础。另一方面,民族认同感的形成需要国家的真正统一作保证。对此,"1837年一代"强调阿根廷民族国家的统一在其发展道路中的重要作用,其具体的途径就是建立一个全国性的政府。"1837年一代"知识分子大都主张建立一个由社会精英领导的,可以维护国内稳定和发展以摆脱落后历史传统的政府。此外,出于对早年经历的动荡、混乱的害怕,这一代人坚持维护国家的秩序、稳定,反对一切可能引发混乱的因素。这也是这批青年知识分子追求强大的全国性政府和中央权威的一个重要原因。例如,阿尔韦迪主张建立一个全国性的政府,而不是专属于布宜诺斯艾利斯的政府。他认为里瓦达维亚改革的失败在于将本该属于全国的权力和税收授予布宜诺斯艾利斯。此外,他认为乌拉圭战争是巴西入侵和反革命的战争,是王朝战争,是反美洲战争。在战争中巴西利用了拉普

---

① Noemí Goldman ed., *Nueva historia argentina*, tomo 3, *revolución*, *república*, *confederación* (1806-1852), Buenos Aire: Editorial Sudamericana, 1998, p. 383.

拉塔地区机制的薄弱。因此,他主张建立一个强有力的政府以维护社会秩序和稳定,实现渐进的改革和发展。

第三,强调根据欧洲和美国的宪政模式来改造阿根廷政治,建立一个以社会精英为领导核心的宪政民主制度。在"1837年一代"思想家们看来,统一后的阿根廷全国性政府和各级政府的建立,应遵循欧洲和美国的宪政原则,根据阿根廷自身的现实需要,建立一种宪政民主制度。这种制度的基本要素包含这样几个方面:(1)"1837年一代"思想家认为,阿根廷的联邦派和集权派并不是真正意义上的政党,而是两个不同的利益集团,因此他们主张建立一个反映阿根廷历史和现实需要的新政党,该政党的"任务是吸收其他政党的合理主张,探寻和平解决阿根廷所有社会问题的方法"[①];(2)在国家组织形式上,他们支持联邦制,但如阿尔韦迪所言,"联邦不是一个松散的各省间的联盟,而必须有一个足以控制全国的强有力的中央政府……我们必须实行一种混合的体系,既能保证各省的自由,又可维持整个国家的中心权威"[②]。萨米恩托在推崇美国式联邦制的同时,也提出只要是非专制、非地方主义的,并能维持社会稳定和有序的一切政治经验,阿根廷都可以借鉴;(3)在政体上,一方面"1837年一代"知识分子主张建立代议制民主共和政体,提倡个人言论自由和集会自由;另一方面他们不信任普通民众,认为他们素质低下,没有能力参与政治,因此在阿根廷实行全民普选和代议制民主是不可能的。所以,他们提出在实现全民参政之前应该有一个过渡阶段,由社会精英掌控国家政权;(4)构建社会精英政权的核心是符合阿根廷实际情况和现实需要的宪法体制。如前所述,"1837年一代"的代表人物之一阿尔韦迪被称为阿根廷的"宪法之父",他认为,一个国家的宪法必须充分体现本国的政治、经济和社会等各方面的现实需要,独立前阿根廷革命的目标是争取和维护独立,独立后阿根廷的首要任务是发展经济和实现国家的进步。阿根廷历史上的1819年宪法和1826年宪法都是当时特定历史条件的产物,都有其局限

---

① Jose Luis Romero, *A History of Argentina Political Thought*, Stanford: Stanford University Press, 1963, p. 146.

② John E. Dougherty, "Juan Bautista Alberdi: A Study of His Thought", *The Americans*, Vol. 29, No. 4, April 1973, p. 499.

性,已经不适合阿根廷当下的形势。尤其是后者,它照搬外国宪法模式,忽略阿根廷的社会现实。因此,新宪法必须体现并符合阿根廷新的社会现实。①

第四,建立以社会精英为核心的宪政制度,一个有效的途径就是通过吸引欧洲移民,改造阿根廷国民的素质。阿尔韦迪认为,美洲的政治、经济等管理体系都源于欧洲。在美洲,一切事物都被分为两类:欧洲的和土著的。一切非欧洲的东西都是野蛮的,"西属美洲的人民也只能分为两类:沿海居民和内陆居民。前者是19世纪欧洲商业和移民等活动的结果,后者是16世纪欧洲殖民统治的结果。欧洲人的自由贸易、移民和建设工厂等活动使得沿海地区比内陆地区发达……自16世纪起,欧洲就是美洲文明的源头。在殖民统治时期,欧洲通过西班牙发挥其在欧洲的影响作用。独立后西班牙在美洲的活动被迫结束,英法等国家取而代之,欧洲力量继续影响美洲……欧洲一直是美洲文明的创造者。虽然在前后两个时期的活动方式不同,但是结果是一样的……现在欧洲所做的只是在继续他们中世纪的任务。虽然独立战争时期痛恨欧洲是忠诚和爱国的表现,但现在排斥欧洲是错误的,是对欧洲繁荣的偏见。我们应该通过媒体、教育和对历史的分析来消除那种将国外事物视为美洲进步障碍的观念"②。所以,学习欧洲、引进移民和技术是使美洲尽快繁荣的唯一途径。而且,"移民是一门科学,是一种将人口作为创造财富的工具和元素的政治经济学"③,对此阿尔韦迪进一步论证道:"为什么对南美来说,治国之道在于移民呢?因为移民会带来其自身在政治、军事等方面的智慧和习俗,这有利于重塑、教育和改善南美的民族素质,促使国家更加富有、文明、自由。但并不是所有移民都对我们的国家有利,如果我们不加区别地接受亚洲土著和非洲黑人移民,那只能使我们更加落后。只有来自工业发达、文化先进地区(如文明发达的欧洲)的移民才能促

---

① Jeremy Adelman,"Between Order and Liberty:Juan Bautista Alberdi and the Intellectual Origins of Argentina",*Latin American Research Review*,Vol. 42,No. 2,2007,p. 96.

② Juan Bautista Alberdi, *Bases y puntos de partida para la organización política de la República Argentina*, pp. 102-103.

③ Ibid., pp. 21-22.

进国家的发展。因此,我们应该吸引来自欧洲的移民。"①同样,萨米恩托也明确指出,在阿根廷确立秩序和道德的主要途径是引进欧洲移民。他说,政府应该采取必要的措施,"使阿根廷成为欧洲移民的祖国,让他们在这里自由工作,与当地人融合,参与当地事务并享受一切政策和设施。这一切都是北美正在做的,它使北美由一个独立时只有300万人口、13个州的小国变为现在拥有2 500万人口、28个州的大国"②。他认为移民能给阿根廷带来工业、财富以及创造财富的方法,"移民的聚集会使土地得到开垦,促使城市出现、河流通航、市场繁荣,因为他们从欧洲带来知识、工业和创造文明国家的工具。因此,越多欧洲移民涌入,我们就能越快地赶超欧洲"③。

第五,发展教育则是改造阿根廷国民素养,促进国家发展的另一条有效途径。"1837年一代"知识分子都十分重视教育在阿根廷发展中的作用,其中以萨米恩托最为突出。他提出了"治国之道在于发展教育"的口号,认为教育是实现阿根廷现代化的有效渠道。在出版于1849年的《论普及教育》一书中,萨米恩托明确提出教育应该为了一切人,反对教育为少数人所霸占。他认为个人的观点和态度在国家和社会的公共事务中起着越来越重要的作用,因此"使人们接受教育是必须的,通过教育才能使他们具有公共意识和公共精神,以更好地参与国家事务……中央政府应该在国家公共教育的发展中起带头推动作用,要为教育的发展提供服务,如培训教师、学校检查"④。埃切维利亚强调,解决阿根廷问题的关键在于通过发展教育,使民众确立先进的思想理念,然后将之付诸实践。他所说的"教育"含义广泛,不仅指公共教育,还包括通过有进步和民主思想的牧师来扩展宗教的影响,创建民众可以平等参与并自由行使权力的机构,例如市政会(municipality)等。他认为"市政会是培育民主的学堂",各个地区都应设立市政

---

① Juan Bautista Alberdi, *Bases y puntos de partida para la organización política de la República Argentina*, p. 20.

② Harold Eugene Davis, *Latin American Social Thought: The History of Its Development since Independence, with Selected Readings*, Washington D. C.: The University Press of Washington D. C., 1963, p. 143.

③ Ibid., pp. 143-144.

④ Nicola Miller, "Beyond the Nation: The Idea of the Public in Nineteenth-Century Latin American History", *Bulletin of Hispanic Studies*, Vol. 84, No. 1, 2007, pp. 18-19.

会,人们可以通过参与当地市政会行使当家作主的权利,并产生一种归属感,从而促进国家意识的形成;参与市政内部事务,也会培养人们的民主思想。① 阿尔韦迪则进一步指出,为了培养高素质的民众,除了发展公共教育以外,"我们应该在商业集中地区设立工商业性质的学校,让年轻人在工商业生活中接受教育……我们应该让阿根廷的年轻人到地中海城市体验当地欧洲式的现代生活,并在实际生活中接受启发。与国内自命不凡的大学相比,这类沿海地区的实际体验和日常熏陶更具教育意义……工业是使青年人自律有序的唯一途径"②。他认为,没有强大的工业,仅靠学校教育无法实现阿根廷的进步,因为工业是真正培育人才的地方。

第六,自由主义的经济政策则是引导阿根廷走上繁荣富强的必要条件。"1837 年一代"知识分子大多是欧洲自由主义经济思想的追随者,强调自由贸易和市场机制。这种思想产生于亚当·斯密(Adams Smith)的自然主义哲学观,认为私利与公益是由一只看不见的手所引导,自动地趋向和谐均衡。每个人自由地运用自己的劳动和资本是人的天赋权利,个人的经济活动最终会导致全社会利益的发展,因此无需加以限制,任何人为的干预因素及政策都是违背"自然关系"的。所以,他主张取消一切特惠或限制,放任经济部门和企业自由地发展。自由放任的原则应用到国际贸易领域便是自由贸易的主张,而对之作出的解释经由了斯密的"绝对成本说"到大卫·李嘉图(David Ricardo)的"比较优势"理论。受这种思想的影响,"1837 年一代"知识分子强调市场的作用,主张减少国家干预和自由贸易。他们认为要废除一切阻碍,吸引国外工商业力量和投资。萨米恩托认为"发达国家与边缘国家间工业制成品与原材料的贸易是一种双赢的策略。拉美必须参与欧洲国家主导的资本主义世界市场体系以开发自身的财政和工业潜力"③。阿尔韦迪也强调自由贸易,反对国家干预。他提出社会发展的目标不是增加政府的财富,而是使人民更加富有,"介入生产或者商业活动的

---

① Juan Carlos Mercado, *Building a Nation: The Case of Echeverría*, Lanham: University Press of America, 1996, p. 143.

② Juan Bautista Alberdi, *Bases y puntos de partida para la organización política de la República Argentina*, pp. 94-95.

③ William H. Katra, *Domingo F. Sarmiento, Public Writer: (between 1839 and 1852)*, Tempe: Arizona State University Press, 1985, p. 172.

政府机构只会是效率低下甚至更差的商人……政府放宽对资本和劳动力的限制性政策,将有利于社会财富的增加"①。对此,阿尔韦迪强调,阿根廷沿海地区的繁荣正是得益于与欧洲人之间的自由贸易政策。当然,在发展自由贸易的同时,"1837年一代"知识分子也强调发展工业的重要性。例如,埃切维利亚认为工业是一个国家力量和财富的源泉,"解决阿根廷经济问题的主要方法是发展工业"②;农业可以为工业生产提供原料,因此在发展工业的同时,也要保护农业生产者的利益,推动农业生产的发展。

总体说来,"1837年一代"知识分子在反对罗萨斯独裁统治的过程中,通过对阿根廷历史与现实问题的深刻反思,提出了他们对国家现实和未来发展道路的具体设想。当然,需要指出的是,"1837年一代"是一个较为松散的思想家群体,他们并不是在所有问题上都持有相同或接近的观点。事实上,对于阿根廷发展道路的设想上,"1837年一代"知识分子之间存在着诸多分歧,而且他们的思想也不是一成不变的,随着个人经历以及社会环境的变化,他们对阿根廷政治、经济和社会、文化方面的看法也在不断发生着变化。③ 尽管如此,"1837年一代"知识分子的理论探讨以及由此形成的一系列理论观点,在某种程度上说为阿根廷现代化进程的启动作了系统的思想准备。

三、"文明—野蛮"之争

在"1837年一代"知识分子中,将理论付诸实践,将思想转化为行动的最典型代表就是萨米恩托。1811年2月15日,萨米恩托出生于圣胡安的一个土生白人平民家庭,5岁入学,进入帕特利亚学校(La Escuela de la Patria)学习,该校是一所新型学校,老师多受欧洲启蒙思想影响,采用新的教学方法,在学生中传播自由、民主和平等的思想。1824年中学毕业后,萨米恩托随其姨夫何塞·德·奥罗神父(Father José de Oro Albarrcín)到路易斯小镇,并一起创办了一所

---

① William H. Katra, *Domingo F. Sarmiento, Public Writer: (between 1839 and 1852)*, p. 203.
② Juan Carlos Mercado, *Building a Nation: The Case of Echeverría*, p. 68.
③ 对于这一点,可参阅 Nicolas Shumway, *The Invention of Argentina*, Berkeley: University of California Press, 1991, pp. x-xi, pp. 112-187. 笔者指导李传美同学于2012年完成的硕士毕业论文《阿根廷"1837年一代"政治思想研究》,对该问题也进行了比较系统的研究。

学校,生平第一次开始任教,从而"开始其作为一个教育家的漫长职业生涯"①。萨米恩托后来回忆何塞·德·奥罗在其成长经历中的作用时说:"我的才智是在他的影响下定型的;我能本能地喜爱公共事业,热爱自由和祖国,并且献身于对祖国各方面的研究也要归功于他。"②

19世纪30年代后期,萨米恩托成为"1837年一代"的主要代表人物之一,积极参与反对罗萨斯独裁统治的斗争。在"五月协会"被取缔后,萨米恩托被迫流亡智利,1842年,萨米恩托奉命组建了智利,也是南美洲的第一所师范学校。1843年在圣地亚哥创办了该地的第一份报纸《进步日报》(*El Progreso*),积极从事教育和新闻工作。同年,罗萨斯政权派人到智利,要求引渡萨米恩托回国。为了公开回击罗萨斯政权的迫害,萨米恩托于1845年5月以连载的形式在《进步日报》上发表其传记性名著《法昆多,或文明与野蛮》。关于选择法昆多为书名的原因,萨米恩托在书的前言部分写道:"法昆多·基加罗是阿根廷共和国内战中最有典型性格的角色,……(他)身上包含着全部动乱的因素,而在他登台之前,这些因素是在各省孤立地起作用;是他,把地方战争变成了全国性战争。"③这里需要说明的是,笔者在《法昆多》1845年西班牙文版的前言中并没有找到相应的表述。④ 尽管如此,萨米恩托的根本用意是显而易见的,即以法昆多来影射罗萨斯,借此剖析阿根廷独裁统治和内战频仍的根源。

该书的副标题"文明与野蛮",则鲜明地反映了萨米恩托的世界观,以及他对阿根廷现实的真实描述和对祖国未来的设想。萨米恩托在《法昆多》中这样描述城市与乡村的鲜明对照:"城市居民穿着欧洲式的衣服,过着文明的生活,那里有法律、进步的思想,教育的手段、某些市政组织、正规的政府,等等。在城区以外,一切都呈现出新的面貌:乡下人穿着另一种我们称之为南美洲式的服装,……他们的生活习惯不同,他们的愿望是独特的和有限的。城市和乡村好像两个不同

---

① Ione Stuessy Wright and Lisa M. Nekhom, *Historical Dictionary of Argentina*, Metuchen, N. J.: Scarecrow Press, 1978, p. 881.
② 赵德明、赵振江等编著:《拉丁美洲文学史》,175页,北京:北京大学出版社,1989。
③ 同上,177页。
④ D. F. Sarmiento, *Facundo*, Buenos Aires: Imp. de A. Marzo, 1921。这一版的《法昆多》已经将副标题"文明与野蛮"删去,而将萨米恩托在1845年写的前言作为附录的一部分收在该版的第351—364页。

的社会,好像两个不同的民族。"①

在这段引文中,我们可以清楚地看到"文明"与"野蛮"的对立。在萨米恩托和其他"1837年一代"知识分子看来,阿根廷的现实是:到处都充斥着"野蛮"的因素:乡村、草原、西班牙殖民统治的中世纪阴影、高乔人、印第安人以及他们的衣着、生活习俗等等;与此同时,只有在极少数的都市地区才能看到有限的"文明"因素:法律、保护私人财产、城市生活、欧洲思想等等。阿根廷的未来,就是对"野蛮"的乡村进行改造,引入欧洲的现代"文明"因素。用我们现时的语言来表述的话,"野蛮"代表的是传统社会,而"文明"则是现代社会的代名词;阿根廷的发展就是从"野蛮"的传统社会向"文明"的现代社会转变的过程。这与百年后的现代化理论是何其相似!②

如何才能实现从"野蛮"到"文明"的改造,米特雷和萨米恩托,以及当时阿根廷的许多知识分子和政治家都将目光投射到大洋彼岸的欧洲和内战后正在重建的、统一的美国。例如,萨米恩托在1850年出版《白银国》(*Argirópolis*)一书,阐明了他的政治主张,提出应该超越联邦派和中央集权派之间的党派之争,将阿根廷、巴拉圭和乌拉圭统一为一个"南美合众国"。在推翻罗萨斯独裁统治后召开的制宪会议上,萨米恩托以国会参议员的身份发表了《评阿根廷宪法》,提出将阿根廷"欧洲化"和"美国化",借此以欧美的"文明"来改造阿根廷的"野蛮"③。这种主张实际上是力图将其在《法昆多,文明与野蛮》一书中提出的思想付诸实践。具体地说,在萨米恩托和米特雷等思想家们看来,要将一个分裂、动荡、经济落后、人民贫穷的阿根廷建设成像欧洲诸强和北美巨邻那样的"文明"国家,必须要

---

① Domingo F. Sarmiento, *Life in the Argentine Republic in the Days of the Tyrants*; or, *Civilization and Barbarism*, New York: Hurd and Houghton, 1868, p. 14. 这个译本是从西班牙文第三版翻译过来的,同时还附有译者莫瑞斯·曼恩(Morace Mann)撰写的《序言》和《萨米恩托传记纲要》。为了迎合美国读者的习惯,将原书的主标题"法昆多"改成了更加写实的"专制时代阿根廷共和国的生活"。

② 可以参阅罗荣渠:《现代化新论——世界与中国的现代化进程》,8—17页,北京:北京大学出版社,1993;罗荣渠主编:《现代化:理论与历史经验的再探讨》,上海:上海译文出版社,1993;S. N. 艾森斯塔特:《现代化:抗拒与变迁》,北京:中国人民大学出版社,1988;西里尔·E·布莱克主编:《比较现代化》,上海:上海译文出版社,1996 等。

③ D. F. Sarmiento, *Commentarios sobre la Constitución de la Confederación Aegentina*, Santiago: Imprenta de Julio Belin i Compañia, 1853.

实现三个目标:"国家统一、自由主义体制和现代化。"①

对于独立已经半个世纪之久的阿根廷人来说,国家统一和政局稳定是他们最大的愿望。尽管米特雷在1862年成为阿根廷历史上第一个"全国性的总统",但他的政府,以及继任的萨米恩托和阿维利亚内达政府,面对的仍然是一个四分五裂的国家,许多省份仍然由大大小小的考迪罗控制着,他们时不时地发动反对中央政府或省政府的叛乱,抑或发生不同派别考迪罗之间的争斗。为了维护国家的统一和对付外来的侵略,米特雷政府于1864年1月26日颁布法律,组建一支由6000人的国民军,分为炮兵、步兵和骑兵;1869年建立了军事学院,专门培养职业军官;1872年9月21日,一项全国适用的征兵法开始生效,这样为形成一个常备、有效的军队体系奠定了基础。这支军队在平定地方考迪罗的叛乱和维护国家统一方面作出了重要贡献。1863年,拉里奥哈省考迪罗安赫尔·文森特·佩尼亚罗萨(Angel Vicente Peñaloza)发动叛乱,米特雷委派时任圣胡安省省长的萨米恩托率军队给予镇压;1866—1867年,佩尼亚罗萨的旧部费利佩·巴雷拉(Felipe Varela)再次发动叛乱,米特雷派出国民军加以平定。米特雷政府的这两次平叛,对于巩固阿根廷的统一来说具有至关重要的意义。此外,阿根廷还与巴西、乌拉圭结盟赢得了1864—1870年对巴拉圭战争的胜利,战争期间所激发的民族认同感,使国家的永久统一势成必然。1870年4月,恩特雷里奥斯省的考迪罗里卡多·洛佩斯·霍尔丹(Ricardo Lopez Jordan)派人刺杀了他的对手,前联邦总统乌尔基萨,并由该省议会选为省长。时任阿根廷总统萨米恩托拒绝承认恩特雷里奥斯省新政府,并派遣国民军进行干预,最终将洛佩斯·霍尔丹驱逐出境。尽管洛佩斯·霍尔丹在随后6年里两次潜回恩特雷里奥斯省,试图发动叛乱,但均未获成功。② 这一事件表明,地方考迪罗也正在发生着变化,从过去割据一方的势力,逐渐地成为全国统治阶层中的某些利益集团的成员,他们着眼的不再是自身小集团在地方上的利益,而是各自集团在全国范围的利益。这就为阿根廷国家的统一和政局的稳定消除了最大的隐患。

同样,国家统一和政局稳定,还为自由主义体制的确立和现代化进程的启动奠定了基础。如前所述,萨米恩托和米特雷都是"1837年一代"的主要代表人

---

① 约翰·林奇:"自独立到巴拉圭战争时的拉普拉塔河地区各共和国",莱斯利·贝瑟尔主编:《剑桥拉丁美洲史》,第三卷,675页。

② F. A. Kirkpatrick, *A History of the Argentine Republic*, p. 183.

物,他们深受欧洲自由主义思想的影响,将欧洲的政治制度、经济原则和司法体系作为学习的目标,而吸引外资和移民、兴办现代教育等便成为实现这些目标的主要途径。

在政治领域,米特雷开始引入政党政治,组建了自由党,不仅控制着联邦政府,而且还成为许多省份的执政党。尽管这一时期的所谓"党"还不是严格意义上的现代政党,而是更具利益团体色彩的小集团,抑或只是考迪罗主义的"别名",但以米特雷和萨米恩托为代表的自由主义知识分子和政治家成为国家领导人,显然有助于现代政党政治的不断发育,有助于民主政治体制的建立和逐渐完善。① 1862年,米特雷政府建立了国家司法权;1865—1868年,拟订了《阿根廷民法法典》,建立了国家最高法院和地方各级法院,并规定了最高法院的权力和各级法院的职责。与此同时,将经过修正的1853年宪法中行政权、立法权和司法权在国家和省一级的有关规定进一步落实,基本形成了一个"文明"的现代政治制度。对于自由主义在政治领域的影响,约翰·林奇指出:"使米特雷和萨米恩托的总统任期生气勃勃的那些政治原则是典型的自由主义原则。米特雷……的国家改组战略不只依靠扩大联邦权力而且还依靠在各个省遍设自由派政府,这是通过自愿选择而进行联合的工具。自由主义代表了一个知识分子贵族阶层,他们是1837年那一代人的幸存者和继承人,现在可以随意实现他们的想法,促进政治与物质进步、法治、小学和中学教育,消除萨米恩托所憎恶的野蛮做法,并且把贫穷的高乔人变为有用的人。"②

在经济领域,自由主义具体表现在对"自由放任、自由贸易、比较优势"等原则的遵循。在1862—1880年期间,自由主义经济原则在阿根廷的三届政府中都得到了充分的体现。首先,这几届政府更加坚定了依靠阿根廷的"比较优势",大力发展畜牧业和农业,加快羊毛、皮革等初级产品出口来推动国家经济发展的信念。19世纪50—60年代,由于克里米亚战争和美国内战的影响,从俄国和美国输往欧洲的农产品和原材料大大减少,英国转而主要从阿根廷等其他国家和地

---

① Rebecca Bill Chavez, "The Evolution of Judicial Autonomy in Argentina: Establishing the Rule of Law in an Ultrapresidential System", *Journal of Latin American Studies*, Vol. 36, 2004, pp. 451-478.

② 约翰·林奇:"自独立到巴拉圭战争时的拉普拉塔河地区各共和国",莱斯利·贝瑟尔主编:《剑桥拉丁美洲史》,第三卷,677页。

区进口皮革、肉类、羊毛等商品。阿根廷的畜牧业,尤其是养羊业得以迅速发展。羊的存栏数在1850年为700万头,1860年增加到1 400万头,1870年高达4 100万头。羊毛的出口量从1850年的7 681吨增加到1860年17 317吨,1870年的65 704吨和1880年的97 518吨。① 阿根廷的出口总额也增长迅速,从1861—1865年的1 984.3万银比索激增至1866—1870年的3 425.5万银比索。②

其次,为了促进农牧产品的生产和出口,阿根廷政府还大力加强基础设施的建设,特别是铁路、港口的建设,促进陆路和水路交通运输业的发展。事实上,修建铁路是阿根廷许多有识之士,特别是"1837年一代"的梦想,如阿尔韦迪在1852年写道:"铁路将比若干次的国会更有助于阿根廷共和国的统一。国会可以宣布阿根廷是统一和不可分割的;但没有铁路将边远地区连接起来,阿根廷仍会是分裂的。"③1853年9月,西布宜诺斯艾利斯铁路公司(Sociedad de Camino de Hierro de Buenos Aires al Oeste)成立,承建布宜诺斯艾利斯市内的第一条铁路,并于1857年完成。但由于国家分裂,铁路建设进展缓慢,到1861年仅建成铁路39公里。阿根廷完成统一以后,铁路建设的步伐大大加快。全国的铁路里程从1862年的47公里激增到1880年的2 516公里,投资额从111.8万金比索增加至6 296.5万金比索。④ 与此同时,港口建设、与欧洲和北美等地的定期航班、内河航运,以及同欧洲的海底电报和电讯联系等方面也获得了迅速发展。

第三,积极吸引外来资本和移民,为初级产品出口的繁荣做好了资金和人力资源的储备。在外资流入方面,米特雷、萨米恩托和阿维利亚内达政府都奉行较为积极的吸引外资的政策,特别是在铁路等基础设施建设方面。例如,1860年,巴林公司在伦敦为阿根廷政府争取到250万英镑的贷款,大多用于基础设施的

---

① 徐文渊、陈舜英、刘德:《阿根廷经济》,10页。
② 1银比索等于1美元或0.2英镑,参阅Carlos Newland, "Exports and Terms of Trade in Argentina, 1811—1870", *Bulletin of Latin American Research*, Vol. 17, No. 3, 1998, p. 410.
③ Juan Bautista Alberdi, *Bases y puntos de partido para la organización política de República Argentina*, Buenos Aires, 1914, p. 82.
④ Ernesto Tornquist, Co., *The Economic Development of the Argentina Republic in the Last Fifty Years*, Buenos Aires, 1919, pp. 116-117. 当时,1英镑等于5.04金比索,1美元兑换1.0364金比索。

建设,"这是英国资本稳步流入阿根廷的开始"①。1861—1865年,英国企业家利用英国资本在阿根廷建立了几家合营企业,主要经营铁路和银行业。到19世纪70年代,阿根廷境内的大部分铁路是英国投资者在获取了铁路修建特许状之后,利用英国资本修建起来的。例如,1873年,英国公司共投资376万英镑用于在阿根廷修筑铁路,占当年全国铁路总投资的72.3%;1877年,英国资本占阿根廷铁路总投资的比重下降到64.4%,但投资额却上升到约701万英镑。②与此同时,从19世纪50年代起,阿根廷各级政府便采取积极政策,吸引欧洲移民。1853年宪法的第25条甚至规定"联邦政府鼓励欧洲移民。对从事农业、工业和引进并传授科学和艺术的外国人,在他们进入阿根廷国土时,不得限制也不得征税"。1962年以后,移民更是成为了一项国家政策,并且在欧洲成立了招徕移民的办事处。结果,入境移民人数不断增加,从1857年的4 951人上升到1870年的39 967人、1880年的41 651人。③

总之,通过一系列政策措施,米特雷、萨米恩托和阿维利亚内达政府在为实现"国家统一、自由主义体制和现代化"的目标上迈出了坚实的脚步,为随后初级产品出口繁荣的"美好时代"(Epoca Bella)进行了较好的铺垫,也为阿根廷未来发展的基本路径和特征定下了基调。对此,有学者这样评价说:"从长远上看,萨米恩托和阿维利亚内达要对阿根廷经济发展的过程负责。他们延续着(米特雷)保证外国投资有较大收益的政策,这有助于将阿根廷变成一个农产品和其他初级产品大规模出口的国家,……在这样的情况下,通过工业化来发展一个全面均衡的国民经济是不可能的。米特雷预期的社会和经济革命,到19世纪末大多都实现了。"④

---

① 约翰·林奇:"自独立到巴拉圭战争时的拉普拉塔河地区各共和国",莱斯利·贝瑟尔主编:《剑桥拉丁美洲史》,第三卷,678页。

② Colin Lewis, "British Railway Companies and the Argentine Government", in D. C. M. Platt, ed., *Business Imperialism, 1840-1930: An Inquiry Based on British Experience in Latin America*, Oxford: Oxford University Press, 1977, p. 412.

③ Ernesto Tornquist, Co., *The Economic Development of the Argentina Republic in the Last Fifty Years*, p. 15.

④ Winthrop R. Wright, "Foreign-Owned Railways in Argentina: A Case Study of Economic Nationalism", *The Business History Review*, Vol. 41, No. 1, Spring 1967, p. 67.

四、实证主义的影响

经过米特雷、萨米恩托和阿维利亚内达等几届政府的不懈努力,阿根廷在19世纪70年代之后迎来了经济迅速增长的繁荣时期。在此期间,伴随移民和外资而来的欧洲思想在阿根廷知识分子中同样产生了广泛的影响。其中,实证主义的影响尤为突出。所谓的实证主义是19世纪30—40年代盛行于西欧国家,尤其是法国和英国的一种哲学、社会学和政治学思想流派,其主要代表人物是法国思想家奥古斯特·孔德(Auguste Comte,1798—1857)和英国思想家赫伯特·斯宾塞(Herbert Spencer,1820—1903)。孔德认为,要改造社会必须要建立一种实证的社会科学,这种社会科学不是以"推论"为依据,而是以实证的知识和经验为依据,并以仁爱为原则,以秩序为基础,以进步为目的。因此,"爱、秩序和进步"就构成了实证主义的中心思想和主要内容。斯宾塞则强调,人类社会是一个高等机体,也将遵从动物界由雷同走向分化、区别的进化规律,从社会的共同性走向个体的差异性,从全面的秩序走向全面的自由,而建立秩序则是走向进步的基础。可见,在孔德和斯宾塞的思想体系中,"秩序和进步"都是关键。

实证主义对"秩序和进步"的强调,引起了"考迪罗主义时代"拉丁美洲知识分子和政治家的共鸣。19世纪中叶,实证主义开始传入拉丁美洲,到19世纪80年代后在拉美思想界占据了统治地位。对于实证主义在拉丁美洲的影响,有学者这样评论说:"毫不奇怪,有些上层人士对实证主义的新哲学有所了解。……他们最终将它引入拉丁美洲,得到政府的热烈欢迎。……由于将重点放在物质增长和福利上,实证主义十分适合19世纪下半叶的趋势。……根据实证主义思想,为了提倡资本主义和指导发展,国家必须维持秩序,加强稳定。由于特别强调秩序和进步,实证主义在1880年到1900年达到了其影响的最高峰。"[①]

像阿根廷这样独立后长期得不到统一和稳定的国家,实证主义的影响尤为突出。从"1837年一代"的萨米恩托、阿尔韦迪等人到"1880年一代"(Generation of 1880)的卢西奥·V·曼希亚(Lucio V. Mansilla)、米戈尔·加内、爱德华多·古铁雷斯(Eduardo Gutiérrez)、卡洛斯·奥克塔维奥·本赫(Carlos Octavio Bunge)等

---

① E.布拉德福德·伯恩斯、朱莉·阿·查利普:《简明拉丁美洲史——拉丁美洲现代化进程的诠释》,146页。

人,都是实证主义的忠实拥趸,他们中的许多人也是实证主义理想的实践者。不过,实证主义在阿根廷的影响,主要归功于这种理论的另一个代表人物赫伯特·斯宾塞。对此,科林·刘易斯指出:"在 19 世纪的最后 20 年间,阿根廷的许多政治和思想领导人都支持斯宾塞的实证主义理论。他们阅读奥古斯特·孔德、查尔斯·达尔文和卡尔·马克思的著作,却发现赫伯特·斯宾塞才是他们自己时代的先知。"①具体地说,实证主义在阿根廷的影响主要体现在以下几个方面:

其一,实证主义思想的传播,打破了 19 世纪天主教会对阿根廷(实际上包括几乎所有拉美国家)的思想禁锢,促进了教育事业的发展,推动了思想解放运动。在殖民地时期,拉普拉塔地区的教育由天主教会所控制。独立初期,里瓦达维亚于 1921 年着手改革布宜诺斯艾利斯省的教育体制,取消了教会对教育的垄断和干涉,确定国家管理教育的制度,创立了以世俗教育为基础的中小学。另外,还建立了布宜诺斯艾利斯大学和其他农业、地质、医疗等方面的专科学校。但在罗萨斯执政时期,他废除了里瓦达维亚实施的改革措施,重新将学校的控制权给予教会。罗萨斯独裁政权被推翻后,深受实证主义影响的"1837 年一代"开始为改革阿根廷的教育进行着理论和实践上的努力。1853 年宪法明确规定了人们享有受教育的权利和传授知识的自由(第 5、14 和 16 条);萨米恩托担任总统期间,大力推动教育改革,普及教育,建立了巴拉那师范学校、国家科学院和天文台,以及其他研究机构。进入 19 世纪 80 年代以后,"1880 年一代"更是公开打出实证主义的旗号,希望以教育来统一思想。1884 年,阿根廷召开第一次全国教育会议,彻底清除了教会对世俗教育的禁锢;同时建立联邦和省一级的教育机构,颁布《世俗教育法》,实施小学免费义务教育;1885 年,颁布第一部大学教育法,为各国立大学的发展制定了规章、制度;1905 年,政府颁布《扫盲法令》,在全国召开扫盲运动。可以说,通过大力发展世俗教育制度,阿根廷基本改变了教会在思想领域一统天下的局面,为其经济、社会的飞速发展奠定了思想基础。就实证主义对天主教思想意识的冲击,有学者评论说:"对天主教会的主要意识形态挑战,不是来自新教思想,而是来自实证主义。在早期的功利主义和自由主义思潮之后,实证主义成功地控制了 19 世纪最后 10 年拉美上层分子的思想。……从 19 世纪 70 年代起,这一思想就扎根并在 19 世纪的其余年代和以后,终于在许多国

---

① Colin Lewis, *British Railways in Argentina, 1851-1914: A Case Study of Foreign Investment*, London: Institute of Latin American Studies, 1983.

家发挥重要影响。……实证主义思想为政府上层人物和专家治国论者采纳盛行的经济模式及其权力主义结构提供了合法性。对中等阶层来说,实证论是一种使人们恢复信心的改良主义和保守主义的混合体,它主张物质进步而不危及社会结构。凡有志于社会现代化、发展和进步的学者、教师、军人和其他集团,在一定程度上均吸收了实证主义哲学,并对宗教和天主教会进行了指责。"①

其二,实证主义的传播推动了阿根廷思想界对国家历史和现实的重新认识,为国家未来的发展道路出谋划策。实证主义强调,历史学和自然科学一样,必须建立在科学考察和实证材料的基础上,主张用地理环境、生物遗传等客观存在的科学因素来解释各国的历史差异和推动历史发展的动力。阿根廷的实证主义者根据这样的史学方法,写出了一些重新审视本国历史进程的著作。例如,爱德华多·古铁雷斯撰写的《胡安·曼努埃尔·德·罗萨斯:恐怖的梦魇》(*Juan Manuel de Rosas: los dramas del terror*),拉莫斯·梅希亚(Ramos Mejia)所著《阿根廷历史中名人的神经官能症》(*Las Neuosis de los hombres célebres en la historia argentina*)等。② 与此同时,阿根廷的实证主义者还对霍布斯的理论推崇备至,对阿根廷历史和现实中的印第安文化、高乔人文化和西班牙殖民文化等传统因素采取了批评态度,认为正是这些"野蛮"的传统因素阻碍了阿根廷发展成英国或美国式的现代国家。基于这样的认识,阿根廷的实证主义者提出了自己的解决办法,认为阿根廷的前途在于吸引欧洲移民,来改造国民的构成;通过教育,吸收欧美先进的文化来改造阿根廷,乃至整个拉丁美洲的传统文化。我们仅以萨米恩托对教育问题的看法为例,在1883年出版的《美洲种族的冲突与和谐》(*Conflicto y armonia de las razas en América*)中,他将拉丁美洲面临的问题归罪于先天的种族构成,认为传统文化的美国化和欧洲化是本大陆的唯一出路。他说:"美国佬的文明是犁与课本的文明,而南美的文明却让十字架和刀剑毁掉了。在那边,人们学会了工作和读书;在这边,人们学会的是游手好闲和祷告。"③因此,萨米恩托提出了通过教育来提高国民素质的设想,并将之付诸实施。仅1856—1861年间,他就在布宜诺斯艾利斯建立36所新学校,并终其一生

---

① 约翰·林奇:"1830—1930年拉丁美洲的天主教会",莱斯利·贝瑟尔主编:《剑桥拉丁美洲史》,第四卷,585—586页。

② 这两部著作的主要内容,可以参阅 David William Foster, *The Argentine Generation of 1880: Ideology and Cultural Texts*, University of Missouri Press, 1990, pp. 68-90.

③ 索萨:《拉丁美洲思想史述略》,158—159页,昆明:云南人民出版社,2003。

一直热衷于建立更多的公共图书馆和学校。为此,他呼吁:"让我们建学校吧,教育我们的公民。让我们教育我们的新一代!"①

其三,实证主义思想的盛行,加强了对物质财富和科学技术的追求,推动了阿根廷社会的进步。实证主义理论强调,任何一个社会的基础是道德原则和思想,因此人类的进步实质上就是人类所固有的道德和理智品质的进化。人类精神发展三阶段的规律,也就是社会发展的规律:与神学阶段相适应的是中世纪;与形而上学阶段相适应的是包括宗教改革、启蒙运动与革命在内的过渡时期;与实证阶段相应的是最进步、最完善的"工业制度";科学的普及、利他主义战胜利己主义、社会意识的增长、物质文化的发展,保证了生活日益轻松愉快,保证了公正与和平——这就是实证时代的突出特征。也就是说,在实证主义阶段,物质财富的丰裕是它的根本特征之一。阿根廷的实证主义者认为,为了实现上述目标,不仅要引进欧洲移民,发展新型教育,大规模建设基础设施,利用本国的比较优势发展农牧业出口来积累物质财富,而且还必须引进欧美国家先进的科技成果。阿根廷经济迅速发展的时期,恰值西方发达国家的第二次工业革命如火如荼之时。大量现代技术的出现直接推动着欧美国家经济的飞速发展。阿根廷同样从工业革命的技术进步中获得了巨大的利益。首先,现代交通运输和通讯技术的引进,大大降低了运输和交易成本,为土地、资本、劳动力等其他生产要素的扩大和有效利用创造了有利的条件。与此同时,阿根廷经济增长的主要源泉是农牧业产品的生产和出口,农牧业现代技术的引进更是发挥了至关重要的作用。1895 年的第二次全国普查表明,阿根廷拥有 3.5 万台谷物和苜蓿收割机,2.8 万台打谷机和 5 000 台各类其他农业机械。肉类冷藏和加工技术的引进,更是直接推动了阿根廷肉类出口的迅速增长。1877 年第一艘冷藏船载着冰冻牛羊肉开到欧洲。到 1900 年,英国与阿根廷之间已有 278 艘冷藏船往返不断地行驶。阿根廷在 1882 年建立了第一家肉类冷藏工厂。1894 年,肉类冷藏工业的出口只占肉类总出口的 16%;到 1914 年,这一比重已经上升到 90%。②

---

① Georgette Magassy Dorn, "Samiento, the United States, and Public Education", in Joseph T. Criscenti, ed. *Samiento and his Argentina*, Boulder: Lynne Rienner, 1993, p. 81.

② Ernesto Tornquist, Co., *The Economic Development of the Argentina Republic in the Last Fifty Years*, p. 106.

第三章　阿根廷"美好时代"的经济增长

　　1880—1914 年是阿根廷现代化进程中的"美好时代"。在此期间,借助初级产品生产和出口的迅速增长,以及由此带来的巨额财富,阿根廷在政治、经济、社会和文化方面均获得了进步。到第一次世界大战爆发前夕,该国赢得了"世界粮仓和肉库"的美誉,成为世界上最为富裕和最为成功的国家之一。时人甚至发出了这样的感叹:"阿根廷共和国是当今世界最为进步的国家之一。她在商业、财富、影响力和人口方面仍然在迅速的发展中……阿根廷正在成为世界上的重要国家之一。"①还有学者强调,当时的阿根廷注定要成为南美洲的"美利坚合众国"②。本章主要利用这一时期的大量史料,如阿根廷分别于 1869、1895 和 1914 年举行的 3 次全国经济普查的报告,历届总统的就职演说、施政方案等文件③,阿根廷国会的日志和辩论记录④等所披露的信息,尽可能客观地描述初级产出口

---

　　① John Barrett, "A Century of the Argentine Republic", *The Independence... Devoted to the Consideration of Politics, Social and Economics*, May 26, 1910; 68; 3208; APS Online, p. 1121. 实际上,在更早的时候,世人就已经给出了类似的预测。例如,澳大利亚的大牧场主和政治家 A. W. 皮尔斯在 1900 年造访阿根廷后说:"阿根廷拥有大量廉价的劳动力,其《土地法》也有利于巩固土地所有者的利益。因此,我相信,阿根廷在将来必定会超越澳大利亚。"参阅 A. W. Pearse, *Our Great Rival: The Argentine Republic*, Sidney, 1901.

　　② Jorge schvarzer, "The Argentine Riddle in Historical Perspectiue", *Latin American Research Review*, Vol. 27, No. 1, 1992, p. 169.

　　③ 例如,"阿根廷独立一百周年全国委员会"(La Comsión Nacional del Centenario)在 1910 年授权出版了一套《阿根廷国家领导人书信集(1810—1910 年)》,收录了这一时期历届总统在国会的讲话、国情咨文等重要文件。参阅: H. Mabragaña, *Los Mensajes: Historia del desenvolvimiento de la Nacion Argentina redactada cronologicamente por sus gobernantes*, 1810—1910. Buenos Aires, 1910. 与本章内容比较相关的是第 3—6 卷。

　　④ 如阿根廷国会在 1873 年 6 月 27 日和 1895 年 9 月 28 日专门讨论了发展工业与农牧业之间的关系问题。可参阅:Argentina Congreso de la Nación, *Diario de Sesiones de la Cámara de Diputados, 27 June 1873*, Buenos Aires, 1873; Argentina Congreso de la Nación, *Carlos Pellegrini: Intervención en la Sesión Ordinaria del 28 de Septiembre de 1895 en la Cámara de Senadores*, Buenos Aires, 1895。

繁荣时期阿根廷经济增长的历史原貌,并从要素分析的角度,探讨该国经济获得迅速增长的原因,在此基础上尝试着解释为什么阿根廷早期现代化会呈现出诸多悖论。

一、初级产品出口繁荣

如前所述,阿根廷独立后的最初几十年间,国内对立的局面日趋严重,特别是布宜诺斯艾利斯省与其他各省之间,中央集权派与联邦派之间,经常发生纷争与冲突,致使国家长期得不到稳定和统一。与此同时,英国迅速取代过去的宗主国成为阿根廷重要的外部影响势力,通过自由贸易和外国投资逐步建立了与阿根廷之间密切的经济关系。独立后长期的动荡局面和外部势力的渗透,相互影响,大大延迟了阿根廷现代化进程的启动时间。

尽管米特雷、萨米恩托政府在国家统一、引进外资和移民、大力建设基础设施等方面作出了不懈的努力,但直到19世纪70年代,阿根廷展示给世人的仍然是"贫困、落后"的"荒凉感"。有学者这样描述道:"19世纪70年代到拉普拉塔河地区旅行的人,首先对那辽阔的河口,进入布宜诺斯艾利斯港后,对两岸低矮简陋的房屋,都会产生深刻的印象。进入内陆后,……一望无际的大草原上没有树木,给人以强烈的荒凉感。……除巴拉那河、乌拉圭河部分河段以及内格罗河(它流经的地域当时还被印第安人占据)外,阿根廷的河流都不通航,铁路刚开始兴建。而且,印第安人还控制着距布宜诺斯艾利斯和圣菲两省居民区不远的所谓'荒漠地带',进行袭击是司空见惯的事。"[①]

然而,经过数十年迅速发展的"美好时代"以后,到"一战"爆发前后,阿根廷社会大体实现了从传统社会向现代社会的转变:从经济层面上看,阿根廷从一个人烟稀少,区域发展不均衡的边缘国度,迅速发展成为世界上最为富裕的国家之一。1913年,阿根廷的人均GDP仅次于英国、美国等少数国家,高于许多西欧

---

① 罗伯托·科尔特斯·孔德:"阿根廷的经济发展(约1870—1914年)",莱斯利·贝瑟尔主编:《剑桥拉丁美洲史》,第五卷,339页。

国家的平均水平；①从政治层面上看，阿根廷逐步消除了各种派系之间的冲突，实现了国家的真正统一，现代政党政治开始发展，工人阶级队伍不断壮大，政治现代化进程发展同样迅速；从社会层面上看，阿根廷人口及其所受教育的程度，随着大量欧洲移民的涌入，以及教育世俗化和普及化的推广，同样得到了前所未有的发展。在某种程度上可以说，这一时期的阿根廷社会大体实现了早期现代化。

那么，是什么因素推动阿根廷在短短的几十年间发生了如此巨大的变化呢？显而易见，推动该国实现上述社会变迁的重要因素是高速、持久的经济增长，这一点得到了学术界的广泛认同。譬如，根据卡洛斯·迪亚斯·亚历杭德罗的估算，1914年以前的50年间阿根廷GDP的年均增长率至少为5%。② 安格斯·麦迪森利用购买力平价的方法计算，1880—1913年阿根廷GDP的年均增长率为6.02%，是当时世界上经济增长最快的国家之一。③ 如果再作深入分析，不难发现，在阿根廷高速增长的经济活动中，初级产品生产和出口部门起到了"增长发动机"的作用。例如，阿根廷出口总额从1870年的3 022万金比索增加到1913年的5.19亿金比索，年均增长率接近40%。其中，农牧业初级产品出口占据着至关重要的地位。以1913年为例，在5.19亿金比索出口总额中，畜牧产品出口高达2.01亿金比索，农产品出口为3.02亿金比索，两者在出口总额中所占比重接近97%。④ 不过，在19世纪90年代以前，阿根廷初级产品出口部门的发展主要集中在畜牧业方面，羊毛和腌肉是最大宗的两项出口品；从19世纪90年代开始，小麦、玉米、蓖麻等农作物的出口迅速发展，到1914年前后，小麦和玉米成为最大宗的两项出口品（见表3.1）。

---

① 安格斯·麦迪森：《世界经济千年史》，179、189页。
② Carlos Diaz Alejandro, *Essays on the Economic History of the Argentine Republic*, p. 3.
③ 安格斯·麦迪森：《世界经济千年史》，191页。不过，柯林·刘易斯则认为，阿根廷在1875—1912年间的年均增长率约为3%，参见 Colin Lewis, *The Argentine*: *From Economic Growth to Economic Retardation (1850s-1980s)*: *A Review of the Economic and Social History Literature*, p. 2.
④ Ernesto Tornquist, Co., *The Economic Development of the Argentina Republic in the Last Fifty Years*, p. 140, p. 166.

表 3.1　1875—1914 年阿根廷主要出口品

（1910—1914 年价格的年均百万金比索①）

年份 出口品	1875—1879	1880—1884	1890—1894	1900—1904	1910—1914
羊毛	34.1	41.3	52.7	66.7	51.9
腌肉	24.6	22.5	35.6	35.6	44.0
冷冻羊肉	0	0	3.5	9.7	8.9
冷冻牛肉	0	0	0.1	10.6	54.0
肉罐头	0	0	0.6	0.5	3.0
小麦	0.2	1.2	28.1	55.1	78.1
玉米	0.3	1.3	6.0	34.4	72.4
亚麻籽	0	1.2	3.6	32.2	41.0
燕麦、大麦、黑麦	0	0	0	0.5	14.6
所列物品总值	**64.5**	**71.1**	**136.8**	**248.1**	**369.0**

资料来源：Carlos Diaz Alejandro, *Essays on the Economic History of the Argentine Republic*, p.5.

阿根廷出口产品的上述变化，实际上反映了其出口产品逐渐多样化的一个历史进程。早在殖民地时期，潘帕斯草原地区的肥沃土地和天然草场，就推动了畜牧业的初步发展，但主要侧重于捕杀野牛、剥取牛皮的原始生产方法。从 18 世纪 20 年代起，开始采用人工游牧驯养牲畜的生产方式。1816 年正式独立以后，阿根廷延续了殖民地时期的生产模式，大力发展畜牧业生产和出口。19 世纪 20 年代初期，阿根廷的经济支柱是养牛业和养马业，主要出口产品是牛皮和马皮，约占其总出口的四分之三。1825 年，仅布宜诺斯艾利斯的 40 多个加工厂一年就屠宰 7 万头牛，20 多年后屠宰厂的年加工能力超过 30 万头牛和马。② 当

---

① 1881 年阿根廷第一次发行全国唯一流通的货币金比索。1 个金比索等于 25 个纸比索，5 个金比索等于 1 英镑。

② 乔纳森·C·布朗：《阿根廷史》，108 页。

时，阿根廷几乎完全是一个畜牧业国家，其经济被刻画成"纯粹的牲畜"经济，或者说是"皮革的文明"。① 到19世纪中期，阿根廷开始采用铁丝网围栏放牧的形式，同时引进良种牲畜，进一步推动了畜牧业的发展，主要出口产品除马皮和牛皮以外，还增加了油脂、腌肉、羊毛等产品。所以，到19世纪70年代初，马皮和牛皮这两种出口产品在总出口中的比重下降到仅占阿根廷总出口的约三分之一。这种出口比重的下降，一方面是由于牛皮价格的下降和马皮出口数量的减少，②另一方面则是由于其他农牧产品的增长步伐更加迅速。其中，养羊业和农业种植业的发展尤为突出。

从19世纪中期开始，阿根廷养羊业增长迅速，羊毛逐渐成为主要的出口产品。事实上，早在1539年，唐·纽弗洛·查韦斯(Don Ñuflo Chaves)便将第一只羊带到了拉普拉塔地区，1587年，唐·胡安·托雷斯·德维拉—阿拉贡(Don Juan Torres de Vera y Aragon)更是从秘鲁一次引进4 000只羊，分配到圣菲、布宜诺斯艾利斯和科连特斯等地放养。1600年，唐·安东尼奥·胡安(Don Antonio Juan)第一次从拉普拉塔地区出口2 425磅羊毛到欧洲，但"从那时起直到18世纪末，养羊业几乎没有任何有价值的记录。偶有羊毛出口，但数量极少，品种杂乱"③。这种状况一直延续到阿根廷独立初期，在19世纪20年代初期养羊业在拉普拉塔地区"几乎不存在"④。从19世纪20年代中期起，养羊业在拉普拉塔地区开始发展，但羊的品种参差不齐，大多是克里奥约羊(criollo)和穆斯提萨羊(mestiza)，只有少量优良的美利奴羊(merino)，各自羊毛的价格相差悬殊。同时，由于当时阿根廷的主要出口产品是牛马的皮革和腌肉，养羊业发展的步伐较为缓慢。19世纪中期以后，由于美国内战和克里米亚战争的影响，英国、德国等欧洲国家从美国和俄国进口羊毛的业务大受影响，它们纷纷将目光转移到拥有广袤、肥沃的潘帕斯草原的阿根廷。再加之阿根廷统

---

① Carlos Newland and Barry Poulson, "Purely Animal: Pastoral Production and Early Argentine Economic Growth 1825-1865", *Explorations in Economic History*, Vol. 35, 1998, p. 327.

② 关于牛皮价格的变化，参阅：Tulio Halperin Donghi, "La expansión ganadera en la Campaña de Buenos Aires", *Desarrollo Económico*, Vol. 1, No. 2, 1963, p 65.

③ Herbert Gibson, *History and Present State of the Sheep-Breeding Industry in the Argentine Republic*, Buenos Aires: Ravenscroft and Mills, 1893, pp. 9-12.

④ Hilda Sábato, *Agrarian Capitalism and the World Market: Buenos Aires in the Pastoral Age 1840-1890*, Albuquerque: University of New Mexico Press, 1990.

一后政府的大力扶植,养羊业的发展迎来了迅猛发展的时期。我们从1830—1891年阿根廷养羊业的存栏量和羊毛产量增长情况,即可体会出该行业发展的上述变化(见表3.2)。

表3.2 1830—1891年阿根廷养羊业发展概况

年份	羊的存栏量(只)	羊毛产量(磅)	每只羊的产毛量(磅)
1830	2 500 000	6 000 000	2.3
1840	5 000 000	13 000 000	2.6
1850	7 000 000	21 000 000	3.0
1860	14 000 000	45 000 000	3.2
1870	41 000 000	137 000 000	3.3
1880	61 000 000	215 000 000	3.5
1891	78 000 000	310 000 000	4.0

资料来源:Herbert Gibson, *History and Present State of the Sheep-Breeding Industry in the Argentine Republic*, Buenos Aires: Ravenscroft and Mills, 1893, p. 50.

19世纪70年代中期,阿根廷开始大力发展小麦和玉米种植业。如前陈述,在此之前的阿根廷几乎是一个纯粹的畜牧业国家,农业生产比较落后,粮食种植主要以玉米为主,耕种技术原始,生产所得仅供国内消费,小麦种植极少,面粉几乎完全依赖进口。从19世纪50年代起,随着大批移民的流入,农业种植获得迅速发展。1853年,阿根廷在恩特雷里奥斯省建立了第一个农业垦殖场,土地由政府授予移民,每户33公顷,凡连续耕种5年以上者即可获得土地所有权。阿根廷统一后,这种农业垦殖场得到大力推广,因而随着移民流入的增加,农业种植面积也不断扩大。从1872年的58万公顷增加到1895年的489万多公顷,到1913—1914年度更是超过2 409万公顷。其中,小麦、玉米、亚麻籽、燕麦和苜蓿等农作物的种植面积增加最快,出口量的增速也格外引人瞩目。1876年阿根廷开始出口小麦,出口量只有21吨,到1893年出口量即超过100万吨,1900年超过193万吨,到1913年超过281万吨。玉米的出口在1880年为1.5万吨,到1913年上升到480多万吨。亚麻籽在1878年开始出口,出口量仅为104吨,到1913年出口量接近103万吨。[①] 最为关键的是,新出口项目的发展并没有忽视

---

① Ernesto Tornquist, Co., *The Economic Development of the Argentina Republic in the Last Fifty Years*, pp. 26-31.

传统优势行业的发展。到1914年前后,阿根廷在出口玉米、小麦、亚麻籽、苜蓿等产品方面,均居世界前列,其中玉米和亚麻籽出口占世界第一位,小麦出口位居第三(仅次于美国和加拿大);同时,羊毛、冷冻牛肉、腌肉等传统出口品仍占有很大比重。可见,其初级产品出口的多样化特征十分明显。对此,著名学者维克托·布尔默—托马斯(Victor Bulmer-Thomas)评价说:"出口多样化最为成功的事例要数阿根廷。增加新出口品并没有使传统出口品下滑,阿根廷只是扩大了出口的范围。……在第一次世界大战前,没有哪一个国家在出口范围和出口量上能与阿根廷媲美。的确,到1913年阿根廷出口如此之大,以致几乎占拉美出口收入的30%,尽管阿根廷人口只占拉美人口的9.5%。"[1]

表3.3 阿根廷主要贸易伙伴的贸易额(现价百万比索)

年份	英国		美国		德国		巴西	
	进口	出口	进口	出口	进口	出口	进口	出口
1870	13	2.5	2.9	3.8	1.6	0.2	3.4	0.6
1880	13	5.3	3.2	5.1	2.4	2.5	2.4	2.0
1890	58	19	9.3	6.1	12	12	3.6	4.1
1900	39	24	13	6.9	17	20	3.9	6.2
1910	109	81	48	25	61	45	9.1	18
1914	249	268	99	112	108	81	25	41
1920	497	636	705	350	101	54	115	51
1929	345	697	516	212	225	217	74	85

资料来源:B. R. 米切尔编:《帕尔格雷夫世界历史统计:美洲卷,1750—1993年》,488—489页,北京:经济科学出版社,2002。

这一时期阿根廷出口市场相对而言也是比较多样化的。尽管英国是它的主要贸易伙伴,但阿根廷与美国、德国、法国和巴西等其他国家的贸易往来也有了很大发展(见表3.3)。例如,1870年阿根廷从英国和美国的进口值分别是1 300万比索和290万比索;到1914年,这两个数据分别上升到2.49亿比索和9 900万比索;到1920年,美国对阿根廷的出口(7.05亿比索)已经超过了英国对阿根廷的出口(4.97亿比索)。另一方面,我们以1913年为例,阿根廷与拉美地区其

---

[1] 维克托·布尔默—托马斯:《独立以来拉丁美洲的经济发展》,72页,北京:中国经济出版社,2000。

他主要国家相比,其出口市场的多样化更加明显。阿根廷对4个主要贸易伙伴的出口不超过其出口总值的50%,而墨西哥和古巴的同样比重均超过了90%,智利和秘鲁在80%以上,拉美的第二出口大国巴西的比重也在70%以上(具体数据见表3.4)。

表3.4　1913年阿根廷和主要拉美国家的出口市场比较

国别	出口值（百万美元）	英国(%)	美国(%)	德国(%)	法国(%)	总计(%)
阿根廷	510.3	24.9	4.7	12.0	7.8	49.4
巴西	315.7	13.1	32.2	14.0	12.2	71.5
智利	142.8	38.9	21.3	21.5	6.2	87.9
古巴	164.6	11.2	79.7	2.8	1.0	94.7
墨西哥	148.0	13.5	75.2	3.5	2.8	95.0
秘鲁	43.6	37.2	33.2	6.7	3.5	80.6
拉丁美洲	1 588.2	20.7	29.7	12.4	8.0	70.8

资料来源:维克托·布尔默—托马斯:《独立以来拉丁美洲的经济发展》,89页。

可见,阿根廷初级产品出口部门的发展不仅实现了长期、快速的增长,而且在出口产品和出口市场的多样化方面也非常突出。对此,有学者评价说:"阿根廷围绕着出口农牧产品构建了国家的繁荣。……这个时期的经济活力并非依靠一两种产品,而是在旧的商品出口停滞不前时,大力开发新的大宗出口商品";与此同时,"阿根廷出口市场"也"变得多样化,尽管与英国的贸易联系仍然密切。从1909—1913年,四分之三的阿根廷出口商品销往大不列颠以外的国家"[①]。

二、其他经济部门的发展

初级产品出口部门的快速增长和日趋多样化,带动了其他经济、社会部门的发展,并推动了阿根廷社会从传统向现代的初步转变。

首先,交通运输部门的发展,尤其是铁路的发展与初级产品出口部门之间的联系最为密切,在某种程度上说,两者之间是一种相互促进、共同发展的关系。初

---

① 乔纳森·布朗:《阿根廷史》,142—143页。

级产业的迅速发展产生对土地、劳动力和市场的巨大需求，为了开拓更多的土地，一个重要的先决条件就是要发展必要的交通工具，这样才能把生产必要的劳动力输送到较为偏远的牧场或农场，将产品从那里运送到市场。正是在这种情况下，阿根廷铁路建设经历了异乎寻常的发展。如前所述，西布宜诺斯艾利斯铁路公司在1857年修建了阿根廷第一条约10公里长的铁路，由于国家分裂，铁路建设进展缓慢，到1861年仅建成铁路39公里。阿根廷完成统一以后，米特雷、萨米恩托和阿维利亚内达三届政府均大力扶持铁路建设，随后的胡里奥·阿亨蒂诺·罗加(Julio Argentino Roca)、米格尔·华雷斯·塞尔曼(Miguel Juarez Celman)等政府也继承了前任鼓励吸引外资，充分利用内资，共同发展铁路的政策，大大小小的铁路公司应运而生，其中主要有布宜诺斯艾利斯大南铁路公司(the Burenos Aires Great Southern)、布宜诺斯艾利斯和太平洋铁路公司(the Buenos Aires and Pacific)和阿根廷中央铁路公司(the Central Argentine)等，阿根廷铁路铺设的步伐大大加快。1870年，全国铁路里程增加到732公里，1890年增加至9 432公里，1900年延长到16 563公里，到1918年增加到34 036公里。① 反过来，铁路的发展又推动了阿根廷其他经济部门的发展。② 其一，铁路网的建设直接导致了农业与畜牧业用地的迅速扩大，阿根廷的耕地面积从1872年的58万公顷扩大到1917—1918年度的2 478万公顷。③ 其二，大量铁路的建设，加快了商品和人员的流动，大大推动了面向出口的商业化农牧业的发展。例如，1886—1908年间，阿根廷由铁路运输的商品量从294.8万吨上升到3 221.1万吨。④ 同时，铁路的发展还为大量移民的进入提供了便利，特别是那些收获季节来阿根廷工作的欧洲移民，即所谓"燕子"(golondrinas)式移民，他们工作完毕即返回自己的祖国。有学者统计，19世纪90年代每年有大约50万来自意大利和西班牙的"燕子式移民"来到阿根廷，乘坐火

---

① Ernesto Tornquist, Co., *The Economic Development of the Argentina Republic in the Last Fifty Years*, pp. 116-117.

② Raymond H. Pulley, "The Railroad and Argentine National Development, 1852-1914", *The Americas*, Vol. 23, No. 1, July 1966, pp. 69-75.

③ Ernesto Tornquist, Co., *The Economic Development of the Argentina Republic in the Last Fifty Years*, p. 26.

④ Alberto B. Martinez and Maurice Lewandowski, *Argentine in the Twentieth Century*, London: Unwin Books, 1911, p. 94.

车深入各个农业产区。① 除了铁路以外,其他交通运输工具的发展也非常快。例如,在水路运输方面,阿根廷的各类船只1883年约有3万艘402万吨,到1918年增长到4.5万艘1 750万吨。②

其次,初级产品出口部门的发展还推动了早期工业的发展,特别是与出口品联系比较密切的食品加工工业的发展。19世纪中叶以前,阿根廷仅有以加工腌肉和皮革为主的工场手工业,而且规模都非常小。因此,在1869年阿根廷进行第一次全国普查时,由于工业部门的发展比较稀少而未作统计。随着大量移民的流入和人口不断增长,一些生产日常生活用品、加工工艺简单、本地原材料供应充分的工业部门首先发展起来,如面粉、酿酒、制糖、家具制造、纺织、制鞋、建筑等工业,但高端消费品和其他工业品仍主要依靠进口。如1873年建立的国家织布厂(Fabrica Nacional de Paños)在1888年以前是唯一一家生产羊毛织物的工厂。③ 随着初级产品出口部门的迅速增长,与之联系效应较为密切的工业部门,如食品冷藏、加工、交通等工业开始显现出更大的发展势头。例如,1895年阿根廷进行的第二次经济普查表明,全国建立了各种规模的工厂2.4万多个,总投资大约3.3亿比索。1914年进行的第三次经济普查显示,阿根廷的工厂数量达到4.88万个,总投资接近18亿比索,工业产值超过18.6亿比索,就业工人超过41万。④ 其中发展最快的是食品加工工业。1913年,阿根廷食品加工业的工厂数将近1.9万个,投资额7.64亿比索,生产产值超过9.9亿比索,就业工人13.5万人,分别占全部工业总数的38.92%、42.72%、53.23%和32.93%。⑤ 在食品加工工业中,肉类加工工业的发展尤为迅速。1894年,阿根廷的肉类加工工业出口值为1 176万金比索,到1914年增加到9 692万金比索,增长了741%。1882年,阿根廷建立了第一家肉类冷藏工厂,1894年肉类冷藏工业的出口占肉

---

① Jame R. Scobie, *Argentina: A City and a Nation*, New York: Oxford University, 1964, p. 119.
② Ernesto Tornquist, Co., *The Economic Development of the Argentina Republic in the Last Fifty Years*, p. 188.
③ Fernando Rocchi, *Chimneys in the Desert: Industrialization in Argentina during the Export Boom Years, 1870-1930*, Stanford: Stanford University Press, 2006, p. 25.
④ Argentina Comisión Nacional del Censo, *Tercer censo nacional, levantado el 1 de junio de 1914*, Tomo VII Censo de las industrias, Buenos Aires, 1917, p. 46, p. 54.
⑤ Argentina Comisión Nacional del Censo, *Tercer censo nacional, levantado el 1 de junio de 1914*, Tomo VII Censo de las industrias, 根据《阿根廷第三次全国普查》的数据计算得出。

类总出口的16%，到1914年这一比例上升到90%。①此外，阿根廷工业在出口繁荣时期的发展成效，还可以通过比较主要工业用品本地生产满足国内需求的比例来加以衡量。例如，根据阿根廷政府的统计数据，1913年全国工业消费品的71.3%是由本地工厂生产的，其中食品本国生产所占比例是90.6%，纺织品为87.9%，建筑79.9%，家具70.2%，装饰品63%，化工生产37.2%，冶金33.2%。②

第三，初级产品出口部门的发展还有利于城市化进程的加快和公用事业的发展。19世纪70年代以后，阿根廷经济的迅速发展也推动了城市数量、规模的扩大和城市人口的增加。依据城市形成、发展的特点和功能，美国学者詹姆斯·斯科比将阿根廷在1869—1914年间不断发展的大小城市划分成三种类型："潘帕斯型城市""商业型城市"和"商业—官僚型城市"。③"潘帕斯型城市"主要指那些在潘帕斯地区通过发展农业种植业而逐渐从垦殖点繁衍出来的一些城市，如拉潘帕省的圣罗萨、恩特雷里奥斯省的巴拉那等城市。对于农业种植业在推进城市发展过程中的作用，有学者评论说："种植业的技术特性对经济产生了巨大影响。……它还导致一系列情况：工人到农村地区定居，出现了各种交通工具，兴办了为农村人口提供商品和服务的各种业务活动。结果，乡村地区形成了城镇中心。"④另一方面，随着出口部门的迅速发展，铁路运输、内河航运和远洋航运业也随之扩张，许多重要的交通枢纽、货物集散地均成为大小不等的城市，如巴拉那河沿岸的港口城市科连特斯、西部贸易中心图库曼、大西洋沿岸的马德普拉塔等城市，它们多属"商业型城市"。在全国各大城市中，首都布宜诺斯艾利斯则是典型的"商业—官僚型城市"，它的发展尤为突出。1852年，布宜诺斯艾利斯人口只有8.5万人，到1895年增加到50万人，到1914年激增至约158万人，成为南美洲最大的城市，被誉为"南美洲的巴黎"。与此同时，从全国人口的

---

① Ernesto Tornquist, Co., *The Economic Development of the Argentina Republic in the Last Fifty Years*, p. 106.

② Argentina Comisión Nacional del Censo, *Tercer censo nacional*, levantado el 1 de junio de 1914, Tomo VII Censo de las industrias, p. 71.

③ James R. Scobie, "Patterns of Urbanization in Argentina, 1869-1914", *Latin American Research Review*, Vol. 10, No. 2, summer 1975, p. 132.

④ 罗伯托·科尔特斯·孔德："阿根廷的经济发展（约1870—1914年）"，莱斯利·贝瑟尔主编：《剑桥拉丁美洲史》，第五卷，364页。

城市化进程看,阿根廷的发展是比较超前的:1850年前后,阿根廷人口的80%居住在乡村地区,1969年下降到71%,到1913年,城市人口占到全国总人口的53%,超过了农村人口。城市人口的迅速增长和城市规模的扩大,推动了市政公用事业的迅速发展。在城市交通方面,有轨电车的发展十分突出。到1914年,阿根廷各大城市的有轨电车公司约有30个,经营里程达到1 250公里,年运送乘客近4.8亿人次。在邮政、电报,以及其他城市公用事业方面,阿根廷同样经历了快速增长。以电报业为例,1905年阿根廷共有各类电报站568个,电缆长度近5.5万公里。到1918年,上述数据分别上升到947个和10万公里。①

第四,初级产品出口部门的迅速发展还对阿根廷人文发展指标的"现代化"作出了贡献。所谓的人文发展指数,是联合国开发计划署于1990年提出的、以"预期寿命、教育水准和生活质量"三项基础变量按照一定的计算方法组成的综合指标。笔者认为,这是衡量一个国家现代化程度的重要指标。在阿根廷,1870—1874年的年均死亡率是30.7‰,到1910—1914年下降到17.7‰。相比之下,墨西哥、智利、古巴、哥伦比亚等拉美国家1910—1914年的比率分别是46.6‰、31.5‰、21.4‰和26‰。②可见,阿根廷居民的死亡率相对比较低,其居民的预期寿命应当是比较高的。在教育、文化方面,1868—1874年担任总统的萨米恩托强调,"治国之道在于发展教育",创办了大量的中小学,建立国家科学院和天文台,以及其他研究机构。例如,1870年9月,阿根廷国会两院一致通过第419号法律,决定成立全国公共图书馆保护委员会(Comision Nacional Protectora de Bibliotecas Populares),萨米恩托在递交给国会的草案中强调,"提高一个民族智力水平最强有力的办法就是鼓励读书风气并使之成为民族习惯和民族特性。而在这一过程中,公共图书馆则是不可或缺的"③。萨米恩托之后的历届政府同样重视文化、教育事业。1875年,阿根廷国立美术馆成立。1884年,阿根廷召开了第一次全国教育会议,颁布了《世俗教育法》,实施小学的义务教育制度。

---

① Ernesto Tornquist, Co., *The Economic Development of the Argentina Republic in the Last Fifty Years*, p. 123, p. 130.

② B. R. 米切尔编:《帕尔格雷夫世界历史统计:美洲卷,1750—1993年》,88—89页,经济科学出版社,2002。

③ 王世申:《阿根廷文化》,25页,北京:文化艺术出版社,2001。

1885年,阿根廷政府又颁布第一部大学教育法,鼓励发展国立大学。1889年,阿根廷国家历史博物馆在布宜诺斯艾利斯成立。1905年,阿根廷政府颁布《扫盲法令》。上述措施大大推动了教育、文化事业的发展。在19世纪中叶,阿根廷全国只有205所公立学校,在校学生1.2万人,教师240余人。① 到1894年,在校小学生人数达到24.8万人,教师8 000余人;到1914年,小学生人数增加到86.3万人,教师队伍扩大到2.5万人。② 在1869年,阿根廷人口中的识字率只有22.6%,到1914年上升到64.1%。③ 在生活质量方面,以居民每天消费面包、牛奶等生活必需品的价值为例,1919年前6个月中,阿根廷居民平均每天消费面包0.457公斤,肉类0.246公斤,牛奶0.227升,葡萄酒0.139升,总计每天消费价值为0.588比索。④ 尽管缺乏横向比较,但仅从上述数值就可以了解阿根廷居民当时生活质量之高低。

总之,在初级产品出口部门迅速发展的带动下,阿根廷经济获得了较为全面的发展,阿根廷社会也在某种程度上实现了从传统社会向现代社会的变迁。以至于,到"一战"爆发前后,阿根廷人骄傲地宣称:"如果以进步的程度来衡量一个民族经济的重要性,那么阿根廷共和国就是世界上经济潜力最大的国家之一。它在过去50年的发展表明,它的土壤、种族、理想,以及它的社会、政治和经济组织将在数年内使阿根廷成为地球上最强大的国家之一。"⑤美国的《银行家杂志》在1916年5月也发文强调:"阿根廷共和国在过去20年中经历了引人瞩目的迅速进步。这种进步仅次于美国中西部各州的发展。"⑥那么,是什么因素推动着阿根廷早期现代化进程的快速发展呢?

三、影响增长的经济要素

根据传统的经济增长理论,决定一国经济增长的主要要素包括资本、劳动

---

① 李春辉:《拉丁美洲史稿》上卷(二),776页。
② 米切尔编:《帕尔格雷夫世界历史统计:美洲卷,1750—1993年》,750页。
③ 宋晓平编著:《阿根廷》,244—245页。
④ Ernesto Tornquist, Co., *The Economic Development of the Argentina Republic in the Last Fifty Years*, p. 273.
⑤ Ibid., *p. xvii*.
⑥ "Argentina's Marvelous Progress", *Bankers' Magazine*, May 1916, 92-5, APS Online, p. 606.

力、技术、资源禀赋,以及所投入要素的效率提高等方面。对于这些要素的分析,我们可以运用从哈罗德—多玛模型到索罗—丹尼森模型等各种增长模型。然而,在现实中,任何一种要素都不是均质的:不同的物质资本有不同的技术含量和效率;不同的劳动力含有不同的人力资本存量;自然资源也是异质的:土地肥力有优劣之分,矿产有不同的品位。显然,不同质量的要素投入对经济增长的作用同样也不是等量的。所以,我们考察各种要素对经济增长的作用,不仅要关注其投入量,而且还要强调投入要素的质量,特别是那些使投入要素效率提高的社会、文化、制度等层面的经济和非经济因素。

对于这一时期阿根廷经济增长的要素分析同样要遵循上述思路。

首先,我们来看看资源禀赋。如前所述,阿根廷经济增长的主要部门是面向国际市场的农牧产品,农牧业发展的基本资源要求就是土地。在19世纪中叶的阿根廷,大片辽阔的土地上生活着印第安部落。为了扩大土地面积,阿根廷历届政府采取了一系列的对策。主要的一种办法是发动所谓的"荒漠远征",屠杀和驱赶印第安人,进而占据他们世代生息的土地。1833—1834年,罗萨斯领导的征服活动夺占了印第安人的大量土地,在"西至安第斯山脉,南抵内格罗河流域"的广袤区域内,仅供分配和出售的土地就高达1 550平方里格,约合682万平方英亩。[①] 1879—1880年,胡里奥·A·罗加将军再次发动"荒漠远征",兼并的土地高达3 000万公顷,使布宜诺斯艾利斯省的面积增加了1倍。[②] 与此同时,铁路的铺设,电报的发展,以及其他交通、通讯技术的使用,大大加快阿根廷政府"荒漠远征"的步伐,尤为重要的是大大加快了将新占领土地开发成农田和牧场的步伐。例如,阿根廷学者罗伯托·科尔特斯·孔德(Roberto Cortes Conde)指出:"在铺设了铁路的地方,种植业才开始扩大,谷物的边界才越过原来养牛的边界""在19世纪80年代后期和90年代,农业生产特别是小麦生产的扩大都与铁路建设的发展直接联系"[③]。实际效果也确实如此,阿根廷的可耕地面积在1872

---

① Miron Burgin, *The Economic Aspects of Argentine Federalism*, *1820-1852*, Cambridge: Harvard University Press, 1946, p. 252.

② James R. Scobie, *Revolution on the Pampas: A Social History of Argentine Wheat*, *1860-1910*, Austin: The University of Texas Press, 1964, p. 117.

③ 罗伯托·科尔特斯·孔德:"阿根廷的经济发展(约1870—1914年)",莱斯利·贝瑟尔主编:《剑桥拉丁美洲史》,第五卷,343页。

年达到58万公顷,1888年接近250万公顷,1900年超过730万公顷,1903年超过1 000万公顷,1910年超过2 000万公顷。①

土地的增加,耕地面积和牧场规模的扩大,只是资源禀赋的一个方面,还有更为重要的因素是将这些土地组织起来的制度。独立后,阿根廷的土地制度经历了一些变化。1826年上台的贝尔纳迪诺·里瓦达维亚政府实行长期租借制度(enfiteusis),规定个人和团体可以在20年内以较低的固定租金租用公共土地,进行开发和利用,但土地的所有权归国家,租借者不得出售。这种制度没有规定租借土地的最大限制,租借人占用的土地往往超过30万公顷,较小的地块也有上万公顷。可见,这种制度有利于形成大地产。罗萨斯上台后,废除了国有土地不得转让的法律,允许土地自由交易,使土地集中的进程日益加快。例如1830年,布宜诺斯艾利斯的538名土地所有者占有土地865.6万公顷;到1840年,293名土地所有者就占有860万公顷土地。如前所述,从19世纪50年代起,阿根廷政府为了招募移民,实施了移民垦殖场政策,授予每个移民33公顷土地,凡是连续耕种5年以上者即可取得土地所有权。六七十年代的米特雷、萨米恩托政府时期,进一步积极鼓励向农村地区安置移民,建立了更多的小型垦殖农场。这种政策的用意一方面是为了吸引移民,另一方面则是试图以此遏制土地集中的趋势。在19世纪60年代中期以后,占有大量土地的大地产主和外国公司亦效仿阿根廷政府的做法,将土地划分成小块以分期付款的方式出售给移民,建立垦殖场。但在70年代以后,土地价格不断攀升,绝大部分移民无力购买土地。大地产主和外国公司则改为向广大移民出租地块,租期四年,前三年种植玉米、小麦等农作物,第四年只能种植苜蓿,供日后放牧使用。租期满者,可另租其他荒地。这样,到19世纪后期,阿根廷形成了一种以大地产制为核心、租佃制和小型农场并行的土地制度。这种土地制度的格局,有助于资本主义商品化农牧业生产方式的发展,大大提高了生产效率。

其次,大量欧洲移民的流入,为阿根廷经济的快速增长提供了必要的劳动力供给。早在独立初期,贝尔纳迪诺·里瓦达维亚政府就提出了移民垦殖的政策,希望解决制约经济增长的人力不足问题。以阿尔韦迪为代表的"1837年一代"

---

① Ernesto Tornquist,Co.,*The Economic Development of the Argentina Republic in the Last Fifty Years*,p.26.

第三章 阿根廷"美好时代"的经济增长

甚至提出了"治国之道在于移民"(Gobernar es poblar)的方略,但在动荡不定的"考迪罗主义"时期,移民政策收效甚微。1853年宪法的颁布,是移民政策的转折点。宪法除第25条明确规定"联邦政府鼓励欧洲移民"以外,还在第20条规定"外籍居民在阿根廷境内享有公民权。他们可以从事工业、商业和其他职业,可以占有、出售和转让不动产,可在内河和沿海航行,有宗教信仰自由,按法律规定立遗嘱和通婚。可以自由选择国籍,不需交纳额外赋税。在阿根廷连续居住两年以上者可加入阿根廷国籍"。这样就为欧洲移民的流入奠定了法制基础。1862年阿根廷统一后,移民进一步成为一项国策,此后的历届政府均成立了移民管理局,并在欧洲设立办事处,负责招募移民,同时在各主要城市的报纸上刊登广告,宣传阿根廷的风貌和给予移民的优惠政策等。从19世纪70年代起,欧洲移民开始大量涌入阿根廷,成为该国人口增长的主要源泉。1869年,阿根廷进行了第一次普查,全国人口总数为1 877 490人;[①]1895年第二次人口普查时,阿根廷人口增加到3 954 911人;到1914年第三次普查时,人口达到7 885 237人。1869—1914年间,阿根廷人口的年均增长率达到惊人的32.6‰,其中移民增长率为17.2‰,自然增长率为15.4‰。可见,移民在当时阿根廷人口增长中的贡献是非常巨大的(具体数据可见表3.5)。尤为重要的是,大量移民的流入直接导致了劳动力的增长,因为绝大部分的移民是男性青年。例如1895年入境的移民中,年龄在20—40岁之间的占47.2%,1—20岁者占21.8%;而当地出生的阿根廷人中上述比例分别是23.4%和60%。[②]可见,移民中的劳动力人口的比重要远远大于本地人口。

欧洲移民大量涌入阿根廷的重要贡献还在于,它在为该国的经济增长提供了大量有经验的农牧业工人和农牧场主、产业工人和企业家的同时,还带来了重要的种植技术、优良畜种、经营管理经验和企业家精神;它促进了阿根廷商业服务部门的发展,加快了城市化的步伐。如前所述,阿根廷农业种植业的大规模发展实际上肇始于移民的垦殖场,这些欧洲移民中的许多人本身就是有经验的农

---

① Argentina Superintendente de Censo, *Primer censo de la República Argentina. Verificado en los dias 15,16 y 17 de septiembre de 1869 . Bajo la direccion de Diego G. de la Fuente , Superintendente del Censo*, Buenos Aires,1872,Introduccion, p. 19.

② 罗伯托·科尔特斯·孔德:"阿根廷的经济发展(约1870—1914年)",莱斯利·贝瑟尔主编:《剑桥拉丁美洲史》,第五卷,347页。

表 3.5　阿根廷入境移民与出境移民(1871—1930)

年 份	入境移民人数	出境移民人数	净流入移民人数
1871—1875	148 422	103 918	44 504
1876—1880	112 191	86 015	25 695
1881—1885	255 185	69 633	185 552
1886—1890	591 382	133 822	457 560
1891—1895	236 252	169 304	66 948
1876—1900	412 074	159 140	252 934
1901—1905	526 030	215 700	310 330
1906—1910	1 238 073	428 226	809 847
1911—1915	1 007 663	682 948	324 715
1916—1920	186 595	242 111	−55 516
1921—1925	707 717	233 387	474 330
1926—1930	689 698	286 058	403 640

资料来源:Donald S. Castro, *The Development and Politics of Argentine Immigration Policy, 1852-1914: To Govern is to Populate*, San Francisco: Mellen Research University Press, 1991, p. 267.

民,他们将自己的农业种植技术和欧洲的先进农业技术、管理经验用于开发阿根廷的土地,为该国农业的迅速发展作出了重要的贡献。再如,阿根廷养羊业的崛起同样与欧洲移民息息相关。过去,阿根廷主要以放养克里奥约羊和穆斯提萨羊等品种,产毛率低;19 世纪 70 年代,一批英国移民引入优质的美利奴羊,在巴塔哥尼亚地区放养,并使用剪毛机、羊毛包装机等先进技术设备,同时改进放牧技术,建立人工牧场,从而使阿根廷的养羊业获得迅猛发展,羊毛一度成为阿根廷最大宗的出口产品。还有许多欧洲移民在城市地区开办工业企业,将欧洲的先进技术和管理经验运用到生产、经营之中。例如,1913 年,在阿根廷全国48 779家工厂中,移民开办者超过 65%。[①] 对于移民在阿根廷经济增长和社会发展中的贡献,美国前总统西奥多·罗斯福在 1914 年写道:"……本地阿根廷人、意大利人、德国人、英国人,正融合成为一个阿根廷民族,他们不仅对该国的

---

① Ernesto Tornquist, Co., *The Economic Development of the Argentina Republic in the Last Fifty Years*, p. 40.

增长作出贡献,而且有助于该国形成一种有活力的和强有力的国民性。"[1]

第三,外国资本,特别是英国资本的流入,是阿根廷经济增长的重要投入要素之一。正如罗伯托·科尔特斯·孔德所说:"像阿根廷那样经济十分原始的国家,资本非常缺乏。本国居民拥有的固定资产是大片土地和城市里的房产,牛是他们的动产。他们的积蓄实际上没有其他出路。"[2]当时阿根廷自身的资本形成能力非常小。与此同时,阿根廷政府的收入主要来源于对进出口关税的征收,其数量十分有限,因而无力为经济增长提供必要的资金。这样,当阿根廷统一后开始大力发展基础设施建设、扩大耕地面积和牧场规模,以及其他方面的建设时,国内官方资本和民间资本的匮乏便成为一个重要的制约因素。另一方面,19世纪前半叶,英国率先完成工业革命,先进的生产方式促进了社会生产力的迅速发展,给英国积累了大量的财富,国内储蓄率相对于国内投资率而言出现了过剩,其结果是出现了剩余资本和对外投资的需求。19世纪三四十年代,许多英国公司参与了美国基础设施建设的投资,获得了很高的收益。然而,19世纪60年代以后,由于美国内战的爆发,英国在北美地区的投资大受影响。在这样的情况下,许多英国公司纷纷将目光转向国家统一、政局日趋稳定的阿根廷。当然,阿根廷统一后的历届政府都采取了积极吸引外国投资的政策,也为大量英国资本的流入铺平了道路。[3]

在上述背景下,外国资本,特别是来自英国的资本就成为阿根廷经济发展所

---

[1] Theodore Roosevelt, "In the Argentine", *Outlook*, April 11, 1914, APS Online, p. 800. 当然,对于移民在阿根廷早期现代化进程中的作用,实际上是一个更为复杂的问题,不仅有文中所述积极作用,也带来了诸多的消极后果。对于这些问题,学界也多有研究,本书不再作展开。我们可以参阅:Juan Sagastume. *La inmigración*: *Su influencia en el país*, La Plata: S. Editorial, 1916; Alan M. Taylor, "Peopling the Pampa: On the Impact of Mass Migration to the River Plate, 1870-1914", *Explorations in Economic History* Vol. 34, 1997, pp. 100-132; Carl E. Solberg, "Immigration and Urban Social Problems in Argentina and Chile, 1890-1914", *Hispanic American Historical Review*, Vol. 49, No. 2, May 1969, pp. 215-232;郝名玮:"欧洲移民与阿根廷",《世界历史》1980年第6期等。

[2] 罗伯托·科尔特斯·孔德:"阿根廷的经济发展(约1870—1914年)",莱斯利·贝瑟尔主编:《剑桥拉丁美洲史》,第五卷,353页。

[3] 对于英国资本大量流入阿根廷的背景和原因,学术界多有研究,参阅:Henry Stanley Ferns, "The Establishment of British Investment in Argentina", *Inter-American Economic Affairs*, Vol. 5, 1951, pp. 76-89; D. C. M. Platt, "Foreign Finance in Argentina for the First Half-Century of Independence", *Journal of Latin American Studies*, Vol. 15, No. 1, May 1983, pp. 23-47.

必要的资金来源。实际上,早在 1824 年 7 月,英国巴林兄弟公司向布宜诺斯艾利斯提供了一笔贷款,并向公众出售债券,票面价值 100 万英镑,售价是 85 万英镑,利率 6%。其中,巴林公司获得 15 万英镑的佣金,另有 13 万英镑用于支付利息等费用,实际到布宜诺斯艾利斯的投资只有 57 万英镑。① 这是英国对阿根廷间接投资的开始,但只是"昙花一现",英国对阿根廷的投资"很快就被贬值和资本损失所中断"②。阿根廷统一以后,英国对阿根廷的投资开始进入了稳步发展的新阶段,投资方式逐渐由以间接投资为主向直接投资为主转变。如表 3.6 的数据显示,英国对阿根廷的投资在 19 世纪 90 年代以前,主要是以政府贷款为主。1865、1875 和 1885 年英国向阿根廷提供的政府贷款分别占其对阿根廷投资总额的 81%、73% 和 58%;从 1895 年起,英国提供的政府贷款的比例开始低于 50%。这些数据充分表明,间接投资在总投资中的比重呈现不断下降的趋势。与此相反,从 19 世纪 70 年代起,英国在铁路、公用事业等方面的直接投资就开始增加,在总投资中的比重则不断上升。到 1913 年,英国对阿根廷的投资总额达到 4.798 亿英镑,其中直接投资达 2.587 亿英镑,占投资总额的 54%;间接投资为 2.216 亿英镑,占投资总额的 46%。在间接投资中,政府贷款为 1.846 亿英镑,只占投资总额的 38%。③ 特别是在铁路修筑方面,阿根廷政府为英国资本提供了大量优惠条件:免费发放土地特许状;修建铁路所需机器设备和燃料免征进口税等。因此,英国公司在铁路方面的投资也最为集中,到 1890 年年底,在阿根廷共有阿根廷中央铁路公司(Central Argentine Railway,总资本超过 185 万英镑)、布宜诺斯艾利斯大南铁路公司(Buenos Ayres Great Southern Railway,名义资本 160 万英镑)等 22 家英资铁路公司,投资总额接近 6 500 万英镑。④ 1905 年,铁路超过政府贷款成为英国对阿根廷最大宗的投资领域,在英国对阿投资总额中的比重达到 47%(见表 3.6)。

---

① Henry Stanley Ferns,"Beginnings of British Investment in Argentina",*Economic Historical Review*,New Series,Vol. 4,No. 3,1952,p. 347.

② J. Fred Rippy,*British Investments in Latin America*,1822-1949,London:Routledge Press,2000,p. 25.

③ Irving Stone, "British Direct and Portfolio Investment in Latin America before 1914", *The Journal of Economic History*, Vol. 37, No. 3, September 1977, p. 706.

④ J. Fred Rippy,*British Investments in Latin America*,1822-1949,p. 39.

表 3.6 1865—1913 英国对阿根廷投资的构成(单位:1000 英镑)

项目		1865	1875	1885	1895	1905	1913
政府贷款	金额	2 206	16 490	26 681	90 562	101 040	184 593
	比重	81%	73%	58%	47%	40%	38%
铁路	金额	512	5 054	15 293	81 746	120 632	219 235
	比重	19%	22%	33%	43%	47%	46%
公用设施	金额	—	878	1 782	7 056	19 461	35 940
	比重	—	4%	4%	4%	8%	8%
财政	金额	—	130	1 727	6 231	5 440	21 413
	比重	—	1%	4%	3%	2%	4%
原材料	金额	—	50	44	196	1 008	1 374
	比重	—	*	*	*	*	*
工业与其他	金额	—	—	423	5 146	6 936	17 228
	比重	—	—	1%	3%	3%	4%
总计	金额	2 718	22 602	45 951	190 936	254 517	479 783
	比重	100%	100%	100%	100%	100%	100%

* 表示低于 0.5%。

资料来源:Alejandro Bendaña, *British Capital and Argentine Dependence*, *1816-1914*, New York: Garland Publishing, Inc., 1988, p. 301.

除了英国资本以外,法国和德国的资本也先后流入阿根廷。以 1913 年为例,英国对阿根廷的投资为 14.75 亿金比索,法国和德国对阿根廷的投资分别为 4.75 亿金比索和 2.5 亿金比索,其他国家的投资也达到了 5.97 亿金比索。[①] 以铁路部门为例,1900 年,英国公司在阿根廷运营的铁路里程为 5 057 英里,占该国铁路总里程的 48.8%;法国公司拥有的铁路里程为 819 英里,所占比重为 7.9%。到 1910 年,英国公司经营的铁路达 7 256 英里,占全国铁路总长的 40.9%;法国公司运营的铁路则增加到 2 196 英里,在全国铁路总长中的比重也上升到 12.4%。[②] 可见,法国对阿根廷的投资呈现出加速增长的态势。至于美国,

---

[①] Vernon Lovell Phelps, *The International Economic Position of Argentina*, Philadelphia: University of Pennsylvania Press, 1938, p. 246.

[②] Andres M. Regalsky, "Foreign Capital, Local Interests and Railway Development in Argentina: French Investments in Railways, 1900-1914", *Journal of Latin American Studies*, Vol. 21, No. 3, October 1989, p. 427.

尽管阿根廷领导人在19世纪时就"反复倡议,美国应该像英国那样增加在阿根廷的投资,尤其是在工业领域",但1913年美国对阿根廷的投资只有微不足道的4 000万美元。① 不过,相对1910年2 000万美元的投资额来说,美国对阿根廷投资增长的速度之快确是不容置疑的。②

还有一点需要强调的是,阿根廷的本国资本在其经济增长进程中也发挥了重要的作用,而且其作用也呈现出不断递增之趋势。对此,罗伯托·科尔特斯·孔德的判断是比较客观的。他说:"不能说所有的资本都来源于国外。我们已经看到,本地资本在改良土地和牛种以及城市建设方面也发挥了不小的作用。……港口、铁路、道路、房屋、机器、养牛场就是从全国统一时期到第一次世界大战前夕这整整30年间积累起来的巨额资本的一部分。"③从一开始,阿根廷政府特别强调在外资和私人资本不愿问津的内陆省份修建国有铁路。例如,阿根廷国会在1868年10月通过第280号法案,授权联邦政府投资修建门多萨、萨尔塔和胡胡伊等省的铁路;1872年,国会通过的第583号法案,授权政府出资修建圣胡安、卡塔马尔卡和拉里奥哈省的铁路;1876年10月,政府投资修建的从科尔多瓦到图库曼的铁路开通;到1885年,阿根廷的国有铁路里程达到1 503公里。以至于,有学者这样说:"如果说私人铁路有助于'潘帕斯革命'的话,国有铁路则激发了西部和北部内陆省份的变革。"④

第四,第二次工业革命导致国际经济体系的重要变化,为阿根廷出口部门的发展提供了重要的外部动力,使各种投入要素的效率得以提高。19世纪下半叶以电力的广泛运用和内燃机的发明为标志的世界第二次工业革命,推动了冶金、采煤、机器制造等原有的重工业部门的迅速发展,并引起电力、电器、化学、石油、汽车、飞机制造等一系列新兴工业部门的建立和发展。从19世纪70年代起,大量的发明和新技术不断在英国、德国、美国、法国等中心国家得到广泛运用,并因

---

① Harold F. Peterson, *Argentina and the United States,1810-1960*, New York: State University of New York Press, 1964, p. 347.

② James Ferrer, Jr. , *United States-Argentine Economic Relations,1900-1930*, Ph. D. Dissertation, University of California at Berkeley, 1964, p. 38.

③ 罗伯托·科尔特斯·孔德:"阿根廷的经济发展(约1870—1914年)",莱斯利·贝瑟尔主编:《剑桥拉丁美洲史》,第五卷,355页。

④ Silvana Alejandra Palermo, *The Nation Building Mission: Thr State-owned Railways in Modern Argentina,1870-1930*, Ph. D. Dissertation, State University of New York, 2001, p. 72.

此改变着这些国家的经济结构——工业制成品的生产变得越来越重要。与此同时,由于陆路和海上运输及其辅助交通体系的发展,使运输成本大大降低,世界各国和地区之间的经济联系日益紧密,从而彻底改变了国际贸易的性质和规模。这样,"在欧洲制造业国家中心集团和位于遥远外沿的生产初级产品的国家或地区之间,便产生了一种分工;那些初级产品生产国或地区,……到80年代全部都向欧洲供应食品和原料。法国需要的煤有1/3依靠外国供应;德国几乎要全部进口它所需要的原羊毛;英国需要的小麦有4/5要从外国输入。这3个国家全部依靠对外贸易来提供和支付所有输入的棉花、橡胶、黄麻、大米、几乎所有输入的锡、铜和矿物油"①。其结果便是国际市场对初级产品的需求不断扩大,这成为阿根廷初级产品出口部门飞速发展的重要动力来源。以阿根廷小麦生产和出口为例,1872年小麦种植面积仅7.3万公顷,其产量甚至都难以满足国内需要。但随着英国和西欧低地国家对小麦需求的不断扩大,阿根廷的小麦耕种面积和对外出口不断扩大。到1913年,其种植面积达到创纪录的6 918 450公顷,出口量也达2 812 149吨。然而,"一战"爆发后的1914年,随着欧洲国家需求的减少,阿根廷的小麦出口迅速下降到只有980 525吨。②

总之,正是得益于丰富的土地资源和有利于商品化生产的土地制度、源源不断地涌入的欧洲劳动力、日益增加的外国投资(尤其是英国投资)、第二次工业革命对交通运输发展的不断推进和运输成本的下降,以及欧美发达国家对农牧产品需求的日趋扩大,阿根廷以农牧业生产和出口为动力的经济经历了异常迅速的增长。到"一战"爆发前夕,阿根廷成为当时世界上最为富裕的少数国家之一。

然而,当我们深入地分析影响"美好时代"阿根廷增长的经济因素时,就会发现经济繁荣的背后隐藏着诸多问题,其中经济增长依赖外部因素的问题尤为突出。首先,阿根廷经济对农牧产品出口和工业品进口的依赖非常严重。1910—1914年期间,阿根廷出口产品的96%是农牧产品,其中间53%是农产品,43%是畜牧产品;而本国生产和生活所需要的工业产品和投入物则需要进口,其中中

---

① 查尔斯·威尔逊,"经济状况",F. H. 欣利斯编:《新编剑桥世界近代史》,第11卷("物质进步和世界范围的问题,1870—1898"),69页,北京:中国社会科学出版社,1999。

② Ernesto Tornquist, Co., *The Economic Development of the Argentina Republic in the Last Fifty Years*, p. 28, p. 31.

间产品和原材料占 44.7%，工业消费品占 36.1%，机器设备占 19.2%。① 其次，阿根廷的贸易对象国相对比较集中，主要是英国和西欧的其他一些国家。例如，1914 年，阿根廷主要出口产品大多流向英国，其中 93% 的糖、90% 的黄油、89% 的冻羊肉、81% 的冻牛肉、74% 的肉罐头、45% 的燕麦输往英国；其主要进口工业产品了大多来自英国，其中煤炭的 95%、铁路材料的 79%、火车机车的 72%、火车车厢的土 61%、纯毛织物的 60%、钢轨的 51%、铁管的 45% 均从英国进口。② 其三，阿根廷的经济增长主要依赖外国资本，特别是英国资本的大量流入。到"一战"爆发前夕，英国对阿根廷的投资达到 4.798 亿英镑，其中直接投资达 2.587 亿英镑，占投资总额的 54%；间接投资为 2.216 英镑，占投资总额的 46%。③ 英国资本几乎控制了阿根廷的主要行业，成为阿根廷经济、社会，甚至政治生活的真正主宰。其四，阿根廷经济增长所需要的劳动力，也大多来自外国移民；甚至影响其经济增长的先进技术和自由主义、实证主义等思想也多是舶来品。阿根廷经济对外部因素的依赖程度之大由此可见一斑。

这种性质的经济必然呈现出周期性的波动：当中心发达国家的经济增长比较顺利，国际市场对有关产品的需求不断扩大时，初级产品出口国经济便得以增长速度；相反，当发达国家经济陷入危机，国际市场对有关产品的需要停滞不前时，出口国经济同样会陷入危局。也就是说，过度依靠初级产品的阿根廷在这一时期实现的快速增长实际上主要依赖的是国际市场对其重要出口产品的较大需求，其"现代化"的动力主要来自于英国等发达国家对其产品较高的进口系数。另一方面，由于本国经济过于强调初级产品的生产和出口，生产和生活所需要的工业消费品、机械设备则主要依赖从发达国家进口。这样，阿根廷通过大力发展初级产品出口所建立起来的经济，主要体现出对外部因素的双重依赖：一是出口产品对外部市场的依赖；二是工业消费品对发达国家的依赖，这在某种程度上便是一种"依附性"的经济形态。

---

① Jaime Fuchs, *Argentina: su desarrollo capitalista*, Editorial Cartago, 1965, p. 155. 转引自徐文渊、陈舜英、刘德：《阿根廷经济》，15 页。

② Ernesto Tornquist, Co., *The Economic Development of the Argentina Republic in the Last Fifty Years*. 根据第 154—156 页和 173—178 页的数字计算。

③ Alejandro Bendaña, *British Capital and Argentine Dependence, 1816-1914*, p. 301.

第四章 早期现代化进程中的政治发展

2000年,美洲开发银行在一份报告中强调,人口的结构性变化、自然地理环境和政治制度的效率等非经济因素在拉美国家的发展进程中发挥着至关重要的作用,其中政治制度的效率尤其重要。对此,该报告特别指出,"在某种程度上,所有拉美国家的问题都与法制、腐败以及政府在提供基本的公共服务时缺乏效率有关""虽然人口和地理能解释国与国之间发展水平的差异,但其相对重要性不如制度"①。对于阿根廷出口繁荣时期的经济增长而言,这个论断同样适用。鉴于人口和地理环境因素前文已有涉猎,本节拟着重论述政治制度因素的影响。

一、寡头民主制的确立与巩固

在影响阿根廷早期现代化进程成败得失的非经济因素中,阿根廷的统一与政局稳定最为关键,它为更加迅猛的经济增长创造了有利的制度基础。在1880年的总统选举中,"荒漠远征"的"英雄"胡里奥·A·罗加将军击败了布宜诺斯艾利斯省省长卡洛斯·特赫多尔。特赫多尔拒绝承认罗加政府,并发动叛乱。罗加亲率大军平定叛乱,迫使特赫多尔辞去布宜诺斯艾利斯省省长职务。罗加对特赫多尔的胜利,在阿根廷历史上是具有划时代意义的重要事件,以此为契机,罗加采取了一系列改革措施,以此来巩固其统治地位。这些措施的主要目的,可以用罗加本人的一段话来加以概括。他说:"我们好像是个刚刚诞生的民

---

① 美洲开发银行:《影响发展的非经济因素》,前言第23页,北京:世界知识出版社,2007。

族,因为你必须为构成整个国家的属性、资源、权力的一切方面来制定法律。"①也就是说,罗加希望通过这些措施,建立、健全阿根廷的法律体系,改变过去考迪罗林立、联邦派与集权派争斗、内战频仍的分裂局面,建立一个统一的、合法的阿根廷联邦共和国。具体说,罗加总统的主要政策包括:

首先,罗加政府决定建立首都联邦区,以削弱布宜诺斯艾利斯省强大的利益集团对国家政治生活和中央政府的干预。在击败特赫多尔的叛乱之后,罗加解散布宜诺斯艾利斯省议会,组建新的省议会。新的省议会于1880年11月通过相关决议,同意为罗加提议建立的首都联邦区划拨土地。随后,阿根廷国会通过有关法案,决定将布宜诺斯艾利斯城从布宜诺斯艾利斯省中划分出来,成立首都联邦区。将布宜诺斯艾利斯省的首府迁往拉普拉塔市。首都联邦区的建立,意义非凡。有学者这样评价说:"宣布布宜诺斯艾利斯市为常设首都或是所谓的'首都联邦制化',具有不但是经济型的、而且是政治性的重大后果。……给全国最重要的问题:土地问题和民主管理问题的解决,创造了有利条件。"②

其次,罗加政府采取一系列措施来完善中央公共管理体制,加强国家对政治和社会生活的管理。罗加政府颁布法令,禁止各省建立民兵武装,解散各省民团,规定只有中央政府领导的国民军才有权使用武力,维持国家主权和国内社会安定。罗加政府还第一次采用全国统一的货币,建立了全国统一的税收管理体制。1884年,罗加政府通过法律,将过去主要由天主教会掌管的初等教育和公民登记划归中央政府管辖,实行免费的、世俗的义务教育制度和全国公民登记制度。

第三,罗加政府还对过去的政党进行了改组,引入了现代意义的政党政治元素。如前所述,在独立后的半个多世纪里,拉普拉塔地区始终处于分裂和动荡之中,控制"国家"和地方政治生活的主要是大大小小的考迪罗。推翻罗萨斯独裁统治之后,本地区的政治生活又为两个传统的利益集团所控制:以乌尔基萨为首的联邦党,控制着由13个省组成的阿根廷联邦;以巴托洛梅·米特雷为首的自由党,把持着布宜诺斯艾利斯省。经过反复斗争,1862年10月才

---

① H. Mabragaña, *Los Mensajes*: *Historia del desenvolvimiento de la Nacion Argentina redactada cronologicamente por sus gobernantes*, Tomo 4: 1881-1890, Buenos Aires, 1910, p. 1.

② 叶尔莫拉耶夫主编:《阿根廷史纲》上册,353页。

最终建立了以米特雷为总统的、统一的阿根廷共和国。然而,尽管"阿根廷第一次被称为阿根廷而不是用一种拙劣的转弯抹角的说法来称呼它",但具有考迪罗色彩的争斗仍然继续着,直到19世纪80年代。从70年代起,布宜诺斯艾利斯出现了两个党——以米特雷为领袖的民族主义党和阿道夫·阿尔希纳领导的自治党。但这两个党并不是严格意义上的政党,它们更多的是利益联合体,经常为了控制国家的政治、经济而争斗不已。罗加执政以后,成立了阿根廷最早的全国性政治组织——民族自治党(Partido Autonomista Nacional),它作为执政联盟将各省省长均吸收进来,并任命他们在中央政府中担任要职。这样,民族自治党便具有了现代政党政治的一些基本特征,它实际上成为当时阿根廷的执政党,总统既是该党的领袖,又是得到公认的全国行政首脑,这成为"新的政治稳定的基础"[①]。

通过上述措施,罗加确立了一种精英民主政治,并以此为基础完善了国家的公共管理体制,使"阿根廷获得好几十年相对的政治统一和稳定"[②]。这种精英民主政治的基础就是罗加所成立的民族自治党,它主要代表的是以阿根廷农村协会(Sociedad Rural Argentina)为核心的农牧业精英阶层的根本利益,他们长期控制着阿根廷的政治权力,直到1916年反对党激进公民联盟上台执政为止。

1866年冬,阿根廷农村协会在布宜诺斯艾利斯成立,其成员都是布宜诺斯艾利斯省的大地产主,主要的领导人物是爱德华多·奥利维拉(Eduardo Olivera)和何塞·马丁内斯·德霍斯(Jose Martinez de Hoz),核心成员还包括拉蒙·比顿(Ramón Vitón)、何塞·马里亚·胡拉多(Jose Maria Jurado)、埃内斯托·奥登多夫(Ernesto Oldendorff)、理查德·牛顿(Richard Newton)和森尼罗萨兄弟(Felipe and Pastor Senillosa)等人。阿根廷农村协会是该国第一个土地所有者的协会组织,"是由阿根廷最有活力的大地产主建立的,它寻求代表土地所有者与国家和政治精英斗争中的团体利益。为了推动一项农业改革计划,协会寻

[①] 埃塞基耶尔·加略:"阿根廷的社会与政治(1880—1916年)",莱斯利·贝瑟尔主编:《剑桥拉丁美洲史》,第五卷,387页。

[②] 埃塞基耶尔·加略:"阿根廷的社会与政治(1880—1916年)",莱斯利·贝瑟尔主编:《剑桥拉丁美洲史》,第五卷,373页。

求在潘帕斯的土地所有者中间发展出一种新的、进步的阶级意识"①。19 世纪 80 年代末期以后,全国各省均成立了农村协会,使该组织迅速发展成为一个全国性的、代表大地产主、大出口商和外国公司等农牧业精英阶层的协会组织,农村协会中的很多人成为民族自治党的主要力量。② 罗加之后的历届政府,从华雷斯·塞尔曼政府(1886—1890)和卡洛斯·佩列格里尼政府(Carlos Pellegrini, 1890—1892)到罗克·塞恩斯·培尼亚政府(Roque Saenz Peña, 1910—1914)和维多利诺·德拉普拉萨政府(Victorino de la Plaza, 1914—1916),都是由民族自治党执政,他们都程度不同地与阿根廷农村协会有着千丝万缕的联系。这种以农牧业出口集团的基本利益为基础的精英民主政治,尽管被指存在总统权力过大的缺陷,但对于维护国家的统一和稳定,促进经济和社会的迅速发展发挥了巨大作用。对此,有学者总结说:"自治党人统治 36 年,产生了相对稳定的政治和法律体系,为经济和社会的迅速和持续发展提供了一个先决条件。"③

二、激进公民联盟成立

如前所述,1880 年罗加将军的改革最终确立了代表农牧业出口利益集团的民族自治党在阿根廷政坛长达 36 年的统治地位,这种长期、稳定的统治,是阿根廷实现早期现代化主要指标的制度基础。不过,在这种"稳定"的背后,存在着跌宕起伏的政治权力的博弈。

首先,让我们简单梳理初级产品出口繁荣时期阿根廷的主要社会阶层在该国政治中的地位和代表各自利益的政党、组织。

---

① Roy Hora, *Landowners of the Argentine Pampas: A Social and Political History, 1860-1945*, Oxford: Clarendon Press, 2001, p. 8.

② 在阿根廷农村协会成立初期,许多农场主和牧场主对它的作用缺乏足够认识,因而协会发展缓慢。1868 年的成员为 231 人,到 1874 年只有 235 人。直到 19 世纪 80 年代末期,随着阿根廷农牧业的飞速发展,加之农村协会举办了一系列农牧产品展览会,尤其是在 1886 年和 1890 年的展览会之后,该协会才为农牧业精英们所普遍接受,并逐渐成为他们展开经济、政治活动的重要舞台。具体情况参见 Roy Hora, *Landowners of the Argentine Pampas: A Social and Political History, 1860-1945*, pp. 21-68.

③ 埃塞基耶尔·加略:"阿根廷的社会与政治(1880—1916 年)",莱斯利·贝瑟尔主编:《剑桥拉丁美洲史》,第五卷,400 页。

第四章　早期现代化进程中的政治发展

处于社会顶端的是与农牧业出口部门紧密相关的大农场主、大牧场主、银行家,以及控制外国投资和进出口贸易的上层精英集团。这个集团实际上也一直处于变动之中,因而包含了不同的利益小集团:最初的主体是"18世纪后期西班牙极端保守主义商人的最典型的直接后裔"[①],他们主要包括几十家在殖民地时期波旁改革后通过对外贸易而发家致富的克里奥尔家族,诸如安乔雷纳家族(Anchorenas)、格里克家族(the Guerricos)、坎波斯家族(the Campos)和卡萨雷斯家族(the Casares)等,他们主要集中在布宜诺斯艾利斯地区,以从事商业活动为主。直到19世纪二三十年代,这些布宜诺斯艾利斯商人才"由于战争和革命导致的危机"开始涉足农牧业生产。例如,19世纪阿根廷最大的土地所有者安乔雷纳家族,最初主要从事商业活动,并积累了巨额财富。在1818年才第一次将资金从商业转投到畜牧业,[②]到19世纪40年代便成为全国最大的牧场主,饲养了近40万头牛,到1864年拥有的土地高达95.8万公顷。[③] 但这些人大多居住在城市地区,多是所谓的"不在地主"(absentee landowners)。社会上层的第二部分则是独立后通过"荒漠远征"或其他途径获得大量土地的大牧场主,他们中的一些家族起初主要从事养牛业,19世纪中期后则有一部分人开始从事养羊业,1866年成立的布宜诺斯艾利斯省的"阿根廷农村协会"是该利益集团的主要活动平台。他们与前一部分精英的最大区别在于,他们从一开始就有很强的"地主意识",致力于引进良种牲畜和新技术,重视任何与扩大畜牧业生产有关的研究活动,他们乐于向世人展示他们在畜牧业生产方面的成就。例如,莱昂纳多·佩雷拉(Leonardo Pereyra)在1856年从英国进口了纯种的短角绵羊,卡洛斯·克雷罗在19世纪70年代中期引进了第一批安格斯羊(Angus breeds)。社会上层的第三部分则是外省的大庄园主(estancieros)及其后代。这一部分人实际上是这一时期阿根廷政治的主导者,是1880年外省庄园主的代表罗加将军击败布宜诺斯艾利斯省特赫多尔之后,建立统一阿根廷联邦的主要力量。因此,他们不

---

① 戴维·罗克:"1914年的阿根廷:潘帕斯草原、内地、布宜诺斯艾利斯",莱斯利·贝瑟尔主编:《剑桥拉丁美洲史》,第五卷,420页。

② Roy Hora, *Landowners of the Argentine Pampas: A Social and Political History, 1860-1945*, p. 28.

③ Richard W. Slatta, *Gauchos and Vanishing Frontier*, Lincoln: University of Nebraska Press, 1992, p. 96.

仅控制着联邦政府和议会,而且还控制几乎所有外省的政府和议会。凭借政治上的控制力,大庄园主们在布宜诺斯艾利斯等发达地区获得了更多的地产或其他财富。例如,罗加家族是来自图库曼的大庄园主,在罗加将军当选联邦总统以后,布宜诺斯艾利斯省议会"赠予"了他本人大量的土地;拉潘帕则赠与其兄弟阿塔里瓦(Ataliva)和伊格纳西奥·桑切斯(Ignacio Sanchez)大片土地。社会上层的第四部分是移民中脱颖而出的新贵,他们凭借自己的艰苦努力,在农牧业、银行业、房地产、制造业、贸易等领域获得了发展机会,积累了大量的财富。例如,意大利—拉普拉塔银行(Banco de Italia y Rio de la Plata)的创始人安东尼奥·德沃托(Antonio Devoto)是意大利移民;瑞士移民的后代路易斯·楚贝比勒(Luis Zuberbühler)在牧牛业、土地开发、制造业方面都拥有巨大的投资。

  作为一个利益集团,这个社会上层具有这样几个重要特征:(1)他们与农牧业出口部门有着十分密切的联系,要么是直接从事农牧业生产的大地产主,要么是从事农牧产品生产和经营的工厂主或大商人;(2)他们与外国资本之间有着密切的联系,他们中的一些人实际上就是外国公司在阿根廷的主要代理人,抑或是外国公司利益在阿根廷国内的"院外集团";(3)这个利益集团有着很浓厚的"共同阶级意识",因而容易在政治上达成联盟。例如,阿根廷农村协会成立的一个重要目标就是"寻求在潘帕斯的土地所有者中间发展出一种新的、进步的阶级意识";经过罗加将军的整合,民族自治党成为这个社会上层实现其"共同利益"的政治工具,而影响已扩至全国的阿根廷农村协会则是他们活动的主要舞台;(4)社会上层实际控制着阿根廷在初级产品出口繁荣时期的政治、军队、司法、公共管理等各领域的实际权力,其主要手段就是依靠对投票权的控制。至于其如何控制投票权,我们可以在讨论中间阶层时深入分析。但有一点是十分明确的,这个社会上层的政治家们都是精英民主政治的信徒,"认为政治权利与公民权利是两个不同概念。投票、担任公职等政治权利,应该严格地限制在上层阶级,只有他们才能深刻理解政治权力的重要性并游刃有余地操纵权力"[①]。

  阿根廷的第二个社会集团则是中等阶级,他们具有两个十分突出的特征:一是大多都有移民背景,要么是移民的后代,要么本人就是移民;二是在政治上处于边缘地位,享受不到与他们的经济地位相一致的政治权利。导致上述特征的

[①] 吕芳:《制度选择与国家的衰落》,32页。

关键根源是阿根廷移民本身的特点。从独立初期的里瓦达维亚政府起，阿根廷就重视引入欧洲移民，阿尔韦迪更是在19世纪中期提出了"治国之道在于移民"的口号，阿根廷也成为仅次于美国的世界第二大移民国家。[①] 然而，与美国、加拿大、澳大利亚等移民国家相比，阿根廷移民的一个特点对其政治进程产生了极大的影响。我们从表3.5中出入境移民的人数就可以看出，阿根廷移民中的很大一部分是季节性的"燕子式移民"，他们必定没有阿根廷公民权。尽管阿根廷宪法第20条明文规定"在阿根廷连续居住两年以上者可加入阿根廷国籍"，但那些留在阿根廷发展的移民中，也没有多少人申请加入阿根廷国籍，从而取得投票权。据统计，1850—1930年间，加入阿根廷国籍者占移民总人数的比例不超过5%。也就是说，有公民权的阿根廷移民人数非常少，而这些人恰恰就是阿根廷中产阶级的主要力量。他们主要由两部分人构成：一部分是小工业生产者、小型商店的店主、手艺人等，属于下层中等阶级，即小资产阶级，人数比较多，而且绝大部分都是移民；另一部分则是从事各种专业的技术人员、公共管理的文员、私营部门的白领阶层，以及较大规模的工厂主等，他们是中等阶级的上层，即中产阶级，多是移民的后代，社会地位也超过了他们的移民前辈，他们中的很多人有很强的政治参与意识。最为关键的是，中等阶级的人数在阿根廷城市人口中的比重不断上升，1869年为11.1%，1895年为25.9%，1914年高达29.9%。[②] 然而，他们中的许多人却没有投票权。难怪戴维·兰德斯会这样感叹说："数十年来，这些移民在这个自负却很落后、充满幻想和偏见但根本不友好的国家里过得并不舒服。"[③]

[①] 有学者统计，1856—1930年间，在将近6 000万向海外移民的欧洲人中，阿根廷接受了其中的11%，仅次于美国。其他国家的数据分别是，加拿大8.7%，巴西7.4%，澳大利亚5.0%，新西兰1.0%和南非1.3%。美国、阿根廷和上述国家合计吸收这一时期移民总数的90%。Gino Germani, "Mass Immigration and Modernization in Argentina", in Irving Louis Horowitz, Josue de Castro and John Gerassi, eds., *Latin American Radicalism: A Documentary Report on Left and Nationalist Movements*, New York: Randon House, 1969, p. 316.

[②] David Rock, *The Politics in Argentina 1890-1930: The Rise and Fall of Radicalism*, Cambridge: The Cambridge University Press, 1975, p. 21.

[③] 戴维·兰德斯：《国富国穷》，453页，北京：新华出版社，2001。兰德斯随后引用了胡安·胡斯托(Juan B. Justo)的一段话："在这个国家，最迫切需要的转换不是金币兑换纸币或纸币兑换金币，而是把这块土地上的生于欧洲的居民，变成享有一个文明社会成员天生该具有的那些权利的人，即把外来的国民变成公民。"

阿根廷的第三个社会阶层就是广大的工人阶级、无业者或失业人员,他们处于社会的最底层。对于他们的处境,前苏联学者的描述在某种程度上是比较接近事实的:"阿根廷的绝大多数劳动群众过着悲惨而困苦的生活。工人在企业中的劳动极其繁重。企业中简陋的技术设备、肮脏的环境、有损健康的条件,以及给剥削者资本家所做的繁重劳动,使得工人筋疲力尽。工人的文化水平极为低下:工业行业中半数以上的工人是文盲,而绝大部分识字的工人,只能读和写,没有任何技术知识。在1918年以前,阿根廷的工人没有起码的经济上和政治上的权利。"①不过,对于这个社会阶层的分析,不能一概而论。实际上,他们也分成了不同的小群体。根据阿根廷政府的统计,阿根廷的劳动力人口在1914年达到2 355 130人,其中农牧业工人462 463人,工业和手工业劳动力813 438人,商业劳动力24 369人,运输部门工人97 796人,短工702 528人,其他劳动力254 536人。②尽管这些劳动力中并不全部属于工人阶级,还包括了许多中小资产阶级,但这些人一方面是阿根廷经济增长的生力军,另一方面则是政治领域的边缘人,他们几乎没有什么政治权利。这样,由于很大一部分中小资产阶级人士没有公民权,无法履行投票权,而广大的社会下层由于受财产限制根本就没有投票权,因此真正能够参与投票的就只剩下社会上层及其支持者,代表农牧业上层精英利益的民族自治党就可以在一次次的"选举游戏"中获得一次又一次的胜利。③

为了改变上述局面,来自社会各阶层的反对派开始进行力量重组,力求改变民族自治党对国家和各省政治权力的垄断。与此同时,阿根廷社会上层之间本已存在的矛盾,如布宜诺斯艾利斯省的农牧业精英与外省庄园主之间的矛盾,以及民族自治党内部的利益冲突,特别是罗加将军和华雷斯·塞尔曼这一对姻兄

---

① 叶尔莫拉耶夫主编:《阿根廷史纲》下册,468页。

② Ernesto Tornquist, Co. , *The Economic Development of the Argentina Republic in the Last Fifty Years*, p. 21.

③ 例如,1886年的总统选举就颇具戏剧性。首先,民族自治党的总统候选人华雷斯·塞尔曼是时任总统罗加的姻兄弟;其次,在投票时,有报道称"绝大部分受教育的人不允许到投票站,选举只对那些顺从的团体开放"。Roy Hora, *Landowners of the Argentine Pampas: A Social and Political History, 1860-1945*, p. 39.

弟之间对该党领导权的竞争,为其他反对派的联合提供了机会。① 1889年9月1日,一群反对华雷斯·塞尔曼政府的阿根廷青年在巴托罗梅·米特雷、莱安德罗·阿莱姆(Leandro N. Alem)、阿里斯托布罗·德尔瓦耶(Aristobulo del Valle)、伊波利托·伊里戈延(Hipólito Yrigoyen)等政治家的支持下,成立了青年公民联盟(Unión Cívica de la Juventud),提出了该组织的十一点计划:(1)在首都建立一个名为青年公民联盟的政治中心;(2)在我们制度合法的架构内保持公众自由;(3)高举没有恫吓和舞弊的自由投票的旗帜,谴责任何对选举的官方干涉;(4)反对任何对投票权的干扰或妨碍,以合法手段起诉任何违规者;(5)保持管理部门道义上的纯净;(6)加强宣传以提高公共精神,鼓励公民行使权利和遵守义务的热情;(7)保证各省充分享受它们的自治权,保证共和国的所有居民都从地方政府获益;(8)通过公民的行动来保卫国家;(9)积极参与选举活动,将行使投票权作为公民的义务;(10)邀请共和国其他地区的独立青年来建立与本计划相一致的政治中心;(11)致力于建立一个广泛的政治运动,帮助独立的青年追求更高的目标。② 其中,"自由投票"和"公正选举"成为了该组织的核心目标。

青年公民联盟一经成立,立刻在布宜诺斯艾利斯产生了广泛影响,短短4个月时间就成立了14个类似的组织。为了对抗华雷斯·塞尔曼和罗加将军等主导的民族自治党的寡头统治,巴托罗梅·米特雷、莱安德罗·阿莱姆、阿里斯托布罗·德尔瓦耶等人决定,按照青年公民联盟的模式成立一个新的组织——公民联盟(Unión Cívica)。1890年4月13日,公民联盟成立大会在布宜诺斯艾利斯召开,与会代表宣布成立公民联盟,并于17日选举莱安德罗·阿莱姆为第一任主席。同时,该组织还设有三个组织机构:一是协商会议(Junta Consultativa),由米特雷、贝尔纳多·德·伊里戈延(Bernardo de Irigoyen)等5人组成;二是执行会议(Junta Ejecutiva),由阿莱姆等10人组成;三是宣传委员会(Comision de Propaganda),成员为400—500人,由路易斯·萨恩斯·培尼亚(Luis Saenz Peña)负责。公民联盟的支持者主要包括:(1)米特雷领导的布宜诺斯艾利斯市的商业和出口利益集团(Mitristas),他们与代表外省庄园主利益的罗加和塞尔

---

① Paula Alonso, *Between Revolution and the Ballot Box : the Origins of the Argentine Radical Party in the 1890 s*, Cambridge: Cambridge University Press, 2000, pp. 35-37.

② Wilfrido R. Peralta, *Historia de la Unión Cívica Radical , su origen , su vida , sus hombres : estudio politico 1890-1916* , Buenos Aires: Imprenta G. Pesce, 1917, p. 27.

曼集团素有嫌隙;(2)追随阿莱姆的一些土地所有者,他们曾经是自治党(Automistas)或共和党(Partido Republicano)的成员;(3)一些零售商、小手工匠、教士等中等阶级人士,以及一些产业工人等。因此,不能简单地说公民联盟代表哪个阶级的利益,它的主要成员也不是什么新的社会力量的代表,他们只是为了反对共同的对手而走向联合。在这个意义上说,"公民联盟只是在19世纪80年代期间,由稳固的民族自治党政治体系的局外人所组成的一个暂时性的联盟",而不是"一个政党或政党的联盟"①。但组织一个全国性的政党,以对抗民族自治党对阿根廷政治的垄断,却是阿莱姆等政治家的主要目标。对此,阿莱姆在4月17日发表的宣言中提出了公民联盟的具体目标:"自由投票,公共管理的有效责任,更加纯洁的管理道德,没有暴力和舞弊的投票,尊重各省权力。"②

1890年7月26日,公民联盟利用国内金融危机的严峻形势,组织了一场谋划良久的"革命"。③ 由于"革命"仅限于布宜诺斯艾利斯市,没有得到内陆省份的支持,同时也由于"革命"阵营缺乏武器和有效的指挥;而民族自治党政府得到了它们的传统力量——内陆省份的支持,各省派出大量军队,由罗加将军和尼古拉斯·莱瓦耶(Nicolas Levalle)将军指挥,合力击败了公民联盟的"革命"。不过,1890年"革命"最终迫使华雷斯·塞尔曼辞职,由卡洛斯·佩列格里尼(Carlos Pellegrini)接任总统。佩列格里尼向公民联盟伸出了橄榄枝,邀请其成员担任政府部长职务,这一做法在公民联盟内部激发了不同的反应,公民联盟也由此分裂成为三派:一是以米特雷为首的一部分成员,主张与民族自治党代表的利益集团进行合作,接受了佩列格里尼政府的邀请,加入了政府内阁,分别由米特雷的心腹爱德华多·科斯塔(Eduardo Costa)担任外交部长,胡安·马里亚·古铁

---

① Paula Alonso, *Between Revolution and the Ballot Box: the Origins of the Argentine Radical Party in the 1890 s*, pp. 56-57.

② Peter G. Snow, *Argentine Radicalism: the History and Doctrine of the Radical Civil Union*, Iowa City: University of Iowa Press, 1965, p. 11.

③ 事实上,早在1889年12月,公民联盟就成立了一个革命会议组织(Revolutionary Junta),主要成员包括阿莱姆、德尔瓦耶、伊波利托·伊里戈延、马里亚诺·德马里亚(Mariano Demaria)、米格尔·哥耶纳(Miguel Goyena)、胡安·何塞·罗梅罗(Juan Jose Romero)、卢西奥·V·洛佩斯(Lucio V. Lopez)、何塞·马里亚·康迪略(Jose Maria Cantillo)、曼努埃尔·A·奥坎波(Manuel A. Ocampo)、曼努埃尔·J·坎波斯将军(General Manuel J. Campos)、多明戈·比耶霍布艾诺将军(General Domingo Viejobueno)、胡里奥·菲戈罗阿上校(Colonel Julio Figueroa)和马丁·伊里戈延上校(Colonel Matin Yrigoyen),并由阿莱姆担任民事力量的首领,坎波斯将军则为军事事务的领导。

雷斯(Juan María Gutiérrez)出任教育部长,文森特·洛佩斯(Vicente F. Lopez)担任财政部长;二是由阿莱姆领导的部分成员,强调与民族自治党政权进行"不妥协的斗争",坚持采取暴力手段推翻寡头统治,拒绝参加寡头集团主导的政府和"欺骗性的"选举;三是由德尔瓦耶为代表的部分成员,既反对加入民族自治党政府,同时又反对进行暴力革命,而是希望组织一个完善的政党,通过选举来战胜民族自治党的寡头统治。

1890年9月10日,阿莱姆在布宜诺斯艾利斯组织了另一次游行示威,要求镇压"革命"的罗加和莱瓦耶辞职。这一行动进一步加剧了公民联盟的分裂,米特雷派的成员公开对阿莱姆进行批判,并试图迫使他辞去公民联盟主席的职务。例如,出任佩列格里尼政府财政部长的洛佩斯写了一封措辞严厉的信,要求阿莱姆停止暴力对抗政府的做法。他说:"我告诉你我肩上的巨大任务,请求你停止煽动情绪,……你正在激起公众对抗国家政府的情绪,而政府是国家稳定的脊柱。……靠不住的蛊惑只会导致牺牲,而在这个非常保守的国家里,你正在冒险。请不要采取暴力,并说服自己,当政府现状如此时,煽动民众或激起对抗都不是明智的。"[1]

1891年以后,公民联盟内部围绕是否参加1892年总统选举之事,产生了更大的分歧,并最终导致了该组织的分裂。1月15日,公民联盟在罗萨里奥召开了选举大会,提名米特雷和贝尔纳多·德·伊里戈延为公民联盟正副总统的候选人。3月20日,米特雷与罗加将军会面,达成了一个所谓的"米特雷—罗加协议",提议米特雷作为总统候选人,副总统候选人则由罗加派人士出任。也正是这个协议"分裂了新的公民联盟"[2]。6月26日,公民联盟的全国委员会召开会议,讨论"米特雷—罗加协议"。结果,与会的56名成员,只有24人同意,其余32人均持反对意见。以此为分野,两派政治家正式分道扬镳:同意"米特雷—罗加协议"的24人单独召开会议,通过了该协议,并宣布成立"全国公民联盟"(Unión Cívica Nacional),由米特雷出任主席。两周后,全国公民联盟提名米特雷和埃瓦里斯托·乌里武鲁(Evaristo Uriburu)为正副总统候选人;而反对"米特雷—罗

---

[1] Paula Alonso, *Between Revolution and the Ballot Box: the Origins of the Argentine Radical Party in the 1890 s*, pp. 72-73.

[2] Peter G. Snow, *Argentine Radicalism: the History and Doctrine of the Radical Civil Union*, p. 12.

加协议"的其余成员则宣布成立"主导公民联盟"(Unión Civica Principista),米特雷派人士攻击他们的言论和行动太过激进,因而称之为"激进公民联盟"。激进公民联盟的主要领导层包括阿莱姆、伊波利托·伊里戈延、贝尔纳多·德·伊里戈延、马塞洛·T·阿尔维亚尔(Macelo T. Alvear)和利桑德罗·德拉托雷(Lisandro de la Torre)等人。8月15日,激进公民联盟宣布贝尔纳多·德·伊里戈延和胡安·M·加洛(Juan M. Garro)为他们的正副总统候选人。可见,当时两派的主要分歧在于是否和罗加派合作的问题,对于是否参与1892年的总统选举并无歧见。不过,随着国内事态的发展,激进公民联盟最终选择放弃参加总统选举。

此后,激进公民联盟在全国范围内得到了很大的发展,其主要的支持者来自移民中等阶级,包括城市商人、职员、自由职业者、青年学生、小地产主等社会集团,他们的共同特点是年轻,缺乏政治经验,但为追求"自由投票、公平选举"的理想甚至不惜诉诸暴力革命。因此,激进公民联盟成立后很自然地以当年青年公民联盟的十一点计划为党的主要目标,并于1893年再次发动"革命",企图推翻民族自治党的寡头统治,但由于缺乏更广泛的群众基础,失败了。

1893年"革命"之后,激进公民联盟内部开始出现裂痕:以贝尔纳多·德·伊里戈延为代表的布宜诺斯艾利斯市激进党人代表了该党的温和派,希望将本党改造成一个组织健全的、以参加选举和议会活动为主的反对党,他们的主要阵地是《阿根廷人》(El Argentino)和《时代》(El Tiempo)两份报纸。这一派的主张在1894—1895年的议会选举中得到了运用,使激进党在国会两院中拥有了大量的席位;伊波利托·伊里戈延是激进公民联盟布宜诺斯艾利斯省的领导人,这一派的观点比较激进,主张在公平的选举竞争制度建立以前,抵制民族自治党组织的"欺骗性的"选举。[①] 夹在两派之间的党主席阿莱姆,处境非常艰难:尽管其基本观点与伊波利托·伊里戈延比较接近,主张抵制选举,但他"公开承认,他无力控制布宜诺斯艾利斯省党的事务";而党内的温和派又大多是全国委员会的领导人,不断向其施加压力,谋求与其他党派,甚至是民族自治党合作参加选举。

---

① Paula Alonso, *Between Revolution and the Ballot Box: the Origins of the Argentine Radical Party in the 1890 s*, p. 142.

欢迎加入后浪书漫读光阴 www.hinabook.com

* 未经许可不得转载、任何形式的使用请咨询后浪出版咨询(北京)有限责任公司所有

· 欢迎登陆 http://www.hinabook.com 和 www.pmovie.com 了解更多活动信息。

· 参加书评投稿的读者来稿若有幸被刊发者将免费赠书1本。

· 喜欢我们的每月新书名目中抽取3名踊跃关注月度新书目的朋友赠一本。

· 加入我们，可以得到定期赠送的新书信息、电子版书样、活动信息、书友之间的乐趣、碰撞名作共赏和海报等，也为书签等。

个人资料（请您认真填写并回寄）

姓名 _____ □先生/□女士
Email _____ 生日 _____年___月___日
固定电话 _____ — _____ 手机 _____
邮编 _____ 单位 _____
地址 _____
QQ/MSN _____ 职业 _____

读者调查表

您从哪本书得知这张卡片的？ _____
您以哪种渠道购得本书的？ _____
您的阅读方向？ _____
您还希望我们推荐引进哪类书？ _____
您的意见或建议？ _____
_____
_____
_____

如何加入华章读者俱乐部？

1. 拨打热线 010-6407 2833-824，向客服人员登记您的相关信息。
2. 发短信至 13911401220，我们将回拨登记信息。
3. 将此信息登记表传真至 010-64018116
4. 登陆网站 www.hinabook.com，点击右上角"注册"，填写会员信息登记表。

5. 邮寄至：北京市东城区朝阳门内大街137号 世界图书出版公司北京公司
   后浪出版咨询（北京）有限责任公司 邮编：100010

欢迎登陆后浪出版公司官方天猫店 http://hlbhts.tmall.com
服务邮箱 buy@hinabook.com 服务电话 13366573072 010-57499090

1896年7月1日,阿莱姆选择了自杀,以此表达其内心的痛苦。①

激进公民联盟旋即发生了分裂。布宜诺斯艾利斯市的激进党人和激进公民联盟全国委员会的主要成员,在1897年4月1日推选贝尔纳多·德·伊里戈延为党的主席。次日即与米特雷的全国公民联盟开始谈判,拟重组一个新生的"公民联盟",共同参加年底举行的布宜诺斯艾利斯省选举。最终达成"激进公民联盟—全国公民联盟合作协议"(UCR-UCN Deal)规定,两党仍维持为独立政党,但共享各自的选票,且该协议须经两党的全国委员会(National Committee)和全国大会(National Convention)批准通过。在是否通过这一协议的问题上,激进公民联盟正式走上了分裂之路。同年8月,激进党的全国委员会通过了上述协议;但在9月1日召开的全国大会上,布宜诺斯艾利斯省带头加以反对。最终,激进公民联盟分裂成两派:支持派(coalicionistas)和反对派(anti-coalicionistas)。以贝尔纳多·德·伊里戈延为首的支持派最终赢得了布宜诺斯艾利斯省的选举,但在其担任该省省长期间(1898—1902),伊波利托·伊里戈延派(Hipolistas)成为了其政府最强有力的反对者,两者之间的矛盾达到了不可调和的地步。其结果,"激进公民联盟在1898年底就消失了"②。

1903年,伊波利托·伊里戈延开始着手重组激进公民联盟。当年7月26日,在布宜诺斯艾利斯举行的纪念1890年"革命"的集会上,大约有5万人出席,这充分表明了民众对伊里戈延本人和激进党的支持和期待。一方面,重新组织的激进公民联盟宣称,新的激进党是原先激进党的继承人,它继承阿莱姆时期的基本理念和斗争策略,继续反对寡头政权的经济腐败和"欺骗性"选举。因此,伊里戈延在1905年明确宣布,在现行制度能够保证公平竞争以前,激进党拒绝参加选举活动。与此同时,新的激进党还抓住时机,发动推翻寡头政权的"革命",并强调革命在该党斗争策略中的重要性。对此,伊里戈延强调说:"革命是社会道德法律的一部分,既不可能创造革命,也不可能杜绝革命。"③1905年2月,在一些青年军官的支持下,激进公民联盟再次发动反对民族自治党政府的

---

① 当然,激进党的分裂只是迫使阿莱姆走上绝路的因素之一,其他方面的原因还包括:他的健康状况、债务问题、失恋、好友德尔瓦耶的辞世等。

② Paula Alonso, *Between Revolution and the Ballot Box: the Origins of the Argentine Radical Party in the 1890s*, p. 198.

③ José Luis Romero, *History of Argentine Political Thought*, p. 213.

"革命"。

另一方面,新的激进公民联盟还具备了一些不同于阿莱姆时期的新特征。首先,伊里戈延改变了开展活动的方式,除了拒绝参加选举活动以外,抛弃了阿莱姆时期"公开对抗、疾言厉色、大规模群众集会"等做法,伊里戈延本人也不提倡抛头露面,很少在公共场所发表演讲,因而使他的"领导方式有了一种不为人知的神秘感,也使他赢得了很高的民意"①;其次,伊里戈延更加重视中下阶层的力量,强调绝大部分民众的作用。他说:"我们党的事业就是国家的事业,它代表了广大人民的力量。"②所以,新组建的激进公民联盟吸引了大量中下层民众的支持,使它的群众基础发生了较大的变化。有学者统计,在19世纪90年代期间,激进公民联盟参加的几次选举中,投票支持该党的主要是中上阶层,如大地产主、医生、教师、律师、记者、工厂主、商人等;③但在1905年"革命"后,激进党的群众基础"主要来自中等阶级,也得到工人阶级的支持,并在较小程度上得到上层阶级的支持"④。

除激进公民联盟以外,其他政党也纷纷成立,以挑战民族自治党对阿根廷政治的长期垄断。1896年6月,胡安·B·胡斯托(Juan B. Justo)、恩里克·德尔瓦耶·伊贝露西亚(Enrique del Valle Iberlucea)和何塞·因格涅罗斯(Jose ingenieros)等人组建了阿根廷的第一个社会主义政党——社会党(Partida Socialista)。该党的第一份宣言就强调:"迄今为止,富裕阶级或资产阶级一直控制着国家政权。萨恩斯·培尼亚、米特雷、伊里戈延,或阿莱姆的追随者都是一丘之貉。……阿根廷所有富裕阶级的政党同样都是一丘之貉,他们牺牲工人阶级的利益来增加资产阶级的福利。社会主义工人党不会宣称……它代表着每一个人的利益,而是代表着工人阶级的利益,反对资产阶级的压迫。"⑤因此,该党主要在工人队伍中发展,尤其是在欧洲移民工人中发展自己的力量。该党还利用选举手

---

① Paula Alonso, *Between Revolution and the Ballot Box: the Origins of the Argentine Radical Party in the 1890s*, p. 202.

② José Luis Romero, *History of Argentine Political Thought*, p. 213.

③ Paula Alonso, *Between Revolution and the Ballot Box: the Origins of the Argentine Radical Partyin the 1890s*, pp. 142-162.

④ 埃塞基耶尔·加略:"阿根廷的社会与政治(1880—1916年)",莱斯利·贝瑟尔主编:《剑桥拉丁美洲史》,第五卷,399页。

⑤ José Luis Romero, *History of Argentine Political Thought*, p. 215.

段,对寡头政府展开斗争,该党的候选人阿尔弗雷多·L·帕拉西奥斯(Alfredo L. Palacios)在1904年成功当选为议员。与此同时,在阿根廷工人队伍中还发展着另一股政治力量,即无政府主义。1901年成立的阿根廷地区工人联合会(Federación Obrera Regional Argentina,缩写为FORA)就是这样的一个组织团体。

三、激进公民联盟政府的民主改革

在与激进公民联盟和其他反对派进行政治博弈的同时,长期控制阿根廷政权的民族自治党本身也在发生着变化,其内部的派系斗争也是持续不断。

事实上,早在19世纪80年代,民族自治党内就存在着罗加派(roquistas)与华雷斯·塞尔曼派(juaristas)之间的斗争,而且两派之间的斗争一直持续到20世纪最初十年期间。罗加在1886年总统任期即将结束时,对于民族自治党提名华雷斯·塞尔曼为总统候选人,并不表示支持;作为回应,华雷斯·塞尔曼在担任总统期间,一直试图罢免罗加担任的民族自治党的领导职务,削弱罗加及其支持者在党内和各省的权力。结果,两派的矛盾在1890年金融危机期间达到顶峰,为激进公民联盟发动"革命"制造了机会。华雷斯·塞尔曼被迫辞职以后,将他的支持者组织起来,建立了现代主义党(Partido Modernista),该党在1892年提名罗克·萨恩斯·培尼亚为总统候选人;但时任总统卡洛斯·佩列格里尼和罗加则寻求与全国公民联盟的米特雷进行合作,共同提名罗克的父亲路易斯·萨恩斯·培尼亚(Luis Saenz Peña)为总统候选人,以抗衡华雷斯·塞尔曼派的挑战。结果,罗加派的路易斯最终获胜,为罗加在1898年第二次当选为总统奠定了基础。进入20世纪以后,罗加派与现代主义党之间的竞争更加激烈。1904年,罗加派的曼努埃尔·金塔纳(Manuel Quintana)当选总统,而现代主义党的何塞·菲格罗亚·阿尔科塔(Jose Figueroa Alcorta)任副总统。金塔纳在1906年去世后,菲格罗亚·阿尔科塔接任总统(1906—1910),立刻展开了对罗加派势力的打击,并最终摧毁了"罗加赖以进行25年统治的政治联盟"①。民族自治党内罗加派的失势,为随后的选举法改革扫清

---

① 埃塞基耶尔·加略:"阿根廷的社会与政治(1880—1916年)",莱斯利·贝瑟尔主编:《剑桥拉丁美洲史》,第五卷,第393页。

了道路。

阿根廷是拉美地区最早规定所有成年男性享有投票权的国家。早在1821年,布宜诺斯艾利斯省宪法就规定,所有20岁以上的成年男性均有投票权。到1856年,阿根廷国会废除了其他各省设定的职业或识字等方面的限制条件,使阿根廷所有17岁以上的成年男性均获得了投票权。因此,学术界历来认为,"由于阿根廷的选举权问题很早就得到解决,它在国会辩论中从来就没有成为重要的问题。国会关于选举的讨论一般是考虑选票的分配、选区的规模、投票者的登记、投票制度的改进等问题,而不是选举权的问题"[1]。然而,问题并没有那么简单。一个关键的困扰是投票率持续偏低,通常只占有选举资格人口的10%至15%;更要命的是,如果考虑全部适龄成年男性人口的话,这个比例会更低。因为有大批的移民并不选择成为阿根廷公民,因而也就不在乎投票权了。除了移民因素以外,更为重要的原因是制度层面的,即投票权并不是强制性的,因此居民完全是根据自己的兴趣、心情和利益来决定是否参加投票。投票率低也就不可避免了。另外一个问题是选举舞弊的问题,例如英国《经济学家》曾经报道,在布宜诺斯艾利斯"最富裕的一个教区,我的一个朋友曾经看见一个清洁工在许多不同名字下面投了5次票"[2]。

正是针对上述问题,激进公民联盟从一开始就提出了"自由投票和公平选举"的口号,希望在阿根廷建立代议制的民主政治。但民族自治党,尤其是该党内的罗加派,一直强调政局动荡和无政府状态是国家发展的最大障碍,因此稳定与秩序就成为政府的核心目标。为了实现这样的目标,建立"完善的代议民主制"就"不能操之过急"[3]。对于这种设想,罗加说:"在我国短暂而又多事的历史中,我们……经历了内战、暴政和混乱,今天我们展望未来时,不再有早期那种举棋不定、焦虑不安的心情。……毫无疑问,我们自身还有许多弱点需要克服,我们已养成一种习惯,喜欢提出崇高的理想,希望政府、政党和宪法的实施充满政治智慧,十全十美。……即使已有好几百年历史的民族也难达到

---

[1] Paula Alonso, *Between Revolution and the Ballot Box : the Origins of the Argentine Radical Party in the 1890s*, p.144.

[2] *The Economist*, May 21, 1892.

[3] 埃塞基耶尔·加略:"阿根廷的社会与政治(1880—1916年)",贝瑟尔主编:《剑桥拉丁美洲史》,第五卷,394页。

这样的地步。一个共和政体是建立在公众的风俗习惯之上的,不仅是写下几条法律而已。"①所以,到20世纪初期,罗加派对秩序与稳定的坚持实际上已经成为阿根廷进行民主改革的最大障碍之一。

菲格罗亚·阿尔科塔总统在击败罗加派以后,随即调整民族自治党的政策,开始考虑进行选举制度改革等事宜。例如,在1907年和1908年,他两次与伊里戈延会面,在商讨赦免参加1905年革命的激进党人士的同时,还专门讨论了选举制度改革的问题。②对于阿尔科塔总统在选举制度改革中的作用,有学者这样说:"20多年来,激进公民联盟一直在要求进行选举制度改革,有时还为之战斗;许多政治家一直在谈论改革;阿尔科塔担任总统时指明了改革的方向。"③1910年,"佩列格里尼派"(pellegrinistas)政治家罗克·萨恩斯·培尼亚当选为总统后,一方面对民族自治党进行了一定程度的改造,将之改名为保守党(Partido Conservador);另一方面则着手进行选举制度的改革,提出了第8871号法案,即《萨恩斯·培尼亚法案》,并于1912年2月13日被国会审议通过。④

新的选举法在两个方面进行了重大改革,使阿根廷的民主政治有了实质性的变化。首先,新选举法规定,阿根廷实行普选制,所有年满18岁的男性公民均有权利和义务参加强制性的无记名投票,并委托军队而不是各省警察来监督选举活动,以免出现暴力和舞弊行为。这一点的最大突破在于使成年男性的投票权变成了强制性的,这样就会大大提高选举时的投票率;而各省警察实际上是过去选举舞弊的一个重要工具,如今由军队取而代之,在很大程度上会降低选举受政府操纵的可能性。其次,新选举法改变了"赢者通吃"的多数制,规定每一个参

---

① H. Mabragaña, *Los Mensajes: Historia del desenvolvimiento de la Nacion Argentina redactada cronologicamente por sus gobernantes*, 1810-1910, Tomo 4: 1901-1910, pp. 66-67.

② 关于这两次会面的记载,参阅 José Luis Romero, *History of Argentine Political Thought*, p. 218;叶尔莫拉耶夫主编:《阿根廷史纲》上册,415页。

③ F. A. Kirkpatrick, *A History of the Argentine Republic*, London: Cambridge at the University Press, 1931, p. 215.

④ 对于该法案出台的详细经过,可参阅 Roque Saenz Peña, *Escritos y Discursos. Tomo II: La Presidencia*, Buenos Aires: Talleres Jacobo Peuser, 1915, pp. 67-137. 该书汇集了萨恩斯·培尼亚总统向国会提交第8871号法案的陈词,以及他与其他政治家讨论选举制度改革的往来书信等史料;至于该法案的内容,可参阅 L. S. Rowe, *The Federal System of the Argentine Republic*, Washington D. C.: The Carnegie Institute of Washington, 1921, Appendix III, pp. 154-155.

选政党提交一份不完全的候选人名单,得票最多的政党可以占据议会三分之二的席位,另外三分之一由得票居第二位的政党获得。这样就避免了一党完全把持议会的局面,使议会有了更大的代表性,阿根廷政治因之有了从过去的精英民主向代议制民主转变的巨大可能性。

　　罗克·萨恩斯·培尼亚进行的选举法改革在阿根廷政治发展的进程中产生了重要影响,①对于伊里戈延领导的激进公民联盟来说,尤其如此。如前所述,新选举法所提出的内容,实际上是激进党从成立之初就孜孜以求的目标;萨恩斯·培尼亚的前任阿尔科塔总统还与伊里戈延就选举法改革事宜进行了商谈;萨恩斯·培尼亚在酝酿该法案时也与他的好友伊里戈延进行了"建设性的讨论",并提出请激进党人参加他的内阁。对此,伊里戈延回答说:"我们不参加政府的决心是不可动摇的;能改变我们决定的唯一情况是进行选举法改革,以保证诚实选举。"②所以,1909 年 12 月,激进公民联盟在召开 1897 年以来的第一次全国大会时,仍然公开宣布激进党人拒绝参加选举;但在萨恩斯·培尼亚提出新选举法案后,激进公民联盟 1911 年召开的全国大会就深入讨论了该法案通过后的影响,并同意激进党人参加各省的选举活动;在新选举法通过后,激进公民联盟便成为了国家和省选举的积极参与者。这样,新选举法的通过"在全国引起了空前的政治动员。在 1912、1913、1914 年议会选举中,投票人数增加了两三倍,在 1916 年总统选举中又进一步增加。1912 年至 1914 年间,激进党获得一些省长职位;在 1913 年和 1914 年两次选举中,社会党在联邦首都获胜。反对派在四分之一世纪中未能实现的目标,这项法律在几年时间里就把它实现了"③。

　　本来,执政的保守党进行选举法改革,其主要用意是以较小的让步来维护自己政权的稳固,以为新选举法的安排,不仅会消除激进党发动"革命"的借口,还

---

　　① 关于该法案的影响,可参阅 Academia Nacional de la Historia,*Nueva historia de la nación argentina*,Tomo 5,Buenos Aires:Editorial Planeta Argentina,2000,pp. 535-537;David Rock,*The Politics in Argentina 1890-1930:The Rise and Fall of Radicalism*,pp. 39-40.
　　② Peter G. Snow,*Argentine Radicalism:the History and Doctrine of the Radical Civil Union*,p. 25.
　　③ 埃塞基耶尔·加略:"阿根廷的社会与政治(1880—1916 年)",莱斯利·贝瑟尔主编:《剑桥拉丁美洲史》,第五卷,398 页。

可以驯服无政府主义者和工人阶级的政治组织。① 因此,保守党的政治家们认定,即便有了新的选举法,1916 年的总统职位仍然是他们的囊中之物。然而,事与愿违,最终是激进公民联盟的总统候选人伊里戈延当选为总统。② 从 1916—1930 年,激进公民联盟连续三次赢得总统选举,采取了一系列改革措施,进行了阿根廷历史上第一次代议制民主改革的试验。以下,我们将综合伊里戈延政府(1916—1922、1928—1930)和阿尔维亚尔政府(1922—1928)所采取的内外政策,大致了解激进公民联盟在这十四年时间里,究竟采取了哪些改革措施,并在此基础上判断这些措施是否带来了实质性的变革,分析改革最终失败的深层原因。

首先,伊里戈延政府积极支持大学教育改革,以加强和发展阿根廷的中产阶级力量,进一步巩固《萨恩斯·培尼亚法案》开启的代议制民主改革的成果。事实上,激进公民联盟本身就是从大学校园中诞生的,它的前身就是由一群青年学生组织的青年公民联盟。因此,伊里戈延当然了解这样一股政治力量的威力,所以科尔多瓦大学在 1918 年开始改革运动时,激进党政府毫不犹豫地站在了学生方面。当时,阿根廷有三所大学:1613 年由耶稣会神父费尔南多·特雷霍—萨那布里亚(Fernando Trejo y Sanabria)创办的科尔多瓦大学、1821 年由布宜诺斯艾利斯省政府创建的布宜诺斯艾利斯大学和 1890 年在布宜诺斯艾利斯省首府建立的拉普拉塔大学,三所大学的在校学生 14 745 人。③ 在阿根廷,大学的运营和管理主要依据 1885 年颁布的《阿维利亚内达法案》(Ley Avellaneda)。根据该法规定,阿根廷的大学不受国家控制,大学有权管理自己的内部事务。但是,由于经费来源等问题,政府对大学进行干预的情况时有发生,"大学自治"原则形同虚设。在这种情况下,青年学生从选举法改革和激进党的上台等一系列变化中看到了推进大学改革、实现大学自治的可能性。1917 年 12 月,科尔多瓦大学医学院的学生向教育部长何塞·S. 萨利纳斯(Jose S. Salinas)递交了一份请愿

---

① 对于萨恩斯·培尼亚进行改革的上述用意,可参阅 David Rock, *The Politics in Argentina 1890-1930 : The Rise and Fall of Radicalism*, pp. 34-39.

② 1916 年大选,共有 4 名候选人角逐总统职位:激进党的伊里戈延、保守党的罗哈斯、进步民主党的德拉托雷和社会党的胡斯托。尽管在普选票方面,伊里戈延获得 372 810 票,超过了其他三位候选人的总和,但在选举人团投票时,只获得 300 个选举人票中的 152 票,仅以微弱的优势当选。参见 Peter G. Snow, *Argentine Radicalism : the History and Doctrine of the Radical Civil Union*, p. 29.

③ Richard J. Walter, *Student Politics in Argentina : the University Reform and its Effects, 1918-1964*, New York: Basic Books, 1968, p. 6.

书,要求改革大学的管理当局,清除任人唯亲的现象。1918年3月14日,科尔多瓦大学的改革委员会(Comité pro-Reforma)号召罢工和罢课,直至改革要求得到满足为止。在要求被学校当局拒绝后,改革委员会于3月31日举行了一场声势浩大的游行活动。此后,科尔多瓦大学学生的罢课、游行和集会愈演愈烈,并蔓延到布宜诺斯艾利斯大学和拉普拉塔大学。面对不断升级的学生改革运动,伊里戈延政府给予了大力支持。1918年4月初,伊里戈延和教育部长萨利纳斯先后会见了科尔多瓦大学的校方和学生代表。11日,阿根廷大学联合会(Federación Universitaria Argentina)在布宜诺斯艾利斯大学成立,号召全国学生讨论大学改革的必要性和具体措施。16日,伊里戈延派遣何塞·尼古拉斯·马蒂恩佐(José Nicolás Matienzo)为他的个人代表,前往科尔多瓦,广泛听取学生们的意见。5月7日,伊里戈延在听取了马蒂恩佐的报告后发布命令,规定科尔多瓦大学的所有管理职务均由选举产生。围绕该大学管理人员的选举问题,阿根廷的大学改革运动进一步深化,伊里戈延政府和几乎所有媒体均表达了对学生方面的支持。① 最终,伊里戈延政府"实行了学生们认为必须实行的许多改革,并且试图将激进主义笼统的民主理想同那些从改革运动中产生的种种理论主张相结合。……三所大学最后都获得了新章程,据说是为了保证它们的自治,实际上是将它们置于中央政府更直接的控制之下"②。除了支持大学改革运动以外,激进党政府还加强了对高等教育的投入,分别于1919年和1921年新建了国立海岸大学(National University of Littoral)和国立图库曼大学(National University of Tucuman),也遵循同样的规章制度。借助对大学改革的支持,激进党实际上进一步赢得了中产阶级的支持,"使自己同民主化联系在一起,而不给保守的反对党占上风"③。

其次,激进党政府提出了一系列保障公民基本权利的法案,采取了大量措施改善民众的生活水平。激进党开始其执政经历之时,正值"一战"导致阿根廷国内经济的困难时期,由于进口渠道受阻,许多进口的消费品和原材料价格飞涨。

---

① 对于这场大学改革运动的具体进展,可参阅 Richard J. Walter, *Student Politics in Argentina: the University Reform and its Effects, 1918-1964*, pp. 39-60.
② 戴维·罗克:"阿根廷从第一次世界大战到1930年革命",莱斯利·贝瑟尔主编:《剑桥拉丁美洲史》,第五卷,439页。
③ 同上。

例如，1910—1918年，牛肉、羊肉、猪肉和面包的价格分别上涨了48%、44%、41%和39%；同期，食用油、大米、蔗糖的价格更是分别上升83%、102%、69%；而鱼和柑橘价格的涨幅达到了惊人的243%和148%。① 与此同时，出口部门及其相关的生产部门也由于外部需求不畅而开工不足，结果导致失业率急剧上升。据阿根廷官方统计，阿根廷的失业率从1912年的5.1%，1913年的6.7%，陡然上升到1914年的13.7%，1915年的14.5%，1916年为17.7%，1917年更是高达19.4%。② 面对这种状况，伊里戈延在1916年11月提出了一个公共工程计划，希望通过政府参与公共服务来增加更多工人就业，但由于得不到议会的拨款支持，只得暂时搁置。面对居高不下的通货膨胀率和失业率，再加之政府的不作为，工人阶级掀起了一浪高过一浪的罢工运动。1917年，阿根廷工人发动了138次罢工，参加人数136 062人；1918年，196次罢工的参加者为133 042人；1919年分别是367次罢工和308 967名参加者。③ 面对汹涌澎湃的罢工潮，伊里戈延政府一方面在1919年提出了一项法案，据以调解和仲裁工人和企业主之间的冲突；另一方面，伊里戈延政府还通过了一些保障工人权益的法律法规，实行八小时工作制，星期日休息，保护女工和童工，规定最低工资标准，实行工人养老金和休假制度等，据以改善工人阶级的生活条件。④ 除此之外，激进党政府还采取一系列措施来鼓励农业部门的发展，如对大地产的扩张采取了一些限制措施，严禁武力抢占印第安人和小农户的土地，鼓励无地农民和佃农合理垦殖荒地，将约800万公顷国有土地出售以促进小型农场的发展，以及1920年成立农业抵押银行等。

第三，激进党政府在经济方面采取了一些民族主义的政策，推动了某些工业和石油部门的发展。伊里戈延主张，政府应该在国家经济发展中发挥重要的作

---

① Ernesto Tornquist, Co., *The Economic Development of the Argentina Republic in the Last Fifty Years*, pp. 267-270.

② Ibid.

③ 叶尔莫拉耶夫主编：《阿根廷史纲》下册，483页。

④ 当然，对于事态严重的罢工运动，伊里戈延也默许军队伸出其镇压的"铁棒"。"铁棒"一词见于 Arthur P. Whitaker, *The United States and Argentina*, Cambridge: Harvard University Press, 1954, p. 58. 亦可参阅 David Rock, *The Politics in Argentina 1890-1930: The Rise and Fall of Radicalism*, 该书第4、6、7、8等章详细描述和分析了1916—1919年间的主要罢工运动和伊里戈延政府的态度。

用,他在1918年时说,对于任何一届政府而言,"没有什么义务要比负责国家的经济建设更为紧迫"[①]。为此,伊里戈延认为,政府务必在发展公共事业、交通运输、某些矿产资源和工业方面发挥更大的作用。例如,他在1920年致国会的一篇咨文中强调说:"国家应当在那些提供公共服务的工业企业中获得优势地位;在某些领域,这些活动可以由私人资本代劳,但在像我们这样处在持久进步发展中的国家,公共服务应该主要是政府的责任。"[②]在激进党政府的经济民族主义政策中,石油政策和关税改革计划最为突出。在石油政策方面,有学者这样评述:"阿根廷石油史的特点在于国家从一开始就在石油业中居领导地位,以及它很早就坚决防止石油资源落入外国公司手里。"[③]1919年9月,伊里戈延发布一项行政命令,宣布石油属于阿根廷国家的财产,不再对私人资本开放。1922年,伊里戈延政府专门成立了一个负责对国家石油产业进行监督和经营的机构——财政部石油矿藏管理总局(Dirección General de los Yacimientos Petroliferos Fiscales,缩写为YPF)。随后的阿尔维亚尔政府将该机构的经营活动逐渐发展、完善,不仅开采石油,还建立了国有的炼油厂和销售汽油、煤油的零售网。到伊里戈延第二任总统期间,石油部门的国有化甚至成为了激进党政府的重要筹码之一。[④] 在关税改革方面,激进党政府提出的调整计划具有深远的影响。当时,阿根廷适用的是1906年1月生效的关税法,该法规定所有进口品的实际关税率要根据国际市场的价格上下浮动。1906年,阿根廷的实际进口关税率大约是25%[⑤],由于战争导致进出口贸易的下降、外资流入的减少,以及随之而来的通货膨胀,进口的实际关税率连年下降,1916年为12.6%,1917年11.2%,1918年降到7.8%,1919和1920年均为7.5%,1921年为9.4%。[⑥] 这就意味着政府从

[①] Peter G. Snow, *Argentine Radicalism: the History and Doctrine of the Radical Civil Union*, p. 35.

[②] José Luis Romero, *History of Argentine Political Thought*, p. 221.

[③] 戴维·罗克:"阿根廷从第一次世界大战到1930年革命",莱斯利·贝瑟尔主编:《剑桥拉丁美洲史》,第五卷,450页。

[④] 关于激进党政府的石油政策,可参阅 Carl E. Solberg, *Oil and Nationalism in Argentina: A History*, Stanford: Stanford University Press, 1979, pp. 22-155.

[⑤] Carl E. Solberg, "The Tariff and Politics in Argentina 1916-1930", *The Hispanic American Historical Review*, Vol. 53, No. 2, May 1973, p. 261.

[⑥] Carlos F. Diaz-Alejandro, "The Argentine Tariff, 1906-1940", *Oxford Economic Papers*, New Series, Vol. 19, No. 1, March 1967, p. 79.

进口中获取的收入下降了,其中关税收入从 1913 年的 8 760 万金比索剧减到 1917 年的 4 250 万金比索,而总收入也从 1913 年的 1.63 亿金比索减少到 1916 年的 1.12 亿金比索。① 面对这种局面,伊里戈延政府和阿尔维亚尔政府分别将进口品的关税估价提高 20% 和 60%,以此谋求增加政府的财政收入。与此同时,激进党政府提高关税的政策,还有很大的保护国内幼稚工业的意图,为此还降低了一些工业品原材料的关税,对制铅、葡萄酒、制糖、瓶装矿泉水、橡胶等行业给予明确的保护。尽管学界对于激进党政府的关税改革主要是为了增加财政收入,还是为了保护战时发展的民族工业,存在不同意见。但笔者以为,它在客观上推动了阿根廷工业部门的发展,调动了其国内民族主义情绪,为随后进口替代工业化模式的确立埋下了伏笔。

当然,激进党政府的改革措施不仅限于上述几个方面,其用意是希望通过改革能够将 1912 年选举法开创的代议制民主政治持久化,改变保守党依赖低投票率、选举舞弊等手段,维系其长期控制阿根廷政治的寡头统治。在某种程度上说,激进党的这些目标基本得以实现。从 1916—1930 年的十四年间,激进党政府组织的各级选举应该说是比较公正和自由的,使激进党代议制民主政治的理想得以实现。对于这一点,就连前苏联学者都强调说:"在激进党执政期间,竞选运动和选举本身获得了较大的群众性。伊里戈延认为他的政府办了几次比较自由的选举是他个人的光荣功绩,并不是毫无根据的。"② 然而,激进党政府的政策并没有给阿根廷政治带来实质性的变化:其一,激进党政府的内阁成员基本上仍然是传统的上层人士,多是该国农牧业出口精英团体"农村协会"的成员。例如,伊里戈延本人,其第一届政府 8 名部长中的 5 人,以及激进党在众议院的 44 名议员中的 13 人都是"农村协会"的会员。③ 其二,在激进党执政的十四年时间里,参议院始终由保守党所控制,因此激进党的许多政策建议在国会遭遇到了很大的阻力。对于这种格局带来的影响,戴维·罗克评价说:"保守派通过在参院的绝对多数而把持着国民议会。他们牢牢控制着许多省份。在其他一些重要部

---

① Carl E. Solberg, "The Tariff and Politics in Argentina 1916-1930", *The Hispanic American Historical Review*, Vol. 53, No. 2, May, 1973, pp. 263-264.

② 叶尔莫拉耶夫主编:《阿根廷史纲》下册,455—456 页。

③ Carl E. Solberg, "The Tariff and Politics in Argentina 1916-1930", *The Hispanic American Historical Review*, Vol. 53, No. 2, May 1973, pp. 264-265.

门——军队、教会、农村协会等等中,他们的势力同样没有缩小。他们通过让步建立了人民民主;但他们已经给予人们的东西也同样可以取走。"①其三,为了应对保守党控制议会和各省所导致的被动局面,伊里戈延大量使用联邦干预的手段来控制各省事务。例如,1860—1930年间,阿根廷共发生了101次联邦干预,其中有34次发生在激进党执政期间。②尽管这种方式使激进党在1918年赢得了众议院的多数席位和多数省份的省长职位,但与其标榜的代议制民主理念显然是背道而驰的。从以上几点分析来看,激进党政府并没有使阿根廷社会发生实质性的改变,代议制民主政治的表象只不过是罩在精英民主政治实质之外的装饰罢了,仅此一点也不能说其改革是成功的;而且,激进党的改革进程最终还是为保守派发动的军事政变所终止,其结果当然是失败的。③

失败的原因当然很多:激进党本身的分裂要负责任;大萧条带来的经济危机要负责任;激进党政府在军官晋升等事务上对本党支持者的偏颇,以及由此在军队中引发的不满情绪,也要负责任。然而,在笔者看来,最终使激进党代议制民主改革以失败告终的因素,是阿根廷的经济结构,是其对外部环境过度依赖的经济发展模式。

如前所述,阿根廷在其初级产品出口繁荣时期所确立的经济发展模式具有典型的依附性,其早期现代化的动力并不主要是源自本国政治、经济、社会发展的结果,而是来自外部因素——诸如国际市场对阿根廷出口产品的需求和价格变动、外资流入的多寡、世界经济大环境的安定与否等——的拉动力。从第一次世界大战爆发到1929年的大萧条,阿根廷经济几乎是沿着同样的思路增长着,只是增长的步伐稍微慢了一些而已。例如,阿根廷GDP的年均增长率从1900—1904至1910—1914年间的6.3%下降到1910—1914至1925—1929年

---

① 戴维·罗克:"阿根廷从第一次世界大战到1930年革命",莱斯利·贝瑟尔主编:《剑桥拉丁美洲史》,第五卷,436页。

② 其中伊里戈延两次执政期间有24次,阿尔维亚尔时期10次。Rosendo A. Gomez, "Intervention in Argentina, 1860-1930", *Inter-American Economic Affairs*, Vol. 1, No. 3, December 1947, p. 67.

③ Anne L. Potter, "The Failure of Democracy in Argentina 1916-1930: An Institutional Perspective", *Journal of Latin American Studies*, Vol. 13, No. 1, May 1981, pp. 83-109; Peter Smith, *Argentina and the Failure of Democracy: Conflicts among Political Elites, 1904-1955*, Madison: University of Wisconsin Press, 1974.

间的 3.5%,但其支柱产业农牧业和渔业的增长率同期却从 3.4%微升至 3.6%,增长率下降幅度比较大的行业是基础设施建设和矿产开发,同期分别从 11.6%和 11.5%剧降到 0 和 5.7%。① 因此,到 1929 年,阿根廷仍然是世界最大的冷藏牛肉、玉米、亚麻籽和燕麦的出口国,小麦和面粉出口居世界第三位,进出口贸易总值位居世界第十一位。同时,阿根廷的人均收入高达 700 美元,仅次于美国、澳大利亚、加拿大等少数国家,仍高于多数的西欧国家,识字率普遍提高,汽车保有量超过 43 万台,远远高于许多西欧国家。所以,"作为一个有着繁荣前景的国家,阿根廷在 1929 年赢得了世界范围的尊重,人们不仅期待它在泛美事务中发挥越来越重要的作用,而且还在大陆间的政治事务中扮演日益重要的角色"②。然而,正如 1914 年时一样,阿根廷经济繁荣的背后实际上潜伏着危机因子——对外部动力过度依赖的依附性经济形态:一、阿根廷经济仍然过度依赖少数几种出口产品。1929 年,小麦、玉米、肉类、亚麻籽、羊毛、皮革是阿根廷出口值最大的几种产品,分别占出口总值的 22.2%、18.5%、15.4%、12.2%、8.2%和 8.1%,合计占出口总值的 84.6%;二、阿根廷的出口市场仍然集中在欧洲国家。1927—1929 年间,阿根廷出口的 29.6%输往英国,13.5%销往德国,10.6%到荷兰,9.9%输入比利时,四国合计达 63.6%。其中,99%的出口冷藏牛肉、91%的冰冻羊肉、85%的黄油和小麦的 34%均输往英国;三、阿根廷经济依然呈现周期性波动的特征。1914—1929 年间,阿根廷经济经历了萧条(1913—1917)、繁荣(1918—1921)、衰退(1921—1924)、繁荣(1924—1929)几个周期,其中的衰退或萧条多是由于阿根廷出口市场收缩,出口产品价格下降,外资流入减少等外部因素的变化所致。例如,由于战争等因素的影响,英国对阿根廷投资的增速在 1914 年以后趋缓,③阿根廷资本存量的增长率也随之下降,从 1900—1914 年间年均增长 7.6%下降至 1914—1929 年的 2.2%。④

---

① ECLA,El *desarrollo económico de la Argentina*,Ciudad de Mexico,1959,p. 4.
② Carlos Diaz Alejandro,*Essays on the Economic History of Argentine Republic*,p. 59.
③ 英国对阿根廷的投资从 1890 年的 156 978 788 英镑增加到 1913 年的 357 740 661 英镑,到 1928 年仅增至 420 357 352 英镑,增长率放慢的趋势非常明显。参阅 J. Fred Rippy,*British Investments in Latin America,1822-1949*,p. 37,p. 68,p. 76。
④ 以上数据除特别指出以外,均引自 Carlos Diaz Alejandro,*Essays on the Economic History of Argentine Republic*,pp. 1-66.

这种依附性经济形态必然在政治领域产生影响，其中最为关键的问题是形成了一个势力颇大的出口利益集团，他们在1916年以前借助民族自治党的统治而控制着阿根廷经济和政治；如前所述，在激进党执政的十四年中，这个利益集团始终控制着国会上院，对下议院和政府部门的控制也非常强势。当激进党政府的改革属于出口利益集团可以控制的范围之内时，保守派便会容忍其存在；反之，当伊里戈延的第二届政府越来越多地排斥出口利益集团，而更多地向社会中下阶层示好时，保守派势力就变得难以忍受了。当世界经济大萧条来临时，保守派终于"有了聚集力量的机会来推翻"伊里戈延政府，激进党政府的代议制民主改革败局已定。

第五章　外部冲击与发展模式的转变

1929年的大萧条和1930年的军事政变是阿根廷现代化进程的分水岭。以国际市场的需求为主要动力的初级产品出口模式在大萧条后迅速陷入困境,一味以初级产品出口部门发展所带动的增长模式步入了死胡同。事实上,这种发展模式在第一次世界大战爆发后就暴露出其内在的缺陷,外部市场的不确定性和土地、资本等生产要素扩张速度的减慢,以及阿根廷政治中围绕选举改革的激烈斗争,都困扰着这个"当时世界上最为成功的国家"。在这种情况下,阿根廷国内的两条主要线索似乎对其未来的命运产生了至关重要的影响:一方面,阿根廷激进公民联盟政府"在1916—1930年进行了首次也是最持久的一次关于代议制民主的试验"①,民众主义力量开始在阿根廷历史上崭露头角。1930年军事政变的成功,则开启了阿根廷历史上数十载"军政权—民众主义政权"轮番登台的循环期;另一方面,阿根廷国内开始围绕是否转向工业化的问题而展开争论,并在大萧条后的困难局面下日趋激烈。1933年保守派政府与英国之间所达成的《罗加—伦西曼条约》(*Tratado Roca-Runciman*),大大激发了阿根廷国内民族主义情绪的宣泄,也推动了进口替代工业化模式在阿根廷的最终确立和发展,为庇隆主义粉墨登场奠定了基础。

一、早期的发展模式之争

事实上,早在19世纪70年代,阿根廷国内就围绕是否要发展工业的问题展

---

① 戴维·罗克:"阿根廷从第一次世界大战到1930年革命",载莱斯利·贝瑟尔主编:《剑桥拉丁美洲史》,第五卷,433页。此处译文有误,"西班牙极端保守主义商人"应为"西班牙波旁商人"。

开了辩论。1873—1876年间,由于受欧美资本主义国家严重经济危机的影响,阿根廷以初级产品出口为核心的经济遭遇到统一以来的第一次危机,财政收入从1872年的2 020万金比索缩减到1876年的1 350金比索,①贸易赤字在1873年达到2 600万金比索,失业人数激增,国内消费缩减,土地价格崩溃。② 这场危机,"激起了公众对国家依赖进口制成品和民族工业落后的关注"③。在这种情况下,阿根廷国会就是否引入关税保护机制来鼓励发展工业的议题展开了激烈的辩论,以文森特·菲德尔·洛佩斯为首的"积极的保护主义者"强调,阿根廷单纯发展初级产品的经济结构造成了国家对英国的严重依赖,不可避免地导致了债务危机的频繁发生,国内经济增长易于受世界市场波动的影响。改变这种局面的唯一有效出路是学习德国和美国的保护主义和民族主义政策,对国内的"幼稚工业"加以保护。1873年,洛佩斯向国会提议,给予阿根廷国内工业部门为期十年的7%的利润保证,以推动本地工业的发展。洛佩斯还提到了著名的银矿波托西,该矿在经过数个世纪的开采以后,当时仅仅存下一个外壳了。对此他认为,"如果一个国家一直是纯粹的初级产品生产者,这就是其最终命运的不祥之兆"④。

以卡洛斯·佩列格里尼为首的一派则主张"温和的"关税保护政策,强调阿根廷经济应该继续以农牧业生产和出口为主,但必须加强农牧业生产的多样化,关税保护的对象也主要是与农牧业生产有关的加工工业,而对于工业生产所需要的燃料和机器设备则应该免除关税。佩列格里尼在1875年9月的国会辩论中强调,阿根廷必须引入关税保护机制,以减少"对欧洲市场的依赖",他对此警告说:"如果阿根廷不能有所作为的话,我们目前是,将来依然还会是工业大国的

---

① Ernesto Tornquist, Co., *The Economic Development of the Argentina Republic in the Last Fifty Years*, p. 276.

② David Rock, *Argentina 1516-1982: From Spanish Colonization to the Falklands War*, Berkeley: University of California Press, 1985, p. 148.

③ Paula Alonso, *Between Revolution and the Ballot Box: the Origins of the Argentine Radical Party in the 1890 s*, Cambridge: Cambridge University Press, 2000, p. 168.

④ David Rock, *Argentina 1516-1982: From Spanish Colonization to the Falklands War*, p. 150.

农场而已。"①

可见,在借助关税保护政策来推动本国工业发展的问题上,洛佩斯和佩列格里尼实际上持有同样的观点,二者只是在保护的程度和范围上略有差异。与此相反,当时居于主导地位的自由贸易论者则反对任何形式的保护主义,强调关税的传统功能在于增加政府的收入。这一派的主要代表人物是时任总统尼古拉斯·阿维利亚内达,他主张发挥阿根廷的比较优势,继续发展农牧业出口,他向国会提出的提高关税水平和降低出口税的提案,主要目的是为了扩大农牧业出口和增加政府的财政收入。经过激烈辩论,阿根廷国会通过的1877年关税法案,实际上是上述三个派别之间达成的一种"政治妥协":一方面决定将平均出口税提升至6%,以增加政府的财政收入,另一方面则决定对面粉、制糖和葡萄酒等"幼稚工业"给予20%至35%的关税保护。② 笔者认为,尽管这项法案并没有对真正意义上的制造业加以保护,但它在阿根廷开启了一个先例,即关税的功能不仅仅在于增加政府的收入,它还是保护"幼稚工业"发展的重要手段。

1893年,阿根廷的进出口贸易下降了7.5%,海关收入随之减少,进而对政府的公共收入产生了不利影响。1894年1月,路易斯·萨恩斯·培尼亚总统组成了一个委员会,研究解决财政赤字的问题。11月,财政部长何塞·特里(Jose A. Terry)提议将进口关税从60%下降到50%,试图通过增加进口量来提高政府的海关收入。结果,特里的提议在阿根廷国会引发了一场对国家经济政策的大讨论。国会中,以弗朗西斯科·巴罗埃塔维尼亚(Francisco Barroetaveña)为代表的自由贸易者和以艾利赛奥·坎通(Eliseo Cantón)为代表的保护主义者从国家宪法原则、阿根廷的经济传统、发达国家的实例和公众意见等层面,展开了激烈的辩论。坎通强调说,根据宪法第67条第16款的规定,国会"通过制定保护性法律提供临时特许和鼓励性补偿来促进工业、移民、铁路和航运的发展,开垦国家土地,引进和建立新工业",阿根廷政府理应据此以关税保护为手段来发展民族工业。而且,民族工业之所以必须加以保护,还在于它可以有效地增加就

---

① Argentina Cámara de Diputados de la Nación, *Diario de sesiones de la Cámara de Diputados*, 14 de septiembre de 1875, p. 1124.

② Donna J. Guy, "Carlos Pellegrini and the Politics of Early Argentine Industrialization, 1873-1906", *Journal of Latin American Studies*, Vol. 11, No. 1, May 1979, p. 128.

业和推动社会"文明化"。① 在辩论的过程中,"温和的"保护主义者佩列格里尼也指出:"在阿根廷存在两种趋势……一个趋势就是,宣布所有的保护为敌……希望绝对的贸易自由;另一个则需要保护作为民族工业发展的先决条件。……这就是商业的利益和工业的利益,它们不是对立的,而是互相补充的……它们是支持和推动国家进步的双翼和双轮……但是这两种利益之间肯定是有先有后,有主有次的。我的理解是,工业的利益是优先的和主要的。"②

自由贸易论者则强调,阿根廷国家的独立本身就源自对殖民地保护主义的反抗和对自由贸易原则的遵循,独立后的阿根廷一直秉承着经济自由主义的传统,仅在罗萨斯独裁统治时期才重拾了保护主义的"旧式武器",使国家陷入了深刻的危机之中。罗萨斯之后的历届政府,均奉自由贸易为基本原则,偶有保护主义措施出台,往往"使经济偏离其自然轨迹",而且,"人为地扶持一些没有竞争力的工业,造成了消费品价格的上涨……使国家孤立于国际经济之外,实际上阻碍了国家自然工业的发展"③。

纵观19世纪后期的历史进程,尽管时不时会发出保护主义的呼声,但是在处于出口繁荣之巅的阿根廷,自由贸易和比较优势的原则仍然是社会精英们的首选,生产和出口农牧产品是阿根廷的比较优势之所在,工业部门的发展要顺其自然,优先发展与出口部门和日常生活相关的食品加工业。这样的话,无需借助关税的力量来保护自己不具有比较优势的工业,因为关税的作用仅在于增加政府公共收入而已。到20世纪初期,这种自由主义的经济原则仍然是阿根廷的主流思想,尤其是在农牧业出口利益集团中间。1905年12月阿根廷国会通过的新关税法就是这种原则的产物。

"一战"爆发前后,阿根廷经济的内外动力发生了一些本质性的变化。其一,阿根廷经济的外部动力出现不足。战争本身对阿根廷经济产生了一定的影响,它使阿根廷的工业品进口暂时受阻,国内工业消费品和原材料价格猛涨,通货膨

---

① Paula Alonso, *Between Revolution and the Ballot Box: the Origins of the Argentine Radical Party in the 1890s*, p. 169.

② Argentina Congreso de la Nación, *Carlos Pellegrini: Intervención en la Sesión Ordinaria del 28 de Septiembre de 1895 en la Cámara de Senadores*, Buenos Aires, 1895, p. 505.

③ Paula Alonso, *Between Revolution and the Ballot Box: the Origins of the Argentine Radical Party in the 1890s*, pp. 169-170.

第五章 外部冲击与发展模式的转变

胀居高不下,失业率陡然上升;同时外资流入减少,农牧业出口也面临着来自美国、澳大利亚、加拿大等国家的竞争。面对这种局面,阿根廷一方面转而从美国进口工业品,另一方面则开始了一些工业消费品的进口替代活动;其二,"一战"爆发前后,阿根廷经济的内部动力也发生了变化。在出口繁荣时期,阿根廷的经济增长除了依赖大量外资和欧洲移民之外,最重要的动力是土地的急速扩张。然而,到1913年前后,阿根廷这种土地扩张的"边疆"关闭了,面临着从粗放型农牧业转向精细农牧业或工业转变的抉择。也就是说,从经济增长的内外动力来看,阿根廷经济都面临着抉择——是发展工业以获取新的动力,还是坚持既有的发展模式而逐渐丧失动力?20世纪20年代以后,美国、西欧、英联邦等国家和地区开始实行贸易保护政策,这使阿根廷的上述抉择变得更加紧迫了。

不幸的是,阿根廷政府选择了后者,但也开始努力在两种抉择中找出一条折中之路。1920年,激进党控制的众议院通过了预算委员会主席维克多·莫里纳(Victor M. Molina)的提议,将所有进口关税高于25%的产品的关税率统一降到25%,以图维护自由贸易体制。这一议案的通过引起了国内工业部门的强烈反对,因而引发了一场是否实行关税保护来支持工业发展的讨论。在这场新一轮的讨论中,以亚历杭德罗·本赫(Alejandro Bunge)为代表的一批学者,极力主张选择发展工业来为阿根廷经济提供新的动力。他们针对世界上的一些主要国家普遍实行贸易保护政策的现实,提出阿根廷也务必实施一定程度的保护政策,优先发展工业部门,努力实现出口的多样化。1921年,亚历杭德罗·本赫写道:"在1908年或1910年以前,我们的政策是与英国的政策相适应的,也使我们从中受益。我们的经济进步要归功于我们同英国和其他欧洲国家之间强有力的商业联系。……由于英国实行了新的政策(即贸易保护政策——引者注),我们实际上被置于其贸易轨道之外了。……因此,我们也应该实行新的政策,以适应其他国家政策的变化。"①实行什么样的新政策呢?本赫在次年明确指出,"畜牧业、农业和铁路的发展已经达到了它们最高的水平,将来不能再指望它们成为促进增长的因素。现在,工业和建设的阶段必须开始了。在今后的50年中,这些

---

① Alejandro Bunge, "La nueva politica económica argentina", 转引自 A. O'Connell, "Free Trade in one (Primary Producing) Countries: the Case of Argentina in the 1920s", in Guido Di Tella and D. C. M. Platt, eds., *The Political Economy of Argentina, 1880-1946*, London: Macmillan Press, 1986, p.75.

领域将提供巨大的机会,就像50年前其他活动的作用一样。"①与本赫持有同样立场的还有"阿根廷贸易、工业和生产联盟"(Confederación Argentina del Comercio, de la Industria y de la Producción)的成员,他们在1919年召开了第一届全国经济会议(Congresos Económicos Nacionales),召集阿根廷国内几乎所有的贸易和商业组织与会,一些阿根廷工业家们在会上提议,要求政府实行一种"真正的保护主义政策"来支持新兴工业的发展。②该组织在1924年又召开了第二届全国经济会议,再次呼吁阿根廷政府实行贸易保护政策来促进工业部门的发展。

然而,主要受出口利益集团和英国资本控制的激进党政府,并没有认识到工业家和学者们所认识到的变革的紧迫性,而是坚持奉行自由贸易的政策,寄希望于加强与英国之间的传统联系,进一步扩大农牧产品的出口,以继续维持国家的繁荣。从纯粹的经济指标来看,它实现了这样的目标:1919—1929年阿根廷年均经济增长率大约6%,接近"一战"前最繁荣时期的水平。到1929年,阿根廷仍然是世界最大的冷藏牛肉、玉米、亚麻籽和燕麦的出口国,小麦出口居世界第三位。同时,阿根廷的人均收入仅次于美国、澳大利亚、加拿大等少数国家,仍高于多数的西欧国家。所以,"作为一个有着繁荣前景的国家,阿根廷在1929年赢得了世界范围的尊重,人们不仅期待它在泛美事务中发挥越来越重要的作用,而且还在大陆间的政治事务中扮演日益重要的角色"。③

然而,这种结果带给阿根廷现代化进程的影响却是十分令人扼腕的。它使阿根廷的经济决策者们误读了本国经济的性质,没有认识到阿根廷经济的比较优势已经从粗放型农牧业转向了精细化农业和工业领域,因而没有采取相应的调整措施,鼓励农牧业生产和出口的收益向工业部门的转移,从而大大延缓了阿根廷向工业化阶段的转变。迪泰亚将这种延缓称为"大推迟"(big delay)。他说:激进党"在1916年上台执政,尽管引入了一些社会变革,但在很大程度上……是支持农业而反对工业的。这一时期的关税史就是阿根廷官方反对制造业

---

① Guido di Tella, "Economic Controversies in Argentina from 1920s to the 1940s", in Guido Di Tella and D. C. M. Platt, eds., *The Political Economy of Argentina, 1880-1946*, pp. 123-124.

② Carl E. Solberg, "The Tariff and Politics in Argentina 1916-1930", *The Hispanic American Historical Review*, Vol. 53, No. 2, May, 1973, p. 271.

③ Carlos Diaz Alejandro, *Essays on the Economic History of Argentine Republic*, New Haven: Yale University Press, 1970, p. 59.

的一个明证"。结果,"农业生产者与工业家之间缺少资金流动,农业生产者鄙视工业生产,而将利润再投入到农业领域,即使农业领域的边际效率在下降",因此,"大推迟时期的特征便是投资率的收缩,特别是外国投资,人均收入增长率更加缓慢,农业耕地面积停止扩张,工业增长缓慢,并处于从属地位"①。

"一战"后阿根廷工业发展的历史进程,正好反映了迪泰亚的上述评论。如前文所述,阿根廷从很早就开始发展工业生产,特别是与农牧业出口活动与民众日常生活密切相关的食品加工工业和纺织、制鞋、家具制造等非耐用消费品,外国投资(特别是英国资本)大多投向前一种类的工业,民族资本则在后一种类的生产活动中占据主导地位。"一战"结束后,美国对阿根廷的投资不断增加,它们更重视在汽车、电力、塑料、化纤、石油等新型工业领域的发展,进而推动了阿根廷在这些行业的发展,但由于美国投资的绝对值较小,其影响比较有限。与此不同的是,英国资本仍然以经营铁路等与出口部门紧密相关的工业,且资金庞大,对阿根廷工业发展方向的影响更大。

更为不幸的是,1929年的世界经济大萧条和1930年军事政变后的阿根廷,对英国的依赖不仅没有减少,反而由于《罗加—伦西曼条约》的签订而更加严重了。在这种情况下,通过政变上台的保守派政府,在如何对待工业发展的问题上,所采取的经济政策显得矛盾重重。一方面,它希望通过《罗加—伦西曼条约》来保持其出口部门的活力,部分地解决了阿根廷初级产品出口部门在大萧条后所面临的困境,但它不足以解决世界经济危机后,阿根廷所面临的外汇短缺和进口能力不足的问题。在这种情况下,阿根廷国内过去大多依靠进口来用于消费和生产部门的工业制成品、中间产品便出现了短缺的情况。另一方面,大萧条后世界各国普遍奉行贸易保护主义的现实,也使阿根廷保守派政府不可能再独守自由贸易的原则,并为此先后采取了改革税制、提高关税、放弃金本位和实行外汇管制制度等一系列政策措施,在客观上为阿根廷国内进口替代型工业部门的发展创造了有利条件。这样,阿根廷国内工业的发展仍然是在两条路径上分别进行的——一个是为出口农牧产品服务的、得到官方大力支持的工业;另一个是

---

① Guido di Tella, *The Economic History of Argentina*, 1914-1933, Ph. D. Dissertation, Massachusetts Institute of Technology, May 1960, Book I, pp. 19-20. 后来迪泰亚将其博士论文改编出版,即 Guido di Tella y Manuel Zymmelman, *Las etapas de desarrollo económico argentino*, Buenos Aires, 1967.

带有明显替代进口性质的消费品工业。

二、大萧条对阿根廷的冲击

1929年的世界经济大萧条,对阿根廷经济造成了严重的影响。首先是初级产品出口的价格出现了大幅度的下降,1929年12月至1930年12月,小麦和橡胶价格下跌50%,棉花和黄麻价格下跌40%,羊毛、铜、锡和铝的价格跌幅超过30%,肉类、木材、糖、皮革、石油等其他许多产品的价格平均下跌23%。[1] 其中,小麦、肉类、羊毛均是阿根廷的主要出口品,这些产品价格的下跌直接导致了阿根廷出口购买力的下降,1932年比1928年下降了40%,出口收入随之减少了三分之一,由20年代后期的年均约10亿比索下降到1931年的6亿比索。1929—1931年间,国内生产总值下降了14%,粮食产量减少20%,制造业下降17%,比索贬值了大约25%。[2]大萧条还导致外资流入的减少,1930年投资额是12.5亿比索,1931年猛跌至7.7亿比索,1932年仅有5.6亿比索。[3] 不过,大萧条对阿根廷现代化进程带来的更大冲击则是,它为以出口利益集团为核心的保守派提供了一个"聚集力量的机会",发动了一场推翻激进党政府的"1930年革命"。而这一场所谓的"革命",是阿根廷政治现代化进程的转折点,它"打开了通往现代阿根廷的门路,……搞垮了宪法政府,产生了一长串微弱的,并不断为军事政变和军人独裁所打断的民主政体,这是阿根廷政治的主要特征,一直延续到80年代"[4]。

1930年9月6日,以何塞·乌里武鲁(Jose E. Uriburu)将军为首的军官发动政变,推翻了伊里戈延政府,将伊里戈延本人流放到拉普拉塔河口的马丁加西亚岛,宣布成立以乌里武鲁为首的临时政府,在全国范围内实行戒严,解散国会,

---

[1] 周子勤:"拉丁美洲外债史初探",中国社会科学院历拉丁美洲研究所:《拉美研究:追寻历史的轨迹》,220页,北京:世界知识出版社,2006。

[2] 维克托·布尔默—托马斯:《独立以来拉丁美洲的经济发展》,233页;戴维·罗克:"1930—1946年的阿根廷",莱斯利·贝瑟尔主编:《剑桥拉丁美洲史》,第八卷,19页,北京:当代世界出版社,1998。

[3] Gerardo Della Paolera and Alan M. Taylor, eds. , *A New Economic History of Argentina*, New York: university of Cambridge Press, 2003, p. 180.

[4] 戴维·罗克:"1930—1946年的阿根廷",莱斯利·贝瑟尔主编:《剑桥拉丁美洲史》,第八卷,3页。

取消八小时工作制和公民的自由权利,禁止集会和结社,在中央、各省政府和大学中清洗激进党人士。这就是阿根廷历史上的所谓"1930年革命"。革命的结果是,"'民主'垮台了,'寡头政治'回来了,它首先是靠军队,以后十多年靠选举欺骗来维持"[①]。1931年11月,临时政府组织了政变后的大选,在激进党被禁止参加和大量舞弊的情况下,政变的主要领导者之一奥古斯丁·佩德罗·胡斯托(Augustin Pedro Justo)将军领导的"政党联盟协调组织"(Concordancia)获得90多万张选票,胡斯托当选为阿根廷总统。"政党联盟协调组织"的主体是原先的民族自治党,代表的是潘帕斯草原的大地产主和出口商人。这样,1930年政变和次年的大选使阿根廷传统的出口利益集团在时隔十六年之后,重新成为了阿根廷政治和经济发展的主导者。

然而,重掌阿根廷政治大权的保守派所面对的国内外环境,已经大大地有别于曾经让他们创造阿根廷出口繁荣的"美好时代"。在国内,他们要应付在激进党时期得到迅速发展的民众主义力量,因为大萧条对阿根廷经济的冲击严重影响着广大民众的生活质量,社会矛盾十分尖锐;在国际上,世界经济在大萧条后开始从自由贸易时代向保护主义时代转变,世界经济的动力中心亦开始从英国向美国转移,国际经济体系由此正处于转移过程的动荡不安之中,美英两国在为大萧条后的世界经济体系的领导地位而展开竞争。[②]

实际上,在阿根廷,美国与英国之间在经济领域的竞争从"一战"爆发前后就开始了。如表5.1所示,1913年,英国在阿根廷进出口总值中所占的比重分别达到31%和24.9%;到1930年,上述两组数据分别为19.8%和36.5%。这表明,阿根廷从英国进口的产品在其总进口中的比重有了明显下降,但其出口产品对英国市场的依赖变得更加严重了。相形之下,美国在阿根廷进出口贸易中的比重同期则分别从14.7%和4.7%,变成了22.1%和9.6%。这说明美国在阿根廷进出口贸易中的重要性都有所增强,尤其是在对阿根廷的出口方面,其所占比重甚至超过了英国。从进出口的绝对数量上看,这种变化也是很明显的:1914年,美国对阿根廷出口仅有4 300万金比索,1920年上升到3.1亿金比索,到

---

① 戴维·罗克:"1930—1946年的阿根廷",莱斯利·贝瑟尔主编:《剑桥拉丁美洲史》,第八卷,4页。

② Charles P. Kindleberger, *The World in Depression 1929-1939*, Berkeley: University of California Press, 1973.

1929年更增至5.16亿金比索。而且,美国的出口品主要集中在汽车和资本货等阿根廷需求增长最快的部门。

表5.1 1914—1930年阿根廷与英国和美国的贸易情况
（占阿根廷对外贸易总额的百分比）

年份	进口		出口	
	英国	美国	英国	美国
1913	31.0	14.7	24.9	4.7
1914	34.0	13.5	29.2	12.2
1915	29.8	24.7	29.5	16.0
1916	28.1	29.2	29.4	20.9
1917	21.8	36.3	29.2	29.3
1918	19.0	25.8	38.1	20.6
1919	23.5	35.5	28.5	18.3
1920	23.4	33.2	26.8	14.7
1921	23.2	26.8	30.5	8.8
1922	18.6	17.6	22.2	11.8
1923	23.8	20.9	24.5	11.6
1924	23.3	22.0	23.1	7.1
1925	21.8	23.5	23.9	8.2
1926	19.3	24.6	25.1	9.1
1927	19.4	25.4	28.3	8.3
1928	19.6	23.2	28.6	8.3
1929	17.6	26.3	32.1	9.8
1930	19.8	22.1	36.5	9.6

资料来源:Manuel Francioni, *Ritmo de la economia argentina en los ultimos 30 años*, Buenos Aires, 1941, pp. 254-255, pp. 352-353.

然而,由于美国与阿根廷之间在出口产品上存在一定的竞争关系,"阿根廷未能在美国获得稳定和日益扩大的市场"[①]。美国方面在"一战"后日益严重的保护主义倾向,使阿根廷产品进入美国市场变得更加困难。例如,1922年的《佛特尼—麦康伯法案》和1930年的《霍利—斯穆特法案》提高了890种商品的关

---

① 戴维·罗克:"阿根廷从第一次世界大战到1930年革命",莱斯利·贝瑟尔主编:《剑桥拉丁美洲史》,第五卷,433页。

税,特别是农作物的关税水平从 1922 年的平均 38.5% 提高到 1930 年的 53.2%。① 1927 年,美国对阿根廷的出口牛肉实施禁运,使两国之间的经贸关系更加紧张。在这种情况下,阿根廷国内的出口利益集团就提出了"谁买我们的东西,我们也买他的东西"的口号,进而发动了一场优待英国产品的运动。

在这样的背景下,伊里戈延政府在 1929 年同英国的"达伯农使团"(D'Abernon Mission)达成了有关协议,旨在进一步加强两国之间的经贸关系,调整因阿根廷在 1923 年提高关税对英阿贸易产生的消极影响,同时间接地报复美国对阿根廷的牛肉禁运。② 经过几个星期的谈判,阿根廷同意买 900 万英镑的英国商品来平衡英国对阿根廷农牧业产品的进口;伊里戈延还承诺将来由英国独家供应阿根廷国家铁路未来发展的全部机器设备。不幸的是,由于大萧条和 1930 年革命的缘故,"这个协定并没有得到阿根廷政府的认真对待,……本应得到关税豁免的商品仍旧征收关税",但这个协定"对阿根廷民族工业资本家和大地产主来说都是可以接受的结果。适度提高关税能够对阿根廷的工业发展起到保护作用,阿根廷的肉类制品也可以继续出口到英国。而且,该协定加强了英国投资者对于阿根廷的信心"。③

表 5.2 阿根廷外国投资的国别比较(百万金比索)

年份 国家	1910	1913	1917	1920	1923	1927	1931	1934
英国	1 475	1 928	1 950	1 825	1 975	2 075	2 100	2 285
美国	20	40	85	75	200	505	807	590
德国	200	250	275	265	285	285	300	315
法国	410	475	465	410	415	415	425	450
其他	150	557	575	575	320	320	468	660
总计	2 255	3 250	3 350	3 150	3 200	3 600	4 100	4 300

资料来源:Vernon Lovell Phelps,*The International Economic Position of Argentina*,p. 246.

---

① 福克讷:《美国经济史》下卷,436 页,北京:商务印书馆,1989。
② Roger Gravil, "Anglo-US Trade Rivalry in Argentina and the D'Abernon Mission of 1929", in David Rock, ed., *Argentina in the Twentieth Century*, Pittsburgh: University of Pittsburgh Press,1975,pp. 57-59.
③ Paul B. Goodwin, Jr., "Anglo-Argentine Commercial Relations: A Private Sector View, 1922-43", *The Hispanic American Historical Review*, Vol. 61, No. 1, February 1981, p. 40.

确实,英国一直都是阿根廷最大的投资来源国,但美国却是"一战"后对阿根廷投资量最大的国家。根据表5.2的数据,英国对阿根廷的投资1913年达到19.28亿金比索,占该国外资总量的59.3%。但从"一战"爆发以后,英国对阿根廷的投资增长明显趋缓,到1931年仅增加到21亿金比索,在该国外资总额中的比重下降到51.2%。与此相反,美国成为"一战"后对阿根廷投资增长最快的国家,其在阿投资额也从1913年的4 000万金比索增加到1931年的8.07亿金比索,在该国外资总额中的比重从微不足道的1.2%激增至19.7%。

可见,"一战"后,美国已经在对阿根廷出口贸易和投资等领域对英国的传统优势构成了严重挑战。因而英国急需调整其与阿根廷之间的经贸关系,在保证双边贸易发展的同时,保护本国在阿根廷的跨国公司的根本利益。与此同时,美国与阿根廷之间围绕牛肉禁运问题而出现的贸易摩擦,再加上美国《霍利—斯穆特法案》的保护主义做法,迫使阿根廷政变后上台的保守派政府"本能地"选择了英国——这个"购买阿根廷产品的国家,加强与英国之间牢固的贸易纽带……可以保证本国经济在未来不确定的情况下继续发展。这些是必须考虑的,其他与对外政策有关的因素都是次要的"[①]。

当然,让阿根廷政治家们产生上述想法的动因,除了传统上与英国之间的密切关系以外,还有一个现实的威胁——英国从自由贸易政策向帝国特惠制的转变。随着大萧条的爆发,英国经济陷入了前所未有的危机。为了解决危机所带来的困难,保护国内生产和市场,英国彻底抛弃了自由贸易,转而实行关税保护政策。从1931年底开始,英国先后颁布了《禁止不正当进口法》和《1931年农产品法》等临时法律,并于1932年2月将这些临时性措施合并成正式的《进口税法》。该法规定,除少量原材料以外,对一切进口商品一律征收10%的关税,对那些对英帝国商品采取歧视性措施的国家的商品按价增收100%的关税。与此同时,英国还把保护关税政策推广到整个英帝国。1932年七八月间,在加拿大渥太华召开了专门讨论经济问题的帝国特别会议,英国与各自治领之间签订了一系列双边贸易协定,英国承诺进入英国市场的自治领商品除20%照章课税外,其余一律免征关税;自治领则以豁免一系列英国商品的关税,使英国商品

[①] Robert D. Crassweller, *Peron and the Enigmas of Argentina*, New York: Norton Publishing, 1987, p. 79.

在自治领市场享有较第三国商品更为优惠的地位作为回报,此即所谓的"部分优惠制",或称"帝国优惠制"①。而且,英国方面还制造舆论称,在其与各自治领之间的双边贸易协定生效后的第一年,英国将从英帝国以外进口的肉类产品数量削减65%,转而由各自治领供应。显然,"帝国特惠制"和削减肉类进口的计划,将直接威胁到阿根廷向英国的出口,尤其是肉类出口的份额,毕竟"阿根廷冻肉工业的发展和绝大部分的肉类出口企业,都与英国市场有着密切的联系"②。例如,1929年,阿根廷出口的99%的冷藏牛肉、91%的冰冻羊肉、85%的黄油、54%的冰冻牛肉输往英国市场,其对英国的肉类出口占该国出口总值的15.4%。③可见,如果"帝国特惠制"得到确实执行的话,阿根廷肉类出口部门将面临着灭顶之灾,整个出口部门亦将遭受巨大损失。

为了减少英联邦的帝国优惠制度可能给阿根廷造成的损失,胡斯托政府派遣以副总统小胡里奥·A·罗加(Julio A. Roca, Jr.)为首的谈判小组赴伦敦与英国进行谈判,以期达成一个新的双边贸易条约。阿根廷代表团的主要成员,除了罗加副总统以外,还包括曼努埃尔·A·马尔布兰(Manuel A. Malbrán)、米格尔·安赫尔·卡尔卡诺(Miguel Angel Carcano)、劳尔·普雷维什(Raul Prebisch)、卡洛斯·布比亚(Carlos Bubbia)、基耶尔莫·莱基萨蒙(Guillermo Leguizamon)和阿尼瓦尔·费尔南德斯·贝洛(Anibal Fernandez Beiro)等人。英国政府的首席谈判代表则是英国商会主席沃尔特·伦西曼(Walter Runciman),其他成员包括莱斯利·布尔津(Leslie Burgin)、弗雷德里克·L·罗斯(Frederick Leith Ross)、亨利·方丹(Henry Fountain)、H. F. 卡利尔(H. F. Carlill)、A. F. 欧佛顿(A. F. Overton)、R. 弗拉瑟尔(R. Fraser)、基思·乔普森(R. Keith Jopson)、J. R. C. 赫尔墨(J. R. C. Helmore)、R. M. 诺威尔(R. M. Nowell)、R. L. 克雷吉(R. L. Craigie)、F. T. A. 艾什顿—格沃特金(F. T. A. Ashton-Gwatkin)、D. V. 凯利(D. V. Kelly)、H. L. 弗雷岑(H. L. Frechn)和 H. 布里坦(H. Brittain)等人。

---

① David L. Glickman, "The British Imperial Preference System", *The Quarterly Journal of Economics*, Vol. 61, No. 3, May 1947, pp. 439-470.

② Simon Gabriel Hanson, *Argentine Meat and the British Market: Chapters in the History of the Argentine Meat Industry*, Stanford: Stanford University Press, 1938, p. 18.

③ Carlos Diaz Alejandro, *Essays on the Economic History of Argentine Republic*, p. 20, p. 19.

谈判前，两国都设定了自己的目标：阿根廷代表团的目的是"从英国获取阿根廷对英出口的正常份额，并建立一种制度，以保证阿根廷向英国出口所挣得的外汇将足以平衡英国向阿根廷出口及其在阿根廷公司的利润"①。也就是说，阿根廷不希望因为帝国特惠制的施行而使英国减少从阿根廷的进口，并将英国在阿的投资作为谈判的筹码。而英国方面的目标则是，一方面强调"从那些购买我们商品的国家那里购买商品"的原则，消除与阿根廷贸易中"年复一年的贸易逆差"；同时，也希望维护本国在阿根廷投资的基本利益。② 对此，英国官方总结到，英阿双方进行贸易谈判的总体目标是，"保证我们的货物有一个合理的关税水平，以及在贸易和金融方面适当的货币兑换优惠。我们也同样希望得到阿根廷政府的一个声明——愿意协调英国在阿根廷从事公共事业的公司的利益"③。

经过近三个月的艰难谈判，两国于1933年5月1日签订了一份《联合王国政府与阿根廷共和国政府条约》；9月26日，双方还签署了一份《补充协定》和一份议定书。这些文件合在一起，即所谓的《罗加—伦西曼条约》。11月7日，《条约》在两国议会获得通过后，正式生效。《罗加—伦西曼条约》的核心是《联合王国政府与阿根廷共和国政府条约》，它共有6条13款，其主要内容包括：

条约的第一条共计2款，主要规定了英国对继续进口阿根廷冷藏牛肉及其数量的保证。对此，条约的第一条第1款规定："联合王国政府充分认识到冷藏牛肉工业对于阿根廷经济的重要性，将不会对进入英国市场的阿根廷冷藏牛肉给予任何限制"，进口数量将保持在1931年第三季度至1932年6月30日期间的水平上，"如果因为不确定因素使英国认为必须减少从阿根廷进口的冷藏牛肉，超过1932年6月30日以前一年进口量的10%的话，英国政府将与阿根廷及其他主要牛肉出口国（包括英联邦成员）的政府进行协商，安排一个从所有进口

---

① A. R. Nuez-de la Rosa, William P. Glade Jr., and Arnold Strickon, *The Roca-Runciman Agreements of 1933 and 1936 as a Factor in the Consideration of the Nationalisations of the 1940's in Argentina*, Interdepartamental Seminar 982, University of Wisconsin-Madison, May 1, 1967, pp. 6-7.

② G. Pendle, *Argentina*, London: Oxford University Press, 1963, p. 78.

③ Kenneth Bourne, D. Cameron Watt and Michael Partridge, eds., *British Documents on Foreign Affairs: Reports and Papers from the Foreign Office Confidential Print*, Part II: from the First to the Second World War, Series K: Economic Affairs, Culture Propaganda, and the Reform of the Foreign Office, 1910-1939, Vol. 3 Economic Affairs, January 1936-December 1937, ed. by Cameron Watt, Bethesda: University Publications of America, 1997, p. 81.

国都减少肉类进口的计划"；

条约的第二条共有6款，主要强调阿根廷对英国资本及其在阿根廷所获利润的保证。其中，第1款规定："无论阿根廷在何时实行外汇管制制度，扣除每年阿根廷用于偿付对其他国家公债的'合理总额'后，阿根廷在英国销售其产品所挣取的英镑外汇都要全额从阿根廷汇到英国"；第3、4、5款则规定，在条约签署时仍然被管制的英国资金将被转换成一种利息为4％的英镑贷款，偿还期20年，5年后开始偿付；

条约的第三条共2款，规定尽快达成一项补充协定，阿根廷和英国相互承诺降低从对方进口产品的关税水平；条约第四条强调，两国于1825年2月2日在布宜诺斯艾利斯签订的《英国与阿根廷友好通商和航海条约》所规定权利和义务的有效性；第五条和第六条则规定了条约生效的程序和时间等内容。

《补充协定》和议定书共包括11项条款，规定对英资铁路、电车和电力公司提供"仁慈的待遇"；在外汇管制条例下给予它们获得进口物品的优惠条件；阿根廷承诺继续维持煤炭和其他有关产品的零关税政策，允诺将英国商品的关税降低到1930年的水平，而英国则承诺对从阿根廷进口的主要商品不征收新的关税等内容。例如，议定书的第1条规定："阿根廷政府高度评价在阿根廷经营的英国资本在阿根廷公共事业和其他事业（无论是国家的、市政的，还是私人的）中进行合作所带来的利益，将坚持传统的友好政策，并向它们提供仁慈的待遇。"①

从双方达成的条款上看，《罗加—伦西曼条约》的签署标志着英国在阿根廷的利益得到了法律上的保障。首先，英国得到了阿根廷政府保持对煤炭、纺织品等英国产品给予关税豁免，以及其他一些产品降低关税的承诺，使英国出口品在阿根廷市场上有了较大的优势，从而成功地将美国排挤出阿根廷市场，使它在与美国之间在阿根廷的经济利益竞争中占得上风。其次，英国还从阿根廷政府得到了给予英国资本优惠待遇的承诺，使一些原本陷入困境的英国公司重获新生。例如，因为设备老化和疏于管理，加之公路等其他交通运输工具的发展，英国铁

---

① 《罗加—伦西曼条约》的具体条款，参阅 Daniel Drosdoff, *Gobierno de las vacas (1933-1956)*: *Tratado Roca-Runciman*, Buenos Aires: Ediciones Bastilla, 1972, pp. 169-212。该书还对《罗加—伦西曼条约》谈判的经过、阿根廷国内对该条约的反应，以及条约对庇隆时期的影响等问题，进行了深入的研究。

路公司已经濒临破产,但阿根廷政府在条约中承诺抑制对于铁路运输的竞争,使之得以获取较大利润。反过来说,英国之所得在某种程度上就是阿根廷之所失。英国将其进口阿根廷冷藏牛肉的数量维持在1931—1932年的水平,相对是比较低的。例如,1927年,阿根廷出口冷藏牛肉466 669吨,1932年下降到370 634吨,其中出口至英国的比重高达99%。同时,牛肉出口值也从1927年的3.664亿美元减少到1931年的2.051亿美元和1932年的2亿美元。[1] 另有数据显示,1929年阿根廷肉类制品的出口总值一度高达6.213亿德国马克,到1932年降至2.278亿德国马克,条约生效后的1934年更减少为1.819亿德国马克。[2] 由此可见,阿根廷从英国政府所得到的承诺实际上也是低水平的,而且只是照顾到了肉类出口部门的利益。在这个意义上说,该条约是阿根廷国内肉类出口利益集团以牺牲国家利益来换取本集团利益的结果。

所以,《罗加—伦西曼条约》一经签署,立刻在阿根廷引起喧然大哗,批评之声不绝于耳,"受到了阿根廷保守派以外几乎所有人士的攻击"[3]。1933年7月,阿根廷国会围绕该条约展开了激烈的辩论,阿根廷民主进步党与社会党组成的反对派联合阵线对该条约严加指责。反对派的领导人之一、阿根廷民主进步党领袖利桑德罗·德·拉·托雷(Lisandro de la Toree)严厉批评了条约对阿根廷出口配额的限制。他说:"英国的每一个自治领都有一定的配额,并有权加以管理。我的议员伙伴们不会忽视这一点吧,……阿根廷是唯一不能管理自己配额的国家。新西兰可以自己管理,加拿大和澳大利亚也可以自己管理,甚至南非也是如此。英格兰对于其国际人格都受到限制的帝国成员的尊重显然要胜于对阿根廷的尊重。"[4]托雷的批评得到议会很多人的响应。

不过,由于控制议会的主要是代表阿根廷传统出口利益集团的"政党联盟协

---

[1] Ovidio Mauro Pipino, *Tratado Roca-Runciman y el desarrollo industrial en la decada del trienta*, Buenos Aires: Editorial Galerna, 1988, p. 96, p. 97.

[2] A. R. Nuez-de la Rosa, William P. Glade Jr., and Arnold Strickon, *The Roca-Runciman Agreements of 1933 and 1936 as a Factor in the Consideration of the Nationalisations of the 1940's in Argentina*, p. 22.

[3] G. Pendle, *Argentina*, p. 79.

[4] Julio Notta, *Crisis y solucion del comercio exterior Argentino*, Buenos Aires: Editoriales Problemas Nacionales, 1962, p. 158.

调组织"成员,《罗加—伦西曼条约》得以顺利通过,并成为胡斯托政府经济复兴计划的基石。1933年11月,政府将比索贬值20%,固定谷类的最低价格,并建立进口许可证制度,以控制外汇的一切活动;同时,将内债和外债的兑换减少到政府支付利息所需的数量;将外资企业的利润所得作为贷款提供给阿根廷政府,用于一些公共工程建设计划,以此来缓解失业问题。从当时的结果上看,胡斯托政府的经济复兴计划"取得了引人注目的成功"①。从1934年起,阿根廷经济开始恢复增长。农业部门首先开始复苏,1936—1937年阿根廷创造了粮食出口量的最高纪录,仍然是世界最大的亚麻生产国和第二大小麦出口国;工业部门的恢复也十分明显,1934年的工业生产总值增长10.2%,1935—1938年间则累计增长了17.5%;对外贸易也逐年增长,进出口总值从1932年的5.5亿美元增长到1935年的8.3亿美元和1937年的12.3亿美元。② 据此,保守派人士强调,《罗加—伦西曼条约》是在"阿根廷仍然处在经济萧条的低谷,而大英帝国的新优惠制度也确实包含了进一步损害阿根廷经济"的情况下签订的,是阿根廷"不得不作出的抉择,要么出口,要么死亡,更何况其国民收入的四分之一以上是来自对外贸易呢"③。因此,1936年,《罗加—伦西曼条约》到期后,阿根廷与英国之间又续签了双边贸易条约,即《艾登—马尔布兰条约》(Eden-Malbrán Agreement),除包括了《罗加—伦西曼条约》的基本条款外,增加了更多给予英国的优惠待遇,如阿根廷政府进一步扩大对英国商品的免税范围,由英国公司统一管理布宜诺斯艾利斯市的汽车运输业务等,进一步保障了英国在阿根廷的利益④。

这里需要指出的是,正如阿根廷国内对于《罗加—伦西曼条约》的态度存在差别一样,学术界对该条约性质的评价,历来也存在不同观点。一种观点认为,1933年和1936年的英阿贸易条约明显是不平等的,条约赋予英国的好处远远要大于阿根廷从中获得的利益。这种观点强调,虽然阿根廷通过该条约维持了对英国的出口,但仅仅为1931—1932年危机后的较低水平,而且还附加了对英

---

① G. Pendle, *Argentina*, p. 80.
② 戴维·罗克:"1930—1946年的阿根廷",莱斯利·贝瑟尔主编:《剑桥拉丁美洲史》,第八卷,26页;Roberto Cortés Conde, *The Political Economy of Argentina in the Twentieth Century*, Cambridge:Cambridge University Press,2009,p. 117 and p. 320.
③ Arthur P. Whitaker, *Argentina*, Englewood Cliffs:Prentice-Hall, Inc., 1964, p. 93.
④ Duniel Drosdoff, *Cobierno de las vacas (1933-1956):Tratado Roca-Runciman*, pp. 184-196.

国在阿根廷投资的诸多优惠,结果明显地造成了阿根廷对英贸易中的不平等地位。再者,该条约维护的并不是阿根廷的国家利益,而是肉类出口这个特权部门的利益,这也是其有悖于阿根廷整体利益的一面。对此,戴维·罗克的话可谓是一语中的。他说:"1933年的《罗加—伦西曼条约》,体现了经济萧条时期的保守的经济政策的另一面,即倒退的一面",因为"该条约的目的是要维护寡头政治在19世纪建立起来的同英国的历史性商业与金融联系。"①胡安·科拉迪也强调说:"这些协定的主要特征是通过加强依附性联系和巩固土地所有者阶级的统治地位来维护过去和维护一个阶级。换句话说,特权进一步集中在上层,而损失则在其他社会阶级中分配。它是经济和技术僵化的开始,它使阿根廷的土地资产阶级作为世界市场上的羊毛和亚麻子等食品和原材料的竞争者失去了领先地位。他们的政策狭隘地追求眼前的阶级利益。对于这些受到惊吓的保守派来说,他们的努力从短期看是一种成功,但是从长远看来则是一种灾难。"②戴维·罗克和胡安·科拉迪是以比较消极的眼光来看待这个条约的,基本上否定了其在发展阿英经贸关系上所起到的积极作用。

另一些学者则肯定《罗加—伦西曼条约》在大萧条背景下对阿根廷经济的重要作用。例如,安赫尔·R·努涅斯·德拉罗萨等人强调说:"《罗加—伦西曼条约》……对阿根廷经济产生了有利的影响,因为它防止了阿根廷对英国贸易由于1932年渥太华会议确立的帝国特惠制而可能出现的急剧下降。从短期上看,该协定似乎使阿根廷绝望地陷入了英国章鱼的触须之中。但从长期上看,它通过与英国之间有利的贸易平衡使阿根廷实际上得以持有英镑。这种持有在战后初期迅速增加,因而为庇隆时期冒险的国有化政策提供了权力基础。……与此同时,它通过积累外汇为阿根廷的进口替代政策奠定了基础。"③经济学家约瑟夫·图尔金(Joseph S. Tulchin)认为:"《罗加—伦西曼条约》的条款是阿根廷所能

---

① 戴维·罗克:"1930—1946年的阿根廷",莱斯利·贝瑟尔主编:《剑桥拉丁美洲史》,第八卷,4页和23页。

② Juan E. Corradi, *The Fitful Republic: Economy, Society, and Politics in Argentina*, Boulder: Westview Press, 1985, p. 40.

③ A. R. Nuez-de la Rosa, William P. Glade Jr., and Arnold Strickon, *The Roca-Runciman A-greements of 1933 and 1936 as a Factor in the Consideration of the Nationalisations of the 1940s in Argentina*, p. 1.

达成的最好的条款,这一点是毋庸争辩的。而且,阿根廷政府显然没有什么可靠的选择来改变其传统的贸易方式,尤其是不断被美国拒绝提供任何缓解阿根廷困境的援助。胡斯托政府是不是有可靠的经济抉择,这是一个引起争议的事。似乎可以肯定的是,任何实际的选择都存在巨大的危险,包括摆脱对出口的依赖和走向多样化的激进步骤都是如此。极有可能的是,这些激进的政策在短期内将导致政府收入的急剧减少。这种减少在政治上是对政府不利的,削弱了它为国家发展的利益而进行干预的努力。……我们不可能确切地知道,如果没有《罗加—伦西曼条约》,阿根廷的贸易将糟糕到何种地步。"[1]努涅斯·德拉罗萨等人和约瑟夫·图尔金对该条约的评价又走到了另外一个极端。

从学术界上述两种观点的分歧来看,问题的关键在于阿根廷与英国之间签订的1933年和1936年双边贸易条约是有利于国家的利益,还是只为出口利益集团服务的;是有利于阿根廷随后的经济增长,还是"二战"后阿根廷经济停滞的元凶。可见,在学者们进行评判时已经先入为主地有了一个参照系,即阿根廷经济在"二战"结束后出现的一些问题,都与这两个条约有关,只是对影响的程度有不同界定罢了。笔者以为,对于《罗加—伦西曼条约》的评判,理应从历史现实的角度出发,客观地衡量该条约在当时的阿根廷激起了什么样的反应,以及条约付诸实施后产生的结果。

从这个角度上说,尽管该条约在一定程度上为阿根廷经济的复苏作出了贡献,但保守派政府在与英国谈判过程中作出过多让步,在当时"激起了阿根廷国内广泛的抗议浪潮,推动了民族主义火焰的传播"[2]。除了反对派在国会给予严厉批评以外,阿根廷思想界也对此展开了激烈的讨论。1934年,伊拉苏斯特拉兄弟(Rodolfo Irazusta and Julio Irazusta)出版了一本题为《阿根廷和英帝国:链条上的环节,1806—1933年》的著作,对阿根廷保守派统治阶级在条约中作出的过多让步进行了分析和批判。伊拉苏斯特拉兄弟指出,保守派在谈判中之所以作出这么多的让步,是因为他们感激英国在阿根廷争取独立的斗争

---

[1] Joseph S. Tulchin, "The Origins of Misunderstanding: United Stated-Argentine Relations 1900-1940", in Guido di Tella & D. Cameron Watt, eds., *Argentina between the Great Powers, 1939-46*, Pittsburgh: University of Pittsburgh Press, 1990, p. 49.

[2] Arthur P. Whitaker, *Argentina*, p. 93.

中给予过支持,这种想法显然是荒唐的:英国支持阿根廷独立的目的不是利他主义的,而是要夺取阿根廷,将之作为自己的商业和投资市场,并建立一种新的殖民统治来代替西班牙的殖民统治。该书的观点得到许多阿根廷知识分子的认同,在当时的影响很大,甚至有学者认为它的出版使民族主义成为"一支主要的思想力量"[1]。1935年,"阿根廷青年激进导向力量"(Fuerza de Orientacion Radical de la Juventud Argentina,缩写为FORJA)成立,提出了"民众民主"和"反对帝国主义"的原则。同年6月,该组织发表了第一份宣言,强调"阿根廷的历史表明存在人民进行的争取民众主权的长期斗争","我们是一个殖民地;我们要一个自由的阿根廷",从而将阿根廷民族主义运动的发展推向了新的高度。1940年,"30年代最杰出的民众民族主义者"劳尔·斯卡拉布里尼·奥尔蒂斯出版了《阿根廷铁路公司的历史》一书,该书由作者在"阿根廷青年激进导向力量"发表的一系列演讲汇编而成,揭示了英国公司在阿根廷兴办铁路时采用的种种"骗术",将英资铁路公司描绘成腐败的剥削者和英国殖民统治的代理人,并强调正是英国对阿根廷庞大铁路网的控制"扼杀了"民族工业发展的可能性。[2] 1945年,阿根廷民族主义者何塞·路易斯·托雷斯出版《臭名昭著的十年》一书,强调维护出口利益集团的保守派政府"与英国之间的双边协定,使阿根廷对英国的经济依赖日益严重。《罗加—伦西曼条约》便是这种依赖的一个象征"[3]。总体看来,这一时期阿根廷的民族主义者将本国政治、经济中的一些问题都归罪于英国,普遍认为,正是由于同英国之间不平等贸易条约的签订,"阿根廷也许丢掉了最后一次摆脱对英国'长久'依赖的良机,从而阻碍了,或大大延迟了阿根廷迈向工业化的进程"[4]。

---

[1] 戴维·罗克,"1930—1946年的阿根廷",莱斯利·贝瑟尔主编:《剑桥拉丁美洲史》,第八卷,32页。

[2] Raul Scalabrini Ortiz, *Historia de los ferrocarriles argentinos*, Buenos Aires, 1940. 转引自 Mark Falcoff, "Raul Scalabrini Ortiz: the Making of an Argentine Nationalist", *Hispanic American Historical Review*, Vol. 52, No. 1, February 1971, p. 78.

[3] Jose Luis Torres, *La decada infame*, Buenos Aires, 1945. 转引自 Alberto Spektorowski, "The Ideological Origins of Right and Left Nationalism in Argentina, 1930-43", *Journal of Contemporary History*, Vol. 29, No. 1, January 1994, p. 182.

[4] Paul B. Goodwin, Jr., "Anglo-Argentine Commercial Relations: A Private Sector View, 1922-43", *The Hispanic American Historical Review*, Vol. 61, No. 1, February 1981, p. 43.

到这里，我们可以清楚地发现，《罗加—伦西曼条约》激发出来的民族主义情绪，在阿根廷有了合乎逻辑的延伸——对发展工业的渴求。在这些民族主义者看来，阿根廷政治长期由农牧产品出口利益集团把持，经济长期主要依赖对英国的农牧产品出口，两者相互影响，使英国资本牢牢控制着阿根廷的命运。因此，笔者认为，就当时的历史条件而言，民族主义的广泛传播，至少在两个方面大大地影响着阿根廷此后数十年的现代化进程：在政治层面上，它刺激了对出口寡头集团的批判和对"经济独立"的渴望，就为随后胡安·庇隆(Juan D. Peron)的崛起扫清了道路；在经济层面上，它进一步刺激了摆脱对英国经济依赖的渴望，从而为进口替代工业化战略的粉墨登场奠定了思想基础。

三、发展模式的转变

所谓的进口替代就是通过建立和发展本国的工业，替代过去从国外进口的工业品，以带动经济增长，实现国家工业化的努力或实践。不过，阿根廷在大萧条后开始的进口替代工业化进程并不是由政府有计划地进行的，而是在危机局面下不得不做出的选择。对于这一点，罗伯特·亚历山大对拉美地区的评价同样也适用于阿根廷的情况。他说："无论如何，拉美国家是为世界经济形势所迫而走上进口替代道路的。或者是因为战时对贸易的干预，或者因为对其出口的需求减少而引起的外汇短缺，拉美各国不得不为自己而进行生产。"[①]

事实上，在经济危机初期，阿根廷保守派政府仅仅将外汇管制等措施视为缓解危机的权宜之计，其长远的目标仍然是着重发展该国具有比较优势的农牧产品生产和出口。对此，戴维·罗克评价说："保守派领导人在30年代常常承认，他们对进口实行的各种限制，以及调整贸易方向的各种尝试，均将促进工业的增长，但他们仍然远未对发展工业作出过审慎的承诺。"[②]对于这种考虑，还有一个佐证，即作为当时保守派政府经济政策的主要参与者之一的劳尔·普雷维什本

[①] Robert J. Alexander, "Import Substitution in Latin America in Retrospect", in James L. Dietz and Dilmus D. James, eds., *Progress Toward Development in Latin America: From Prebisch to Technological Autonomy*, Boulder: Lynn Rienner, 1990, p. 16.

[②] 戴维·罗克："1930—1946年的阿根廷"，莱斯利·贝瑟尔主编：《剑桥拉丁美洲史》，第八卷，39页。

人的回忆，他在1985年接受戴维·波洛克采访时说："直到那时，我还是一个正统的经济学家。……我坚持金本位。自然，我给财政部长的首要建议是遵循正统的路线。而且，那时我拥有我一生从来没有过的权力。因为我经常与财政部长佩雷斯博士交谈，也经常与共和国总统交流。"①基于这种理论的影响，当时"任何需要补贴和关税保护的工业化都被谴责为非法。社会党人、农业利益集团、媒体……总之，所有的公众意见都反对工业化"②。甚至到1938年，普雷维什领导的阿根廷中央银行还强调："这个国家实行工业化的能力是有限的……而如果我们的购买力增加过多，生产就不能增加，物价就要上升……对生活费用产生各种各样的不幸后果。"③

在这样的情况下，阿根廷政府显然不可能提出自觉的工业发展计划，但大萧条后的国内外形势的发展，特别是1933年和1936年阿根廷与英国签订贸易条约以后，阿根廷国内对工业发展问题的讨论又进一步深化。一方面，阿根廷民族主义者强调，正是英国对阿根廷经济的控制，妨碍了阿根廷民族工业的发展。例如，著名的民族主义者劳尔·斯卡拉布里尼·奥尔蒂斯在1940年写道：英国"破坏阿根廷工业的发展动力，不仅仅是因为经济和财政上的考虑；扼杀本地工业实际上是为了减少英国的收支赤字，赢取更大的利润。而且，限制阿根廷工业的发展也是大英帝国的一项古老的政策"④。这些民族主义者的思想在各工会组织中得到了很好的回应，他们强调通过发展工业来增加就业，改善收入分配；反过来，收入分配的改善，又会提高社会下层的收入，从而扩大民众的购买力，进一步促进工业的发展。

---

① 1985年5月，加拿大学者戴维·波洛克曾经对普雷维什作了一个系列采访，录下了8盘磁带（David Pollock's Interview with Raúl Prebisch, Washington, D. C., May 1985），这段话出自录音的第1盘。这里要感谢美国伊利诺伊大学（厄巴纳—香槟）历史系的约瑟夫·洛夫（Joseph L. Love）教授，他向笔者提供了上述访问的完整记录。

② Raul Prebisch, "Argentine Economic Policies since the 1930s: Recollections", in Guido Di Tella and D. C. M. Platt, eds., *The Political Economy of Argentina*, 1880-1946, p. 134.

③ 戴维·罗克："1930—1946年的阿根廷"，莱斯利·贝瑟尔主编：《剑桥拉丁美洲史》，第八卷，39—40页。

④ Raul Scalabrini Ortiz, *Politica britanica en el Rio de la Plata*, Buenos Aires, 1940. 转引自Mark Falcoff, "Raul Scalabrini Ortiz: the Making of an Argentine Nationalist", *Hispanic American Historical Review*, Vol. 52, No. 1, February 1971, p. 93.

另一方面,阿根廷政府的部分经济决策者的思想在对待工业发展的问题上开始发生变化。1937年,时任阿根廷中央银行行长的普雷维什提出农产品和工业品价格变化的不同特点。他说:"制造业使工业国有效地控制生产,因而工业国能够将它们的产品价格维持在理想的水平上。农牧业国家的情况则不然,农牧业生产的性质和农业生产者之间的无组织状态,必然使它们的生产缺乏弹性。在最近的大萧条中,上述差异主要表现为农产品价格的急剧下降,而制成品价格的下降幅度相对小些。农业国因此失去了它们的部分购买力,结果对国际收支和进口量产生了影响。"① 这里,普雷维什观察到阿根廷工业发展与它同世界经济联系程度之间的反比关系,即当它与世界经济联系紧密时,其工业化的动力就受到抑制;相反,当阿根廷与世界经济相对缺少联系时,工业发展就最为迅速。由此,普雷维什得出了一个初步的结论:一味地依赖初级产品出口,已经不再是经济发展的一条有效途径了。

　　第二次世界大战爆发后,德国对西欧的占领和英国对欧洲大陆的封锁,"对阿根廷经济的打击甚至比1929—1930年的打击还要厉害",阿根廷经济陷入空前的危机之中。首当其冲的是对外贸易,出口在1940年收缩了20%,阿根廷向西欧国家的出口从1938年占总出口的40%下降到1941年的6%(它们几乎完全输往中立的西班牙和葡萄牙)。其中,农产品出口所受打击最甚。1937年,阿根廷出口粮食1 700万吨,到1942年仅为650万吨,农产品平均价格只有30年代后期的三分之二;出口的减少就意味着收入的减少,对外购买能力也就相应地下降了。1941年,煤炭进口量只有1939年的三分之一,1943年更减少六分之一;石油进口1942年比1939年减少了50%,机器设备、原材料和零部件的进口也几乎中断。② 这样,国内农牧业、工业、交通运输等各行各业的生产和经营都受到了很大的影响。在这种情况下,阿根廷国内对于发展工业的态度发生了很大的变化,从政府到企业,从学术界到媒体,均不再纠缠于是否发展工业的问题,转而就优先发展何种工业的问题,展开了新一轮的讨论。

---

　　① 转引自 Joseph L. Love, "Raúl Prebisch and The Origins of the Doctrine of Unequal Exchange", *Latin American Research Review*, Vol. 45, No. 3, 1980, p. 52.
　　② 戴维·罗克:"1930—1946年的阿根廷",莱斯利·贝瑟尔主编:《剑桥拉丁美洲史》,第八卷,42页。

概括地说,阿根廷当时出现了三种不同的思路。第一种思路是由阿根廷政府提出来的,强调优先发展所谓的"自然工业",即那些加工阿根廷能够低成本生产的农业原材料的工业。1940年11月,阿根廷财政部长费德里科·皮内多(Federico Pinedo)向议会提交了一份"经济复兴计划"(Plan de Reactivación Económica),亦称"皮内多计划"。该计划主要是由普雷维什、欧内斯托·马拉科尔托(Ernesto Malaccorto)和基耶尔莫·克莱恩(Guillermo W. Klein)等经济智囊协助皮内多拟订的,第一次明确地将工业发展作为一项长期战略来加以对待。具体说,该计划提出了摆脱危机的几个主要措施:一是由国家收购剩余农产品,提高农产品价格,并限制土地持有者提高地租;二是促进工业发展,加强工业品出口的计划。"皮内多计划"建议,设立一个工业信贷基金,实行出口退税制度,规定退还工业品出口商进口原料或资本货的关税;三是建议扩大建筑业发展来提供新的就业机会,并以长期抵押的方式向民众提供廉价住房;四是建议改善同美国的关系,期望美国取代英国成为阿根廷发展工业所需货物的供应商和阿根廷出口的新市场。① 还需要特别指出的是,"皮内多计划"中还包含了一项意义深远的内容,即提议与巴西、巴拉圭、玻利维亚和乌拉圭等邻国建立一个关税同盟的计划,以图为新发展的工业品出口提供新的市场。② 尽管"皮内多计划"对农业的关注远远超过了对工业的关注,为工业安排的信贷总额只有农业信贷的六分之一,而且皮内多在议会辩论时也强调,农产品出口是阿根廷经济的"主要轮子",工业部门只是"次要轮子",但在笔者看来,该计划是阿根廷政府部门第一次系统地强调通过发展工业部门来解决本国的经济问题。对于该计划的这一特点,美国评论家菲利克斯·威尔在当时就强调说:"皮内多计划的重要之处在于,它在阿根廷历史上第一次承认国内工业家的重要性,他们多年来一直都在徒劳地争取政府的支持。"③ 在这种意义上说,"皮内多计划"的提出,标志着阿根廷的进口替代工业化活动开始由自发转向自觉。虽然"皮内多计划"在国会表决中未

---

① 对于"皮内多计划"的有关内容和评论,可参阅 Gisela Cramer, "Argentine Riddle: The Pinedo Plan of 1940 and the Political Economy of the Early War Years", *Journal of Latin American Studies*, Vol. 30, No. 3. October1998, pp. 519-550.

② 维克托·布尔默—托马斯:《独立以来拉丁美洲的经济发展》,286 页。

③ Felix J. Weil, *The Argentine Riddle*, p. 166.

获通过,但该计划所设想的工业化进程却成为阿根廷历史不可逆转的大趋势。①

第二种思路是由阿根廷工业联盟(Unión Industrial Argentina)提出的。阿根廷工业联盟成立于1887年,其前身是成立于1875年的阿根廷工业俱乐部(Argentine Industrial Club),它从成立伊始就积极致力于通过关税立法等手段扶植阿根廷工业部门的发展②。20世纪40年代初,该联盟专门成立了一个工业会议和研究所(Instituto de Estudios y Conferencias Industriales),并成为"讨论未来工业发展的最重要的论坛之一"。这条思路的重点在于充分考虑到战后工业将面临的激烈竞争,因此主张选择那些生产效率高、成本低,产品在全世界范围内都有竞争性的工业部门重点发展,只有这样的工业才需要得到保护和促进。根据这种标准,阿根廷工业联盟列出了需要重点保护的工业部门名单,主要集中在原材料加工工业,以及钢铁、石油、铝、硫酸、塑料等比较新兴的工业部门。例如,阿根廷兵工厂的首任经理曼努埃尔·萨维奥(Manuel Savio)将军说:"建立矿产加工工业的基本原因与它们的生产成本是否比进口品便宜无关;它们存在的根本理由在于,它们,也只有它们能防备不时之需。因此,不需要考虑它们在经济上是明确必要的问题。"③可见,前两种思路,其实在基本理论方法上并没有多大的区别,它们之间的不同主要在于如何选择合适的工业部门上。

第三种思路是所谓的"《阿根廷经济评论》派"。《阿根廷经济评论》是由该国著名经济学家亚历杭德罗·本赫创办的,从"一战"爆发前后就开始呼吁发展工业,对此前文已有交代。本赫去世后,《阿根廷经济评论》建立了一个以其名字命名的研究所,秉承本赫的学术思路,认为任何以土地扩张为基础的发展模式都是

---

① 皮内多计划被国会否决,主要是因为党派竞争所致,激进党藉口保守党在几个省选举中的舞弊行为而拒绝与政府合作。不过,该计划在阿根廷国内还是产生了很大的影响,军事研究基金会(Armour Research Foundation)在1944年为一个受政府资助的私人组织"对外交流促进会"(Corporacion para la Promacion del Intercambio)准备的报告中,明显继承了皮内多计划的思路,强调充分利用出口部门与工业化之间的互补性,重点发展高效率的工业,以开拓国内外市场。参阅 Guido di Tella, "Economic Controversies in Argentina from 1920s to the 1940s", in Guido Di Tella and D. C. M. Platt, eds., *The Political Economy of Argentina*, *1880-1946*, pp. 129-130。

② Ione Stuessy Wright and Lisa M. Nekhom, *Historical Dictionary of Argentina*, Metuchen, N. J.: Scarecrow Press, 1978, p. 967.

③ 转引自 Guido di Tella, "Economic Controversies in Argentina from 1920s to the 1940s", in Guido Di Tella and D. C. M. Platt, eds., *The Political Economy of Argentina*, *1880-1946*, pp. 130.

过时的,要想在与英国等传统贸易伙伴的关系中处于平等地位,就必须实行深刻的、激进的工业化,在1945年《经济评论》发表的一系列报告中,这一派学者提出要优先发展半自给自足的工业和重工业,他们选择工业部门的标准不是效率而是在国内市场的重要性。同时,该所学者还深受弗雷德里希·李斯特(Friedrich List)经济民族主义和保护主义思想的影响,反对自由资本主义制度,强调社会政策与经济政策的统一,提出应该实行有利于工人阶级的发展政策。这一学派的代表人物是拉美结构主义的创始人劳尔·普雷维什,他从30年代中期起担任阿根廷《经济评论》的主编。在阿根廷中央银行的1942年年度报告中,普雷维什开始提倡通过工业化来克服阿根廷经济的对外脆弱性。1943年政变之后,普雷维什辞去中央银行行长的职务,到布宜诺斯艾利斯大学任教,同时开始进行深入的研究和思考,并最终形成了进口替代工业化理论。① 对此,有学者评论说:"被迫进行的进口替代工业化在两次世界大战之间的危机时期就开始了,但只是到第二次世界大战以后,在普雷维什的结构主义启发下,进口替代工业化才成为一种长期的发展战略。"②在阿根廷,最终将进口替代工业化从一种自发的行动转变成为一种系统的发展战略,应该是在1946年上台执政的胡安·庇隆(Juan Perón)政府时期完成的。③

总之,到20世纪40年代初期,阿根廷国内政界、学术界和新闻界几乎都对

---

① 董国辉:《劳尔·普雷维什经济思想研究》,105—145页,天津:南开大学出版社,2003。

② James L. Dietz and Dilmus D. James, eds., *Progress toward Development in Latin America: from Prebisch to Technological Autonomy*, Boulder: Lynne Rienner Publishers, 1990, p.7.

③ 庇隆政府(1946—1955)实施了一系列激进的改革政策:首先,庇隆政府修改1853年宪法,宣布一切自然资源均为国家所有,成立全国国营工业局和阿根廷贸易促进会,大力发展国家资本主义,以维护国家的"政治主权";其次,庇隆政府发表《阿根廷经济独立宣言》,将阿根廷国内2.4万公里的英资铁路公司和美国资本控制的阿根廷电话公司等外国公司收归国有,先后实施两个五年计划,大力发展进口替代工业化部门,以摆脱对初级产品出口部门和外国资本的依赖,以实现国家的"经济独立";第三,庇隆政府将各种全国性的工会组织都合并到全国劳工总联合会,通过了《劳工权利法案》,大力推行扩大就业、提高工资、增加抚恤金和养老金、实行消费品价格补贴制度等社会再分配政策,通过有组织的工会运动和社会再分配政策,以实现其"社会正义"的目标。笔者认为,庇隆政府上述改革政策的核心内容是"政治主权、经济独立和社会正义",它们具有鲜明的针对性,实际上是对初级产品出口模式时期所暴露出来的阿根廷政治、经济和社会问题进行改造的基本原则和目标。在此基础上,庇隆于1950年10月17日提出了正义主义的20条真理,即所谓的庇隆主义理论。具体内容参阅 Juan perón, "Twenty Truths of the Peronist Justicialism", *Peronist Doctrine*, Buenos Aires, 1952, pp.55—57。

发展工业化的必要性有了统一的认识,细微的差别在于选择什么类型的工业部门来优先发展。经过数十年一轮又一轮的辩论,阿根廷的发展道路之争在此时似乎有了一个比较明确的结论:一味地依靠农牧产品出口的发展模式,已经发挥到了极致,失去了其迅速发展的内外动力;工业发展,特别是进口替代工业化将成为阿根廷经济摆脱困境,迎接战后各国竞争的有力武器。在这种情况下,阿根廷的进口替代工业化进程也在20世纪30年代至40年代中的一段时间里,逐渐地从一种自发的行为转化成一种自觉的活动,进口替代工业化也成为此后数十年阿根廷现代化进程的主旋律。

结　论

　　纵观阿根廷早期现代化的历史进程,真可谓命运多舛,悲欢交加。在独立后近半个世纪的时间里,拉普拉塔地区充斥着联邦派与中央统一派、布宜诺斯艾利斯省与其他各省之间的纷争,动荡、分裂、独裁和外部势力的渗透成为这一历史时期的根本主题。直到 19 世纪 60 年代,一个具有民族国家意识的、统一的国家才逐渐开始形成,阿根廷的现代化进程才得以艰难地起步。从 19 世纪 80 年代到第一次世界大战爆发的数十年时间,是阿根廷现代化进程的"美好时代",它仰仗自身的比较优势,充分利用第二次科技革命后国际市场对初级产品的巨大需求,以农牧产品的生产和出口为主导部门,其 GDP 的年均增长率超过了 6%,是当时世界上发展速度最快的国家之一。① 初级产品出口部门的发展,得益于土地、移民、外国资本等经济要素的发展,也得益于阿根廷国内政治稳定局面和精英民主政治的发展;反过来,初级出口部门的繁荣,也带动了其他经济、社会、文化事业的发展。到阿根廷人迎来他们的独立百年庆典时,他们骄傲地发现,自己已经是世界上最为富裕的民族之一,以至于巴黎出现了"像阿根廷人一样富裕"的谚语。然而,繁荣的背后却隐藏着危机:过度依赖农牧产品出口,使得阿根廷的经济结构相对单一;过度依赖肥沃的潘帕斯草原,而忽视其他地区的发展,使经济的二元性结构特征更加突出;过度依赖国际市场的供求关系和外国资本的帮助,使阿根廷经济缺乏自身的原动力,其经济具有一种典型的依附性;过度维护出口集团的利益,使"断裂型社会结构"初具雏形;过度依赖"精英"的民主制度,进一步巩固了出口利益集团与外国资本之间的联盟,1916—1930 年期间代

---

① 对此,阿瑟·刘易斯强调说,如此高的经济增长率,"使得阿根廷能与日本竞争 1880 年到 1913 年间世界上增长最快国家的称号"。见阿瑟·刘易斯:《增长与波动》,283 页,北京:华夏出版社,1987。

结 论

议制民主政治的尝试只能以失败收场。凡此种种,都为阿根廷在20世纪30年代以后的停滞,乃至"衰败",埋下了伏笔。瑕不掩瑜,这些问题的存在并不能否定一个基本的事实:阿根廷通过出口繁荣取得了早期现代化的成功。

一、阿根廷早期现代化的悖论

正是由于前述经济和非经济因素的影响,阿根廷经历了数十年飞速发展的"美好时代",成为南美洲最为"现代化"的国家。然而,阿根廷的早期现代化进程在第一次世界大战爆发后,出现了减速的趋势。例如,根据拉美经委会的统计,阿根廷 GDP 的年均增长率从 1900—1904 至 1910—1914 年间的 6.3% 下降到 1910—1914 至 1925—1929 年间的 3.5%。[①] 更为重要的是,在阿根廷"美好时代"繁荣的背后蕴含着诸多的问题,使该国的早期现代化缺乏进一步发展的后劲。其中,经济发展严重依赖外部世界的问题尤为突出。

阿根廷的早期现代化主要依赖初级产品出口部门的发展,特别是羊毛、牛肉、小麦、玉米、亚麻籽等农牧产品的出口(具体可参阅表 3.1)。因此,阿根廷城市的发展、基础设施的建设、早期工业的发展,乃至现代教育的发端,都与初级产品出口部门息息相关,都是为出口部门服务的。而出口部门发展的主要动力则来源于国际市场对相关产品的需求状况:当中心国家的经济增长比较顺利,国际市场对有关产品的需求不断扩大时,初级产品出口国经济便得以增长;相反,当发达国家经济陷入危机,国际市场对有关产品的需求停滞不前时,出口国经济同样会陷入危局。也就是说,过度依靠初级产品出口的阿根廷在这一时期实现的早期现代化实际上主要依赖的是国际市场对其重要出口产品的较大需求,其"现代化"的动力主要来自于发达国家(尤其是英国和北欧一些国家)对其产品较高的进口系数。另一方面,由于本国经济过于强调初级产品的生产和出口,生产和生活所需要的工业消费品、机械设备则主要依赖从发达国家进口。这样,阿根廷通过大力发展初级产品出口所建立起来的经济,主要体现出对外部因素的双重依赖:一是出口产品对外部市场的依赖;二是工业消费品对发达国家的依赖。这在某种程度上便是一种"依附性"的经济形态。所谓的"依附性",学术界引用最

---

① ECLA,*El desarrollo económico de la Argentina*,Ciudad de Mexico,1959,p. 4.

多的一个定义是由巴西学者多斯桑托斯提出的。他写道："一些国家的经济以它们所从属的其他国家的发展和扩张为条件的一种状况。两个或更多国家的经济之间相互依存的关系,或者这些国家与世界贸易体制之间的相互依存的关系,将成为一种依附性关系:某些居统治地位的国家能够扩张并能够自力发展,而其他处于依附地位的国家,其发展只能是前者扩张的一种反映,……依附性的基本情况将使这些国家处于落后的和受剥削的地位。"①

事实也确实是这样。首先,阿根廷经济对农牧产品出口的依赖非常严重,对进口工业品,特别是进口资本品和投入物的依赖也比较严重,经济结构比较单一。1914年,阿根廷出口产品的96%是农牧产品,其中53%是农产品,43%是畜牧产品;而本国生产和生活所需要的工业品和投入物大多需要进口,其中中间产品和原材料占44.7%,工业消费品占36.1%,机器设备占19.2%。所以说,"1914年还无法改变出口初级产品的经济格局。尽管近年来制造业有所发展,但是还没有确切证据表明它不久即将成为羽毛丰满的工业大国"②。到1929年,这种状况仍然没有大的改观,小麦、玉米、肉类、亚麻籽、羊毛、皮革仍然是阿根廷出口值最大的几种产品,分别占出口总值的22.2%、18.5%、15.4%、12.2%、8.2%和8.1%,六种出口品合计占出口总值的84.6%③。

其次,阿根廷的贸易对象国相对比较集中,主要是英国和西欧的一些国家。例如,1914年,阿根廷主要出口产品大多流向英国或其他欧洲国家,其中93%的糖、90%的黄油、89%的冻羊肉、81%的冻牛肉、74%的肉罐头、45%的燕麦、30%的亚麻籽、22%的羊毛、11%的玉米输往英国;另有26%的羊毛、11%的亚麻籽出口德国,15%的燕麦输往荷兰。同年,阿根廷的主要进口产品也来自英国和其他欧洲国家,其中煤炭的95%、铁路材料的79%、火车机车的72%、火车车厢的61%、纯毛织物的60%、钢轨的51%、电缆的27%、铁管的45%、各种机器设备的28%均从英国进口;另外,46%的电缆、36%的机器设备、28%的火车机车、

---

① Teotonio Dos Santos, "The Crisis of Development Theory and the Problems of Dependence in Latin America", in H. Bernstein, ed., *Underdevelopment and Development: The Third World Today*, Harmondsworth: Penguin Books, 1973, p. 76.

② 戴维·罗克:"1914年的阿根廷:潘帕斯草原、内地、布宜诺斯艾利斯",莱斯利·贝瑟尔主编:《剑桥拉丁美洲史》,第五卷,403页。

③ Carlos Diaz Alejandro, *Essays on the Economic History of Argentine Republic*, p. 18.

27%的铁管、21%的钢轨从德国进口,61%的食用油从意大利进口。① 到大萧条爆发时,阿根廷经济的这一特征依然如故。1927—1929年间,阿根廷出口的29.6%输往英国,13.5%销往德国,10.6%到荷兰,9.9%输入比利时,四国合计达63.6%。其中,99%的出口冷藏牛肉、91%的冰冻羊肉、85%的黄油和小麦的34%均输往英国。②

其三,与上述两点紧密相关的是,阿根廷的经济增长呈现出周期性波动的特征。罗伯托·科尔特斯·孔德认为,从19世纪70年代到1914年,阿根廷经济可以分成三个阶段:1876—1890年是经济快速增长的阶段;1890—1899年是经济萧条阶段;1899—1912年是大发展时期。③迪泰亚和齐默曼则将这一时期的经济发展进程分成5个阶段:1876—1885年、1885—1892年、1892—1902年、1902—1908年、1908—1914年。④迪亚斯—亚历杭德罗则认为,这一时期共发生了1875—1876年、1890—1891年和1914—1917年三次经济危机。⑤无论是哪一种分期方法,有一个至关重要的问题在于,阿根廷的每一次危机几乎都与外部经济的危机紧密相关:1873—1879年世界经济危机是资本主义从自由竞争阶段向垄断阶段过渡时期最严重的一次经济危机,它引发了阿根廷1875—1876年的经济危机;1890年的危机则直接源自英国巴林兄弟公司的逼债;1914—1917年危机则与"一战"的影响息息相关。"一战"爆发以后,阿根廷经济呈周期性波动的特征依然如故。1914—1929年间,阿根廷经济经历了萧条(1913—1917)、繁荣(1918—1921)、衰退(1921—1924)、繁荣(1924—1929)几个周期,其中的衰退或萧条期多根源于阿根廷出口市场收缩,出口产品价格下降,外资流入减少等外部因素。

其四,阿根廷的经济发展主要集中在以布宜诺斯艾利斯为中心的潘帕斯草原地区,而广大的内陆地区仍处于不发达状态,因而其经济体现出典型的二元性

---

① Ernesto Tornquist, Co., *The Economic Development of the Argentina Republic in the Last Fifty Years*. 根据154—156页和173—178页的数字计算。

② Carlos Diaz Alejandro, *Essays on the Economic History of Argentine Republic*, pp. 20-21.

③ 罗伯托·科尔特斯·孔德:"阿根廷的经济发展(约1870—1914年)",莱斯利·贝瑟尔主编:《剑桥拉丁美洲史》,第五卷,355页。

④ Guido Di Tella and M. Zymelman, *Las etapas del desarrollo económico argentine*, Buenos Aires, 1967.

⑤ Carlos Diaz Alejandro, *Essays on the Economic History of the Argentine Republic*, p. 9.

结构特征。戴维·罗克就此指出:"1914年的阿根廷是个地区差异十分惊人的国家。经过前一时期的发展高潮之后,潘帕斯草原地区(包括布宜诺斯艾利斯省、圣菲省南部、科尔多瓦省东部、恩特雷里奥斯省和拉潘帕地区)……现在已明显地比全国其他地区更加发达。"①根据阿根廷著名经济学家亚历杭德罗·本赫的统计,这一地区集中了阿根廷全国90%以上的汽车和电话,整个拉丁美洲42%以上的铁路线,75%左右的教育经费和50%左右外贸额。相形之下,在广大的内陆地区,"除了库约地区(包括门多萨、圣胡安、圣路易斯三省——引者注)以外,其社会和经济结构几乎没有发生变化。到19世纪末,大部分地区仍像生活在17世纪一样"②"大多数居民遭受肺炎、结核和各种胃病的毁灭性打击;婴儿死亡率是布宜诺斯艾利斯的两倍,甚至三倍;文盲率接近50%。"③

其五,阿根廷的早期现代化还主要依赖外国资本,特别是英国资本的大量流入。根据表3.6的数据,到第一次世界大战爆发前夕,英国对阿根廷的投资达到4.798亿英镑,其中直接投资达2.587亿英镑,占投资总额的54%;间接投资为2.216亿英镑,占投资总额的46%。英国资本几乎控制了阿根廷的主要行业,成为阿根廷经济、社会,甚至政治生活的真正主宰。列宁在《帝国主义是资本主义的最高阶段(通俗的论述)》中的一段引文和评论,可以说是对于阿根廷早期现代化进程中的上述问题所给予的一个较好说明。列宁这样写道:"舒尔采—格弗尼茨在一本论不列颠帝国主义的著作中写道:'南美,特别是阿根廷,在金融上如此依附于伦敦,应当说是几乎成了英国的商业殖民地。'施尔德尔根据奥匈帝国驻布宜诺斯艾利斯的领事1909年的报告,确定英国在阿根廷的投资有875 000万法郎。不难设想,由于这笔投资,英国金融资本及其忠实'友人'英国外交,同阿根廷整个经济政治生活的领导人物有着多么巩固的联系。"④

因此,被称为"不列颠帝国的第五自治领"的阿根廷经济,由于其对英国资本、市场、和工业品的过度依赖,具有典型的"依附性"的经济特征,使其早期现代

---

① 戴维·罗克:"1914年的阿根廷:潘帕斯草原、内地、布宜诺斯艾利斯",莱斯利·贝瑟尔主编:《剑桥拉丁美洲史》,第五卷,405页。
② Larry Sawers, *Other Argentina: The Interior and National Development*, Boulder: Weatview Press, 1996年, p. 25.
③ 戴维·罗克:"1914年的阿根廷:潘帕斯草原、内地、布宜诺斯艾利斯",莱斯利·贝瑟尔主编:《剑桥拉丁美洲史》,第五卷,416页。
④ 列宁:"帝国主义是资本主义的最高阶段(通俗的论述)",《列宁全集》第27卷(1915.8—1916.6),2版,398页,北京:人民出版社,1990。

化进程存在着诸多的问题。这种依附性经济难以实现自身的持续发展,而只能仰仗外部经济所产生的拉动力:在1880—1914年的"美好时代",由于英国等发达国家经济的较快发展,阿根廷经济得以平稳、迅速地增长;但在1929年席卷整个资本主义世界的大萧条爆发后,阿根廷现代化的动力也随之逐渐丧失,其发展进程日趋缓慢也就在所难免了。在这种意义上说,阿根廷之所以会从20世纪初期的一个繁荣国度和希望之邦逐渐沦落为一个相对贫困的"衰败"国家,深层次的原因在于其早期现代化进程中存在的诸多矛盾。

二、"阿根廷之谜"的原因探析

初级产品出口繁荣尽管帮助阿根廷实现了早期现代化所具备的主要指标,但这些"现代化"的指标背后却隐藏着种种问题,使阿根廷经济具有明显的对外依附性。戴维·罗克在评价1914年阿根廷的成败时所说的一番话就是这种特征的充分体现。他说:"第一次世界大战前的年代给人留下的幸福感,有时被阿根廷依然任重道远的感觉所冲淡。……过去的成就无疑是巨大的……但是还远没有达到罗加将军和他的继承者1880年以来多次提出的目标。他们那一代人指望阿根廷不仅成为拉丁美洲的带头人,而且成为在南半球抗衡美国的力量。他们梦想共和国超过1亿人口,全国都达到东部核心地带的发展速度。可是到1914年,……人口还不到800万,而且基本上只在首都和紧靠它背后的草原区才能见到发生的变化,半径500英里以外的内地,依然大多处于死气沉沉的落后状态。"[①]

20世纪30年代的大萧条之后,阿根廷现代化的发展方向逐渐发生了变化。在传统出口集团试图通过与英国签订的《罗加—伦西曼条约》来维护自身利益的同时,世界经济形势的发展变化,使得他们也不得不放弃遵循数十年的自由贸易原则,转而实行一定程度上的贸易保护政策,这在客观上推动了进口替代工业化的发展。到40年代初期,阿根廷人迎来了随后数十年影响其现代化进程的两大主旋律:一个是由自发到自觉的进口替代工业化战略;一个是以民族主义、民众主义、职团主义为核心特征的庇隆主义理论与实践。进口替代工业化战略的不断深入,国家干预、贸易保护的力度不断加大,使阿根廷经济逐步地由外向转为

---

① 戴维·罗克:"1914年的阿根廷:潘帕斯草原、内地、布宜诺斯艾利斯",莱斯利·贝瑟尔主编:《剑桥拉丁美洲史》,第五卷,402—403页。

内向,几乎成为一种完全封闭的经济,导致工业部门效率低下,通货膨胀居高不下,经济危机频繁发生;庇隆主义的推行,使国家对经济的干预达到登峰造极的地步,大量的资源被透支,用以支撑其庞大的民众主义目标。结果,阿根廷社会又一次出现了分裂的局面:庇隆主义和反庇隆主义的对抗,使"断裂型社会结构"的特征愈发明显,成为20世纪中期以后困扰阿根廷发展进程的致命因素。庇隆主义与反庇隆主义之间的斗争,为军人干政提供了口实,从1943年到1976年这短短的33年时间里,阿根廷政权的更迭竟然有5次是通过军事政变来完成的。这样,阿根廷政治就不断在"民众主义—官僚威权主义"之间进行着抉择,呈现出典型的"钟摆状"政治形态,不同利益集团与政治权力核心之间的距离不断发生着变化,由此引发彼此之间的角力,使阿根廷社会的分裂更加明显。这一切,都使阿根廷的现代化进程变得更加的艰难、曲折,"国家衰败"和"阿根廷之谜"由此成为学术界长期关注的话题。

20世纪的最后20多年时间里,阿根廷现代化的发展方向再一次发生了变化。1976年使庇隆夫妇政治生命成为绝唱的军事政变所建立的军政权,除了劣迹斑斑的人权记录和"肮脏战争"留下的长串名单以外,还在阿根廷开启了新自由主义改革的序幕。1982年那一场使阿根廷人蒙羞的"马岛战争"和随后席卷整个发展中世界的债务危机,最终使阿根廷渐渐回到了外向发展和政治民主化的轨道。然而,梅内姆政府对新自由主义改革的推行,却是矫枉过正、过于极端。一方面,新自由主义改革稳定了阿根廷的经济形势,经济增长得到恢复,通货膨胀得到有效的控制,民主政治制度得到进一步的加强;另一方面,阿根廷的新自由主义改革中过于极端的私有化和自由化,使其经济的很大一部分受到外国公司的控制,对外依赖程度空前提高,社会矛盾不断激化。最终在2001年年底爆发了一场严重的金融危机,阿根廷的现代化进程又一次面临着严峻的考验。

总之,阿根廷的现代化进程具有其自身的一些基本特点,构成了现代化研究的一个"阿根廷模式",其核心就是由"成功走向失败"的"阿根廷之谜"。正如邓小平同志所说:"我们的现代化建设,必须从中国的实际出发。无论是革命还是建设,都要注意学习和借鉴外国经验。但是,照抄照搬别国经验,别国模式,从来不能得到成功。"①我们研究阿根廷的现代化进程,就是要从中总结出值得我们"学习

---

① 《邓小平文选》,第2卷,371页,北京:人民出版社,1989。

和借鉴"的经验和教训。就本书所研究的问题而言,更多的是提供了一个反面教材,其核心的意义在于找到一个解释阿根廷为什么会从一个相对成功的国家沦落为一个比较"失败"的国家这样一个问题,也就是要吸取哪些教训的问题。

那么,阿根廷的现代化进程究竟带给了我们哪些教训呢?笔者认为,阿根廷现代化进程之所以会"由成功走向失败",关键的原因在于未能妥善解决下述几对关系。

第一,比较优势与产业升级换代之间的关系。拥有丰富的自然资源,是阿根廷的比较优势,也是该国在19世纪后期至20世纪初期取得早期现代化的重要保障。阿根廷在随后的现代化进程中落后了,究其原因并不在于放弃发挥其比较优势,而在于它没有在充分发挥比较优势的基础上,促进其产业结构的逐步升级。在进口替代阶段,阿根廷依赖初级产品出口所争取的外汇来发展其"大而全"的工业体系。事实证明,这种极端内向型的发展模式,将发挥比较优势与促进产业结构升级两者之间的关系割裂开了。比较优势所带来的财富没有成为改进产业结构的动力,而只是成为发展大量低效率内向型工业的资金来源而已。到新自由主义阶段,阿根廷又走向了另外一个极端,过度强调比较优势的发挥,而放任其工业的衰落,出现了典型的"反工业化"现象。在这一对关系的处理上,阿根廷更应该向澳大利亚、加拿大和新西兰等国家学习。[①] 著名经济学家阿

---

① 事实上,国外学术界很早就有学者将阿根廷与这些国家的现代化进程进行比较研究。例如Francisco Seeber, "Argentina, Canada, Australasia: Leccions de progreso comprarado, inferioridad relativa de la Argentina", *Anales de la Sociedad Rural Argentina*, 1908; Arthur Smithies, "Argentina and Australia", *The American Economic Review*, Vol. 55, No. 1/2, Mar./May 1965, pp. 17-30; Hector L. Dieguez, "Argentina y Australia: Algunos Aspector de su desarrollo economic comprado", *Desarrollo Economico*, Vol. 8, No. 32, enero—marzo de 1969, pp. 543-563; Theodore H. Moran, "The 'Development' of Argentina and Australia: The Radical Party of Argentina and the Labor Party of Australia in the process of Economic and Political Development", *Comparative Politics*, Vol. 3, No. 1, Oct. 1970, pp. 71-92; Tim Duncan and John Fogatry, *Australia and Argentina: On Parallel Paths*, Melbourne: Melbourne University Press, 1984; D. C. M. Platt and Guido di Tella, eds., *Argentina, Australia and Canada: Studies in Comparative Development, 1870-1965*. London: Macmillan, 1985; Carl E. Solberg, *The Prairies and the pampas: Agrarian Policy in Canada and Argentina, 1880-1930*, Stanford: Stanford Unviersity Press, 1987; Herman Schwartz, "Foregin Creditors and the Politics of Development in Australia and Argentina, 1880-1913", *International Studies Quarterly*, Vol. 33, no. 3, September 1989, pp. 281-301; Pablo Gerchunorr, *Por que Argentina no fue Australia?* Buenos Aries: Siglo XXI Editores, 2002, 等等。

瑟·刘易斯在比较了阿根廷与澳大利亚的初级产品出口部门与工业发展的关系后,得出结论说:"阿根廷和澳大利亚的关键差别是,阿根廷的政治由过时的土地贵族控制;澳大利亚没有土地贵族,它的政治由其城市公民所控制,而这些人用他们的权力来保护工业利润和工资。"①

第二,国内经济发展与外部环境之间的关系。如前所述,阿根廷现代化进程相对比较成功的时期所确立起来的一个基本经济特征,是对外部条件的过度依赖,既依靠国际市场对初级产品的需求情况,又依赖大量外国资本的投入;既依赖其他国家工业品供应渠道的畅通与否,还依赖大量外来移民的涌入。也就是说,经济发展的动力主要来自外部,其经济是依附性的。一旦推动其经济迅速增长的外部动力由于战争、大萧条等因素而消失,阿根廷的现代化进程便陷入了困境。于是,为了摆脱经济的依附性特征,进口替代工业化模式被发挥到了极致,庇隆主义更是以"经济独立"作为其理论核心之核心。结果,在20世纪40年代至80年代初期的阿根廷,国内经济发展与外部环境之间的关系,又走向了另一个极端:几乎完全的封闭。在危机、战争、停滞的痛苦之后,阿根廷人在90年代以后又全盘接受了新自由主义的处方,再一次走向外向型发展的极端。纵观阿根廷独立后近200年的历史,在处理国内发展与外部环境之间关系时,反复出现"走极端"的做法,也是其现代化进程相对缓慢的原因之一。

第三,政治稳定与经济发展之间的关系。在这一对关系的解决上,阿根廷展示给世人的教训尤为深刻。在独立后的半个多世纪里,由于考迪罗主义的盛行,布宜诺斯艾利斯省与内陆各省之间、联邦派与集权派之间,围绕政治体制、贸易政策、对外关系等问题的争夺,成为拉普拉塔地区的常态,现代化进程迟迟不能启动。在19世纪70年代后的半个世纪里,阿根廷之所以能够取得较高的经济增长率,一个至关重要的因素就在于出口利益集团所确立的精英式民主制度带来了相对稳定的政治局面。在1929年爆发的世界经济危机之后,阿根廷开始陷入了"军政权—民众主义政权"循环更迭的局面,军事政变成为政权更迭的主要手段。据不完全统计,1930—1983年间,阿根廷变换了25位总统,每个总统的平均任期仅有2年,最短的只有49天,8位经过选举产生的总统,全部被军事政

---

① 阿瑟·刘易斯:《增长与波动》,285页。

变所推翻。① 在这种动荡不定的政治局势下，现代化进程举步维艰当然就不可避免了。

　　除此之外，还有几对关系对于阿根廷的现代化进程来说同样重要。例如，在处理国家干预和市场调节的关系时，阿根廷同样陷入一种"走极端"的恶性循环之中：在初级产品出口模式阶段，一味强调外向型发展，放任市场机制的作用，国家没有能够引导发展某些与初级产业联系密切的工业；在进口替代阶段，则走向了另一个极端，过度干预，重复发展低效率的国有企业，缺乏国际竞争力；到新自由主义改革时期，从一个极端又走向了另一个极端，主张国家失败论，过度依赖市场机制，结果又是危机重重。再如，在协调经济发展与解决社会问题之间的关系时，阿根廷的教训同样深刻。在庇隆当政时期，为了实现其"社会正义"的目标，往往采取过度分配的民众主义政策，将大量的资源用于补贴劳工运动，严重地挫伤了一些社会阶层，特别是出口集团的利益，最终使阿根廷的发展进程"出现逆转"②。在新自由主义改革时期，阿根廷政府过分强调经济增长，忽视分配体制和政策的改革，甚至以损害工人、农民，乃至中产阶级的利益来维护企业的效益，造成贫困化问题不断加剧，社会矛盾日益尖锐，最终引发经济危机。

　　通过上述分析，我们可以得出一个初步的结论：阿根廷之所以会从20世纪初期的富裕国家沦落为今日的发展中国家，阿根廷现代化进程之所以显得缓慢而又沉重，主要的原因在于没有妥善地处理好比较优势与产业升级、自主发展与外部环境、经济发展与政治稳定、国家干预与市场调节，以及经济增长与社会发展之间的关系。更为致命的是，在处理这些关系时，历届阿根廷政府往往采取"走极端"的做法。因此，从这个意义上说，阿根廷现代化进程的相对迟缓，是其在选择发展道路时"走极端"的做法所必然付出的代价。

---

　　① Larry Diamond, Juan J. Linz and Seymour M. Lipset, eds., *Democracy in Developing Countries. Vol. Latin America*, Bowlder: Lynne Rienner Publishers, 1989, p. 63.

　　② Carlos H. Waisman, *Reversal of development in Argentina: Postwar Counter revolutionary Policies and Their Structural Consequences*, pp. 117-127.

附录　阿根廷早期历史统计

附表1　阿根廷早期现代化进程中三次普查的人口数

年份 地区	1869	1895	1914
联邦地区			
联邦首都	284 909	663 854	1 575 814
马丁·加西亚岛	—	—	783
各省			
布宜诺斯艾利斯	400 169	921 168	2 066 165
圣塔菲	135 687	397 188	899 640
恩特雷里奥斯	185 848	292 019	425 373
科连特斯	171 802	239 618	347 055
科尔多瓦	270 274	351 223	735 472
圣路易斯	59 087	81 450	116 266
圣地亚哥德埃斯特罗	135 574	161 502	261 678
图库曼	135 475	215 472	332 933
门多萨	89 270	116 136	277 535
圣胡安	75 314	84 450	119 252
拉里奥哈	55 847	69 502	79 754
卡塔马尔卡	82 383	90 161	100 391
萨尔塔	105 679	118 015	140 927
胡胡伊	43 731	49 713	76 631
领地			
查科(Chaco)		10 422	46 274
丘布特(Chubut)		3 748	23 065
福莫萨(Formosa)		4 829	19 282
拉潘帕(La Pampa)		25 914	101 338
罗斯安第斯(Los Andes)			2 487
米西奥内斯(Misiones)		33 163	53 563
内乌肯(Neuquen)		14 517	28 866
里奥内格罗(Rio Negro)		9 241	42 242
圣克鲁斯(Santa Cruz)		1 058	9 948
弗埃戈领地(Tierra del Fuego)		477	2 504
总计	2 231 049	3 955 110	7 865 237

资料来源：Ernesto Tornquist & Co., *Economic Development of the Argentine Republic in the Last Fifty Years*, Buenos Aires, 1919, pp. 7-8.

附表 2 根据民族统计的阿根廷共和国人口（1914 年普查）

民族	男性	女性	总计
阿根廷人	2 753 214	2 774 071	5 527 285
意大利人	587 497	342 366	929 863
西班牙人	512 742	316 959	829 701
俄罗斯人	54 956	38 678	93 634
乌拉圭人	46 016	40 412	86 428
法国人	44 021	35 470	79 471
土耳其人	52 194	12 175	64 369
奥地利—匈牙利人	24 913	13 180	38 123
巴西人	18 939	17 503	36 442
智利人	21 092	13 125	34 217
巴拉圭人	16 160	11 889	28 049
英国人	18 945	8 747	27 692
德国人	17 404	9 588	26 995
玻利维亚人	12 024	5 969	17 993
瑞士人	8 897	5 448	14 345
葡萄牙人	11 629	2 514	14 143
希腊人	5 272	444	5 716
比利时人	2 781	2 084	4 866
丹麦人	2 903	969	3 872
北美人	2 138	1 311	3 449
荷兰人	2 124	1 297	3 421
罗马尼亚人	1 291	994	2 105
黑山人	1 425	150	1 575
瑞典人	1 015	288	1 303
秘鲁人	728	458	1 186
保加利亚人	990	77	1 067
古巴人	615	440	1 055
日本人	860	147	1 007
其他民族	4 295	1 551	5 846
总数	4 227 023	3 658 214	7 865 237

资料来源：Ernesto Tornquist & Co., *Economic Development of the Argentine Republic in the Last Fifty Years*, pp. 10-11.

附表3 根据职业统计的阿根廷人口(1914年普查)

	一、阿根廷人					
	1914年			1895年		
	男性	女性	总计	男性	女性	总计
农牧业	288 877	28 825	317 702	204 962	13 836	348 798
工业和手工业	183 227	284 855	468 082	55 613	155 209	210 822
商业	101 675	9 925	111 600	50 412	4 713	55 125
运输	54 331	1 239	55 570	28 959	283	29 242
收入来自土地或其他财产者	19 300	21 786	41 086	6 760	12 054	18 814
国内服务	6 915	103 598	110 513	9 545	157 521	167 066
国防	8 980		8 980	12 244		12 244
公共管理	83 945	5 716	89 661	16 664	155	16 819
宗教	1 136	1 454	2 590	533	973	1 506
司法	7 898	14	7 912	3 766	21	3 787
医疗和公共卫生	5 930	2 004	7 934	1 446	801	2 247
教育	33 139	37 654	70 793	8 280	5 740	14 020
美术	5 139	511	5 650	435	109	544
学术与科技	4 175	642	4 817	894	7	901
外国政府和外交使领馆的雇佣者	17		17			
运动	1 492	14	1 506			
其他各种职业	602 141	966 289	1 568 430	341 364	436 658	778 022
总数	1 408 317	1 464 526	2 872 843	741 877	818 080	1 559 957
	二、外国人					
	1914年			1895年		
	男性	女性	总计	男性	女性	总计
农牧业	199 411	12 753	212 164	121 542	23 608	145 150
工业和手工业	305 011	68 144	373 155	129 744	25 521	155 265
商业	170 754	11 292	182 046	82 729	5 509	88 238
运输	54 825	379	55 204	33 658	106	33 764
收入来自土地或其他财产者	15 791	6 595	22 386	5 476	4 155	9 631
国内服务	28 993	79 113	108 106	14 085	41 623	55 708
国防	661		661	857	1	858
公共管理	18 628	563	19 191	7 022	93	7 115
宗教	1 863	1 178	3 041	918	589	1 507
司法	1 164	2	1 166	1 863	11	1 874
医疗和公共卫生	4 465	2 364	6 829	2 104	595	2 699

续前表

	二、外国人					
	1914 年			1895 年		
	男性	女性	总计	男性	女性	总计
教育	6 405	5 986	12 391	2 871	1 467	4 338
美术	7 254	1 288	8 542	1 713	441	2 154
学术与科技	3 719	273	3 992	1 554	24	1 578
外国政府和外交使领馆的雇佣者	138	1	139			
运动	491	13	504			
其他各种职业	548 141	596 413	1 144 554	170 318	211 607	381 925
总数	1 367 714	786 357	2 154 071	576 454	315 350	891 804
三、阿根廷人和外国人合计							
	1914 年			1895 年		
	男性	女性	总计	男性	女性	总计
农牧业	488 288	41 578	529 866	326 504	67 444	393 948
工业和手工业	488 238	352 999	841 237	185 357	180 730	366 087
商业	272 429	21 217	293 646	133 141	10 222	143 363
运输	109 156	1 618	110 774	62 617	389	63 006
收入来自土地或其他财产者	35 091	28 381	63 472	12 236	16 209	28 445
国内服务	35 908	182 711	218 619	23 630	199 144	222 774
国防	9 641		9 641	13 101	1	13 102
公共管理	102 573	6 279	108 852	23 686	248	23 934
宗教	2 999	2 632	5 631	1 451	1 562	3 013
司法	9 062	16	9 078	5 629	32	5 661
医疗和公共卫生	10 395	4 568	14 763	3 550	1 396	4 946
教育	39 544	43 640	83 184	11 151	7 207	18 358
美术	12 393	1 799	14 192	2 148	550	2 698
学术与科技	7 894	915	8 809	2 448	31	2 479
外国政府和外交使领馆的雇佣者	155	1	156			
运动	1 983	27	2 010			
其他各种职业	1 150 282	1 562 702	2 712 084	511 682	618 266	1 159 947
总数	2 776 031	2 250 883	5 026 914	1 318 331	1 133 430	2 451 761

资料来源:Ernesto Tornquist & Co., *Economic Development of the Argentine Republic in the Last Fifty Years*, pp. 11-14.

附表4 1857—1918年期间阿根廷移民情况

年份	入境移民人数	出境移民人数	净流入移民人数	年份	入境移民人数	出境移民人数	净流入移民人数
1857	4 951	—	4 951	1888	155 632	16 842	+138 790
1858	4 638	—	4 638	1889	260 909	40 649	+220 260
1859	4 735	—	4 735	1890	110 549	80 219	+30 375
1860	5 656	—	5 656	1891	52 097	81 932	−29 835
1861	6 301	—	6 301	1892	73 294	43 853	+29 141
1862	6 716	—	6 716	1893	84 420	48 794	+35 626
1863	10 408	—	10 408	1894	80 671	41 399	+39 272
1864	11 682	—	11 682	1895	80 989	36 820	+44 169
1865	11 767	—	11 767	1896	135 205	45 921	+89 284
1866	13 696	—	13 696	1897	105 143	57 457	+47 686
1867	17 046	—	17 046	1898	95 190	53 536	+41 654
1868	29 234	—	29 234	1899	111 083	62 241	+48 842
1869	37 934	—	37 934	1900	105 902	55 417	+50 485
1870	39 967	—	39 967	1901	125 951	80 251	+45 700
1871	20 933	10 686	+10 247	1902	96 680	79 427	+16 653
1872	37 037	9 153	+27 884	1903	112 671	74 776	+37 895
1873	76 332	18 236	+58 095	1904	161 078	66 597	+94 481
1874	68 277	21 340	+46 937	1905	221 622	82 772	+138 650
1875	42 036	25 578	+16 458	1906	302 249	103 852	+198 397
1876	30 965	13 487	+17 478	1907	257 924	138 063	+119 611
1877	36 325	18 350	+17 975	1908	303 112	127 032	+176 089
1878	42 958	14 860	+28 098	1909	278 148	137 508	+140 640
1879	55 155	23 696	+31 459	1910	345 275	136 405	+208 870
1880	41 651	20 377	+21 274	1911	281 622	172 041	+109 581
1881	47 484	22 374	+25 110	1912	379 117	172 996	+206 121
1882	51 503	8 720	+42 783	1913	364 878	219 519	+145 359
1883	63 243	9 510	+53 733	1914	182 672	243 701	−61 029
1884	77 805	14 441	+63 361	1915	83 019	148 425	−65 406
1885	108 722	14 585	+94 137	1916	75 381	122 328	−46 947
1886	93 116	13 907	+79 209	1917	51 665	83 996	−32 331
1887	120 842	13 630	+107 212	1918	50 662	59 908	−9 246

资料来源：Ernesto Tornquist & Co., *Economic Development of the Argentine Republic in the Last Fifty Years*, p. 15.

附表 5　1872—1918 年间阿根廷共和国的可耕地面积

年份	公顷	年份	公顷	年份	公顷
1872	580 008	1902—1903	9 114 616	1911—1912	21 861 684
1888	2 459 120	1903—1904	10 685 511	1912—1913	22 987 726
1895	4 892 004	1904—1905	11 424 438	1913—1914	24 091 725
1896—1897	5 570 000	1905—1906	13 081 461	1914—1915	24 317 199
1897—1898	5 372 000	1906—1907	13 897 593	1915—1916	24 361 986
1898—1899	5 983 771	1907—1908	14 612 792	1916—1917	23 379 407
1899—1900	6 427 417	1908—1909	15 830 563	1917—1918	24 784 392
1900—1901	7 311 048	1909—1910	18 775 672		
1901—1902	7 638 475	1910—1911	20 367 082		

资料来源：Ernesto Tornquist & Co.，*Economic Development of the Argentine Republic in the Last Fifty Years*，p. 26.

附表 6　不同作物的种植面积（1895、1914 和 1917—1918 年）

作物＼年份	1895（第二次普查）	1914（第三次普查）	1917—1918
小麦	2 049 683	6 261 000	7 234 000
亚麻籽	387 324	1 723 000	1 308 600
玉米	1 244 184	4 203 000	3 527 000
燕麦	38 624	1 161 000	1 295 000
大麦	54 574	160 500	244 355
苜蓿	713 091	7 373 400	8 052 805
烟草	15 975	15 360	10 725
甘蔗	61 273	109 200	93 310
棉花	879	3 300	11 775
树木	33 459	132 479	116 145
坚果	13 475	21 900	26 725
土豆	21 084	123 910	134 645
其他作物	258 559	3 029 150	2 729 807
总计	4 892 004	24 317 199	24 784 892

资料来源：Ernesto Tornquist & Co.，*Economic Development of the Argentine Republic in the Last Fifty Years*，p. 27.

附表7 1872—1918年主要作物耕种面积的发展(公顷)

年份	小麦	亚麻籽	玉米	燕麦	苜蓿
1872	73 096	34	130 430	?	105 782
1888	815 438	121 103	801 588	?	390 009
1890—1891	1 202 208	—	—	—	—
1891—1892	1 320 000	—	—	—	—
1892—1893	1 600 000	—	—	—	—
1893—1894	1 840 000	—	—	—	—
1894—1895	2 000 000	—	—	—	—
1895—1896	2 260 000	387 324	1 244 182	—	713 091
1896—1897	2 500 000	—	—	—	800 000
1897—1898	2 600 000	—	—	22 284	900 000
1898—1899	3 200 000	332 788	850 000	22 390	1 067 983
1899—1900	3 250 000	355 329	1 009 000	23 390	1 268 088
1900—1901	3 379 749	607 352	1 255 346	32 500	1 511 601
1901—1902	3 296 066	782 880	1 405 796	32 500	1 631 733
1902—1903	3 695 343	1 307 196	1 801 644	56 488	1 730 163
1903—1904	4 320 000	1 487 000	2 100 000	47 836	2 172 511
1904—1905	4 903 124	1 082 890	2 287 040	50 621	2 503 384
1905—1906	5 675 293	1 022 782	2 717 300	72 140	2 983 643
1906—1907	5 692 268	1 190 647	2 851 300	146 379	3 537 211
1907—1908	5 759 987	1 391 467	2 719 260	386 261	3 612 000
1908—1909	6 063 100	1 534 300	2 973 900	633 300	3 687 200
1909—1910	5 836 550	1 455 600	3 005 000	574 500	4 706 530
1910—1911	6 253 180	1 503 820	3 215 250	801 370	5 400 580
1911—1912	6 897 000	1 630 000	3 422 000	1 031 000	5 630 100
1912—1913	6 918 450	1 733 330	3 830 000	1 192 400	5 955 000
1913—1914	6 573 540	1 779 350	4 152 000	1 249 300	6 690 100
1914—1915	6 261 000	1 723 000	4 203 000	1 161 000	7 373 400
1915—1916	6 645 000	1 619 000	4 017 850	1 038 000	7 526 150
1916—1917	6 511 000	1 298 000	3 629 570	1 022 000	7 619 000
1917—1918	7 234 000	1 308 600	3 527 000	1 295 000	8 052 805
1918—1919	6 870 000	1 383 650	3 339 500	1 206 000	8 073 270

资料来源:Ernesto Tornquist & Co., *Economic Development of the Argentine Republic in the Last Fifty Years*, p. 28.

附表 8 1875—1918 年主要谷物的出口情况（吨）

年份 \ 谷物	小麦	亚麻籽	玉米	燕麦
1875	—	—	223	—
1876	21	—	8 058	—
1877	200	—	9 818	—
1878	2 547	104	17 064	—
1879	25 669	246	29 521	—
1880	1 166	958	15 032	—
1881	157	6 395	25 052	—
1882	1 705	23 352	107 327	—
1883	60 755	23 062	18 634	—
1884	108 499	33 992	113 710	—
1885	78 493	69 426	197 860	—
1886	37 864	37 690	231 660	—
1887	237 866	81 208	751 814	—
1888	178 929	40 223	162 037	—
1889	22 806	28 196	432 591	—
1890	327 894	30 721	707 282	—
1891	395 555	12 213	65 909	—
1892	470 110	42 987	445 935	—
1893	1 008 137	72 199	84 514	975
1894	1 608 249	104 435	54 876	1 665
1895	1 010 269	276 443	772 318	17 897
1896	532 602	229 675	1 570 517	2 885
1897	101 845	162 477	374 942	566
1898	645 161	158 904	717 105	1 017
1899	1 713 429	217 713	1 116 276	5 367
1900	1 929 676	223 257	713 248	7 619
1901	904 289	338 828	1 112 290	2 225
1902	644 908	340 937	1 192 829	9 842
1903	1 681 327	593 601	2 004 384	26 245
1904	2 304 724	880 541	2 469 548	29 156
1905	2 868 281	654 792	2 222 289	17 167
1906	2 247 988	538 496	2 093 739	51 661
1907	2 680 802	763 736	1 276 732	143 566
1908	2 636 294	1 055 650	1 711 804	440 041

续前表

谷物 年份	小麦	亚麻籽	玉米	燕麦
1909	2 514 130	887 222	2 273 412	421 352
1910	1 883 592	604 877	2 660 225	370 948
1911	2 285 951	415 805	125 185	511 389
1912	2 629 056	515 399	4 835 237	896 032
1913	2 812 149	1 016 732	4 806 951	889 744
1914	980 525	841 590	3 542 280	353 700
1915	2 511 514	981 192	4 330 594	592 797
1916	2 294 876	639 914	2 873 910	804 443
1917	935 828	141 808	893 939	271 713
1918	2 996 408	391 382	664 683	542 097

资料来源：Ernesto Tornquist & Co., *Economic Development of the Argentine Republic in the Last Fifty Years*, pp. 30-31.

附表9　1918年主要谷物出口目的地（吨）

目的地	小麦	亚麻籽	玉米	燕麦	大麦
玻利维亚			86		
巴西	319 362	537	1 190	260	994
古巴			1 024	59	
智利	103	633	1 229	5	3
西班牙	229 102	7 047	18 993		
美国	28 090	241 473	39 872		
法国	174 369	9 892	26 291	53 796	1 407
意大利	64 455		28 319	18 426	
挪威	25 941		49 954	2 014	20
巴拉圭	11 698		305	41	34
秘鲁	3 343				
法属领地	46 394	6 792	19 483	6 159	
英属领地	1 000				
英国	1 374 207	69 035	254 419	417 380	2 256
瑞典	26 336	4 006	25 856	5 313	
南非	6 445	3			
乌拉圭	1 523	4 920	4 968	15 159	37
其他	684 040	47 044	192 694	23 485	
总计	2 996 408	391 382	664 683	542 097	4 751

资料来源：Ernesto Tornquist & Co., *Economic Development of the Argentine Republic in the Last Fifty Years*, p. 31.

附表10 阿根廷各省和领地的工厂数和资本额

省和领地	工厂数		资本(金比索)	
	1895	1914	1895	1914
联邦首都	8 482	10 275	117 985 951	547 652 248
布宜诺斯艾利斯省	5 775	14 848	70 935 217	470 295 247
圣塔菲省	2 773	5 829	33 040 399	188 020 767
恩特雷里奥斯省	1 478	2 382	23 291 170	72 273 632
科连特斯省	536	768	4 365 498	10 460 841
科尔多瓦省	1 260	2 836	7 947 838	75 064 368
圣路易斯省	168	551	490 682	6 684 743
圣地亚哥德埃斯特罗省	231	624	2 202 027	15 810 878
图库曼省	639	788	34 859 514	89 194 687
门多萨省	885	2 555	14 004 455	171 786 441
圣胡安省	579	897	7 979 897	25 706 719
拉里奥哈省	209	1 101	978 425	18 285 890
卡塔马尔卡省	225	1 361	410 445	8 363 829
萨尔塔省	401	2 297	2 173 504	12 686 819
胡胡伊省	145	197	2 930 600	29 729 620
查科领地	48	186	1 600 203	24 205 645
丘布特领地	28	92	672 854	2 692 031
福莫萨领地	145	288	1 393 451	6 998 120
拉潘帕领地		38		1 117 829
罗斯安第斯领地	37	385	90 809	3 385 196
米西奥内斯领地	31	136	9 913	3 801 850
内乌肯领地	22	89	17 417	732 445
里奥内格罗领地	13	208	38 808	1 181 300
圣克鲁斯领地		42		1 459 150
弗埃戈领地	4	6	57 228	72 000
总计	24 114	48 779	327 397 366	1 787 662 295

资料来源：Ernesto Tornquist & Co., *Economic Development of the Argentine Republic in the Last Fifty Years*, p.35.

附表 11 1914 年阿根廷工业发展概况

工业	工厂数	资本	产值	原材料	动力	就业人数
加工工业	14 713	794 829 135	913 346 328	598 209 580	171 282	125 198
制造工业	14 794	455 265 691	668 792 918	346 856 844	92 093	156 810
非制造工业	18 732	176 079 334	266 784 864	134 520 532	16 299	106 915
公共服务工业	540	361 488 135	12 865 600	7 192 650	399 083	21 278
总计	48 779	1 787 662 295	1 861 780 710	1 086 779 606	678 757	410 201

这 48 779 家企业还可以分成 10 组工业：

工业	工厂数	资本	产值	原材料	动力	就业人数
食品工业	18 983	763 772 611	99 0469 357	658 429 043	164 786	134 842
服装和梳洗	7 081	100 178 372	16 0326 029	89 700 823	5 784	57 764
建筑	8 582	216 182 262	229 635 785	97 539 460	44 570	87 317
家具、车辆和相关工业	4 441	62 638 495	87 057 936	41 444 207	9 026	29 007
艺术装潢和手艺	996	14 546 326	16 120 829	7 044 992	442	4 297
冶金和相关工业	3 275	107 620 033	94 295 757	45 788 727	17 935	29 327
化工生产	567	38 012 648	56 302 769	28 166 321	4 915	9 986
制图工艺	1 439	32 982 317	39 662 415	13 422 656	3 058	13 286
纤维、纺纱和织布	2 458	34 423 149	40 246 161	22 498 883	10 203	15 560
其他工业	957	417 306 082	147 672 672	82 744 494	418 038	28 815
总计	48 779	1 787 662 295	1 861 780 710	1 086 779 606	678 757	410 201

本表说明：① 1914 年的全国普查登记了各种工业企业 48 779 家，分成 4 大类：加工工业（Extractive industries）；制造工业（Manufacturing industries）；非制造工业（Non－fabrile industries）；公共服务工业（Public service industries）。其中：加工工业有 14 713 家企业，多使用国内的原材料。这一部分的企业包括冷冻工厂、制糖厂、面粉厂、葡萄酒酿造厂、奶制品工业、酿酒业、酒精提炼厂、巴拉圭茶伴侣厂、食用油加工厂、木材加工厂、锯木厂、采石场、洗羊毛企业等；制造工业包括 14 794 家工厂，多使用国内外的原材料。主要有制冰厂、矿泉水工厂、巧克力和甜肉厂、蛋糕和饼干加工厂、蒸馏厂、制鞋厂、皮革和帆布厂、机械木器厂、砖瓦厂、马赛克和瓷砖厂、手推车和四轮马车加工厂、家具制造、马鞍和鞍皮加工厂、金属铸造厂、铁器和合金加工厂、肥皂厂、化工厂、颜料和油漆厂、玻璃厂、制帽厂、纺织厂、麻袋厂、雪茄和制烟厂、造纸厂和纸板厂、罐头厂等；非制造工业部分由 18 732 家工厂组成，包括面包房和蛋糕作坊、咖啡研磨和烘烤、洗衣房、制衣

坊、裁缝店、洗染店、制鞋店、木匠铺和铁匠铺(非机械的)、画舫、石膏铺、制桶店、珠宝和钟表制作等；公共服务工业有540家企业包括建筑公司、铺路承包公司、灯具厂、谷物仓储、冷藏库房等。

② 当时1金比索兑换0.1984英镑，兑换0.9649美元，相当于5法郎和4.0486马克。

资料来源：Ernesto Tornquist & Co., *Economic Development of the Argentine Republic in the Last Fifty Years*, p.37.

附表12　1913年阿根廷工业所有者的国籍

省和领地	所有者的国籍			总计
	阿根廷人	外国人	合营	
联邦首都	2 024	7 869	382	10 275
布宜诺斯艾利斯省	3 681	10 622	545	14 848
圣塔菲省	1 318	4 245	266	5 829
恩特雷里奥斯省	866	1 461	55	2 382
科连特斯省	375	385	8	768
科尔多瓦省	772	1 975	89	2 836
圣路易斯省	262	280	9	551
圣地亚哥德埃斯特罗省	348	245	31	624
图库曼省	349	425	14	788
门多萨省	687	1 881	47	2 555
圣胡安省	436	443	18	897
拉里奥哈省	959	131	11	1 101
卡塔马尔卡省	1 227	129	5	1 361
萨尔塔省	2 033	250	14	2 297
胡胡伊省	101	91	5	197
全国各领地	325	1 051	34	1 470
合计	15 763	31 483	1 533	48 779

资料来源：Ernesto Tornquist & Co., *Economic Development of the Argentine Republic in the Last Fifty Years*, p.40.

附表 13　阿根廷各类工业所有者的国籍（1913 年）

省和领地	所有者的国籍			总计
	阿根廷人	外国人	合营	
食品工业	7 196	10 998	789	18 983
服装和梳洗	1 060	5 918	163	7 081
建筑	2 211	6 162	209	8 582
家具、车辆和相关工业	1 046	3 288	107	4 441
艺术装潢和手艺	253	725	18	996
冶金和相关工业	668	2 510	97	3 275
化工生产	137	375	55	567
制图工艺	567	813	59	1 439
纤维、纺纱和织布	2 246	196	16	2 458
其他工业	379	498	80	957
总计	15 763	31 483	1 533	48 779

资料来源：Ernesto Tornquist & Co., *Economic Development of the Argentine Republic in the Last Fifty Years*, p. 40.

附表 14　1913 年阿根廷工业部门的就业人数

工业类别	工厂数	阿根廷人			外国人			总就业人数
		男性	女性	童工	男性	女性	童工	
食品工业	18 983	52 809	10 701	4 537	58 344	7 388	1 063	134 842
服装和梳洗	7 081	13 024	10 753	1 409	26 229	5 852	497	57 764
建筑	8 582	46 519	1 269	2 573	36 225	319	412	87 317
家具、车辆和相关工业	4 441	12 842	510	1 263	13 859	320	213	29 007
艺术装潢和手艺	996	1 598	180	195	2 212	83	29	4 297
冶金和相关工业	3 275	12 322	350	1 316	14 766	312	261	29 327
化工生产	567	2 416	1 697	816	4 133	659	265	9 986
制图工艺	1 439	6 822	396	1 000	4 310	286	272	13 286
纤维、纺纱和织布	2 458	2 362	6 898	719	3 391	2 037	153	15 560
其他工业	957	7 281	4 200	646	13 953	2 536	199	28 815
总计	48 779	157 663	37 154	14 474	177 422	19 792	3 364	410 201

资料来源：Ernesto Tornquist & Co., *Economic Development of the Argentine Republic in the Last Fifty Years*, p. 42.

附表 15 阿根廷贸易、财政与金融数据（金比索）

年份	外贸总额	国民收入	国家政府开支	公共债务
1864	45 510 552	7 005 328	7 119 931	
1865	56 410 745	8 295 071	22 517 147	
1866	64 142 267	9 568 555	13 702 590	
1867	71 988 314	12 040 287	14 110 077	
1868	72 122 251	12 496 126	16 693 406	
1869	73 644 891	12 676 680	14 953 431	
1870	79 347 697	14 833 904	19 439 967	47 505 986
1871	72 625 967	12 682 155	21 166 230	84 265 110
1872	108 853 746	18 172 380	26 462 786	80 012 729
1873	120 832 329	20 217 232	31 025 070	78 480 297
1874	102 368 085	15 974 042	29 784 096	77 183 464
1875	109 633 594	17 206 747	28 567 861	82 877 423
1876	84 160 736	13 583 633	22 153 048	86 813 567
1877	85 213 368	14 824 097	19 924 961	82 230 897
1878	81 282 896	18 415 898	20 840 918	80 649 083
1879	95 721 151	20 961 893	22 523 159	77 738 976
1880	103 916 667	19 594 306	26 919 295	86 313 102
1881	113 644 199	21 345 926	28 381 224	107 075 511
1882	121 634 984	26 822 320	58 007 158	124 112 684
1883	140 643 804	30 050 196	44 831 378	128 047 256
1884	162 085 980	37 724 374	56 440 137	122 503 098
1885	176 101 069	26 581 118	40 515 080	113 381 896
1886	165 243 586	30 395 792	39 178 658	117 153 961
1887	201 773 945	38 209 229	48 205 071	141 717 849
1888	228 524 013	34 892 162	51 596 824	277 462 571
1889	254 715 239	38 189 506	55 770 588	295 159 833
1890	243 010 805	29 114 767	38 145 542	355 762 141
1891	170 426 780	29 498 953	33 664 842	370 103 701
1892	204 351 389	32 597 978	38 685 227	425 470 775
1893	190 383 787	38 389 038	38 047 440	327 806 888
1894	194 476 611	34 378 105	40 114 452	393 385 710
1895	213 309 228	38 223 808	48 505 921	401 863 641
1896	228 906 697	42 008 415	78 212 817	421 504 885
1897	199 468 247	51 440 841	61 010 309	438 282 693

续前表

年份	外贸总额	国民收入	国家政府开支	公共债务
1898	241 258 358	53 158 969	121 289 634	454 165 102
1899	301 768 202	72 863 448	76 630 701	548 930 774
1900	268 986 481	64 858 210	68 580 237	447 191 888
1901	281 675 851	65 046 903	69 919 207	442 847 017
1902	282 585 983	65 463 843	85 334 776	423 965 488
1903	352 191 124	75 420 900	78 473 455	426 407 386
1904	451 463 494	83 037 636	85 781 115	426 553 343
1905	527 998 261	90 378 511	141 704 734	384 437 269
1906	562 224 350	100 704 306	118 911 294	379 560 388
1907	582 065 052	107 275 686	111 408 537	418 358 791
1908	638 978 077	111 862 072	111 048 768	398 940 617
1909	700 106 623	121 073 018	154 995 148	449 705 661
1910	768 423 875	133 093 687	180 947 941	452 790 667
1911	747 337 250	136 632 618	183 291 269	526 539 801
1912	948 530 371	148 001 248	211 108 412	531 498 109
1913	1 015 383 105	153 691 749	177 513 150	544 721 819
1914	725 661 481	110 029 744	184 641 427	545 023 471
1915	887 667 285	101 310 566	175 968 753	537 582 830
1916	939 130 093	102 337 540	164 844 063	546 687 905
1917	930 491 227	100 427 296	171 411 307	595 410 399
1918	1 302 069 240	130 925 566	185 263 367	578 224 999

资料来源：Ernesto Tornquist & Co., *Economic Development of the Argentine Republic in the Last Fifty Years*, pp. 139-140, 276-277.

附表16 阿根廷主要贸易伙伴的贸易额(百万比索)

	英国		美国		德国		巴西	
	进口	出口	进口	出口	进口	出口	进口	出口
1870	13.0	2.5	2.9	3.8	1.6	0.2	3.4	0.6
1871	12.0	6.1	2.1	3.7	1.2	0.1	2.6	0.6
1872	16.0	13.0	3.2	4.3	1.8	0.6	3.3	1.0
1873	19.0	14.0	5.2	3.0	3.2	0.4	3.0	0.8
1874	16.0	15.0	3.9	3.7	2.3	0.8	2.7	0.6
1875	...	...	...	...	...	...	...	...
1876	9.0	7.4	1.9	2.5	1.8	1.5	2.2	1.2
1877	9.8	5.5	2.3	2.5	2.1	1.2	2.5	1.9

续前表

	英国		美国		德国		巴西	
	进口	出口	进口	出口	进口	出口	进口	出口
1878	12.0	3.6	2.9	2.6	2.2	1.0	2.2	1.8
1879	12.0	3.9	3.9	3.9	2.3	1.6	2.3	3.4
1880	13.0	5.3	3.2	5.1	2.4	2.5	2.4	2.0
1881	16.0	3.9	4.3	4.1	3.5	4.0	2.7	1.8
1882	20.0	7.6	5.1	3.0	4.8	4.8	2.2	2.2
1883	31.0	6.0	4.9	3.5	7.0	4.8	2.2	1.7
1884	31.0	7.2	7.5	4.1	8.9	6.8	2.3	1.5
1885	35.0	13.0	7.0	5.6	7.3	8.5	2.2	2.2
1886	33.0	10.0	7.7	3.6	8.0	7.0	2.3	1.9
1887	35.0	17.0	11.0	5.9	12.0	9.8	2.5	1.8
1888	44.0	17.0	9.9	6.7	13.0	13.0	2.4	2.5
1889	57.0	15.0	17.0	6.7	15.0	17.0	2.6	3.7
1890	58.0	19.0	9.3	6.1	12.0	12.0	3.6	4.1
1891	28.0	17.0	3.4	4.2	6.2	12.0	1.5	5.2
1892	36.0	20.0	7.4	4.8	11.0	17.0	2.1	5.1
1893	33.0	19.0	9.6	3.4	11.0	10.0	2.1	5.2
1894	33.0	20.0	10.0	5.3	11.0	12.0	2.0	6.8
1895	40.0	15.0	6.7	8.9	11.0	13.0	4.1	8.1
1896	45.0	14.0	11.0	6.4	14.0	13.0	5.2	9.8
1897	36.0	13.0	10.0	8.3	11.0	14.0	4.8	8.7
1898	39.0	19.0	11.0	5.9	13.0	20.0	5.0	7.9
1899	44.0	22.0	15.0	7.7	13.0	29.0	4.8	7.0
1900	39.0	24.0	13.0	6.9	17.0	20.0	3.9	6.2
1901	36.0	30.0	16.0	9.3	17.0	21.0	4.4	9.7
1902	37.0	35.0	13.0	10.0	13.0	23.0	4.6	8.4
1903	45.0	36.0	17.0	8.1	17.0	27.0	5.4	8.5
1904	65.0	36.0	24.0	10.0	25.0	30.0	6.0	10.0
1905	68.0	45.0	29.0	16.0	29.0	37.0	5.3	13.0
1906	95.0	43.0	39.0	13.0	38.0	39.0	6.6	12.0
1907	98.0	54.0	39.0	11.0	46.0	36.0	7.8	14.0
1908	93.0	78.0	36.0	13.0	38.0	35.0	7.3	15.0
1909	99.0	81.0	43.0	26.0	45.0	41.0	8.2	17.0
1910	109.0	92.0	48.0	25.0	61.0	45.0	9.1	18.0
1911	138.0	127.0	52.0	32.0	64.0	54.0	9.5	23.0

续前表

	英国		美国		德国		巴西	
	进口	出口	进口	出口	进口	出口	进口	出口
1912	154.0	129.0	69.0	34.0	84.0	56.0	11.0	26.0
1913	350.0	294.0	166.0	56.0	191.0	141.0	25.0	59.0
1914	249.0	268.0	99.0	112.0	108.0	81.0	25.0	41.0
1915	207.0	391.0	172.0	213.0	17.0	—	32.0	52.0
1916	235.0	383.0	243.0	272.0	1.0	—	46.0	59.0
1917	189.0	366.0	314.0	367.0	1.0	—	86.0	52.0
1918	284.0	695.0	385.0	375.0	1.0	—	112.0	76.0
1919	351.0	669.0	529.0	430.0	3.0	21.0	108.0	85.0
1920	497.0	636.0	705.0	350.0	101.0	54.0	115.0	51.0
1921	395.0	466.0	457.0	135.0	162.0	115.0	102.0	65.0
1922	367.0	341.0	347.0	181.0	211.0	120.0	111.0	61.0
1923	470.0	429.0	412.0	204.0	269.0	145.0	105.0	57.0
1924	440.0	532.0	415.0	163.0	236.0	230.0	85.0	73.0
1925	436.0	472.0	469.0	163.0	229.0	202.0	83.0	76.0
1926	361.0	452.0	461.0	164.0	212.0	186.0	96.0	68.0
1927	378.0	649.0	495.0	190.0	220.0	377.0	99.0	85.0
1928	373.0	687.0	441.0	198.0	222.0	329.0	73.0	92.0
1929	345.0	697.0	516.0	212.0	225.0	217.0	74.0	85.0
1930	333.0	510.0	371.0	135.0	198.0	123.0	69.0	65.0

资料来源：B. R. 米切尔编：《帕尔格雷夫世界历史统计：美洲卷，1750—1993 年》，488—489 页。

附表17 阿根廷铁路业发展情况

年份	营业铁路长度（公里）	铁路货运量（千吨）	铁路客运量（百万乘客里程）
1857	10	2.3	0.1
1858	18	6.7	0.2
1859	23	13.0	0.3
1860	39	——	…
1861	39	——	…
1862	47	19.0	0.4
1863	61	24.0	0.4
1864	94	71.0	0.6

续前表

年份	营业铁路长度(公里)	铁路货运量(千吨)	铁路客运量(百万乘客里程)
1865	213	72.0	0.7
1866	514	83.0	1.2
1867	572	129.0	1.6
1868	572	152.0	1.7
1869	604	206.0	1.9
1870	732	275.0	1.9
1871	852	286.0	2.5
1872	865	343.0	2.2
1873	1 104	443.0	2.7
1874	1 249	504.0	2.6
1875	1 384	661.0	2.6
1876	1 665	734.0	2.3
1877	2 262	721.0	2.4
1878	2 262	734.0	2.5
1879	2 262	812.0	2.6
1880	2 313	773.0	2.8
1881	2 442	957.0	3.3
1882	2 666	1 308.0	3.6
1883	3 123	1 918.0	4.1
1884	3 728	2 421.0	4.8
1885	4 541	3 050.0	5.8
1886	5 964	2 949.0	4.7
1887	6 868	3 844.0	8.2
1888	7 644	4 411.0	10.0
1889	8 113	6 642.0	11.0
1890	9 254	5 421.0	10.0
1891	11 700	4 621.0	11.0
1892	12 920	6 038.0	12.0
1893	13 961	7 169.0	13.0
1894	14 029	8 143.0	14.0

续前表

年份	营业铁路长度(公里)	铁路货运量(千吨)	铁路客运量(百万乘客里程)
1895	14 222	9 650.0	15.0
1896	14 489	10 914.0	17.0
1897	14 997	8 981.0	16.0
1898	15 314	9 429.0	16.0
1899	16 399	11 819.0	18.0
1900	16 767	12 660.0	18.0
1901	17 200	13 988.0	20.0
1902	17 591	14 252.0	20.0
1903	18 603	17 302.0	21.0
1904	19 430	20 288.0	23.0
1905	19 682	22 770.0	27.0
1906	20 653	26 969.0	34.0
1907	22 045	27 934.0	42.0
1908	23 654	32 194.0	47.0
1909	25 457	31 200.0	51.0
1910	27 713	32 562.0	60.0
1911	30 462	34 961.0	68.0
1912	32 212	41 312.0	69.0
1913	33 478	42 917.0	79.0
1914	31 186	34 296.0	81.0
1915	31 048	31 939.0	68.0
1916	32 755	32 005.0	66.0
1917	32 774	32 681.0	62.0
1918	32 774	30 570.0	54.0
1919	32 817	37 342.0	64.0
1920	35 282	44 783.0	78.0
1921	35 112	37 533.0	87.0
1922	35 333	34 457.0	91.0
1923	35 496	38 804.0	115.0
1924	36 008	43 181.0	128.0

续前表

年份	营业铁路长度(公里)	铁路货运量(千吨)	铁路客运量(百万乘客里程)
1925	36 117	44 281.0	137.0
1926	36 257	45 134.0	143.0
1927	36 333	50 880.0	149.0
1928	36 571	52 782.0	154.0
1929	37 478	52 596.0	162.0
1930	37 978	44 532.0	171.0

资料来源:B. R. 米切尔编:《帕尔格雷夫世界历史统计:美洲卷,1750—1993 年》,555—556 页、565—566 页、576 页。

附表 18 阿根廷商船登记数

	帆船		轮船、汽船	
	船只数	船只重量(千吨)	船只数	船只重量(千吨)
1888	86	20	48	23
1889	101	28	50	24
1890	106	29	54	25
1891	105	28	57	29
1892	113	31	53	25
1893	115	29	60	36
1894	124	28	56	33
1895	140	36	54	34
1896	154	38	61	43
1897	152	36	61	46
1898	157	40	64	48
1899	155	29	68	58
1900	155	40	76	62
1901	151	38	75	60
1902	159	42	81	66
1903	163	41	93	73
1904	156	42	120	79
1905	161	41	101	85
1906	161	44	132	116
1907	175	53	128	111
1908	177	52	126	111

续前表

年份	帆船		轮船、汽船	
	船只数	船只重量(千吨)	船只数	船只重量(千吨)
1909	181	56	123	113
1910	183	57	130	129
1911	182	54	141	146
1912	192	64	143	150
1913	175	52	147	157
1914	52	20	150	164
1915	48	19	144	162
1916	49	17	135	147
1917	56	23	160	143
1918	50	20	140	139
1919	55	21	142	163
1920	48	20	140	149
1921	46	21	148	160
1922	43	20	173	162
1923	32	18	167	161
1924	33	20	182	179
1925	34	20	192	203
1926	33	19	209	216
1927	39	25	228	238
1928	40	23	252	265
1929	38	22	273	275
1930	43	25	292	298

资料来源:B. R. 米切尔编:《帕尔格雷夫世界历史统计:美洲卷,1750—1993年》,588—589页。

附表19 阿根廷在校学生和教师数(千人)

年份	小学生	中学生	小学教师	大学生
1881	—	1.6	—	—
1882	98	2.3	—	—
1883	108	—	—	—
1885	168	—	—	0.880
1887	—	—	—	0.743
1889	—	—	—	0.963

续前表

年份	小学生	中学生	小学教师	大学生
1890	—	—	—	1.007
1891	—	—	—	0.900
1892	228	3.2	—	—
1893	250	—	—	—
1894	248	—	8.0	—
1895	202	—	6.9	—
1896	283	4.4	8.9	—
1897	298	—	9.3	—
1898	318	6.1	9.6	2.553
1899	381	—	11.0	—
1900	387	—	11.0	—
1901	393	—	11.0	—
1902	412	—	12.0	3.000
1903	427	—	13.0	—
1904	478	—	13.0	3.700
1905	541	—	14.0	—
1906	503	—	15.0	—
1907	570	—	16.0	—
1908	592	—	17.0	—
1909	671	—	19.0	10.000
1910	694	—	20.0	—
1911	735	—	22.0	—
1912	784	—	24.0	—
1913	843	—	23.0	7.500
1914	863	19.0	25.0	—
1915	914	27.0	27.0	7.100
1916	938	—	—	—
1917	1 003	—	35.0	14.000
1918	1 020	—	33.0	15.000
1919	1 058	—	37.0	14.000
1920	1 121	—	36.0	15.000

续前表

年份	小学生	中学生	小学教师	大学生
1921	1 164	—	—	—
1922	1 230	—	40.0	—
1923	1 261	—	—	—
1924	1 267	—	—	—
1925	1 273	—	—	—
1926	1 279	—	—	—
1927	1 312	—	45.0	—
1928	1 350	41.0	50.0	17.000
1929	1 407	45.0	49.0	—
1930	1 445	—	57.0	23.000

资料来源：B. R. 米切尔编：《帕尔格雷夫世界历史统计：美洲卷，1750—1993 年》，749—752 页。

附表20　1919年阿根廷居民的人均食品消费情况表

项目	计量单位	每人每年平均消费		每人每天平均消费	
		数量	总值（金比索）	数量	总值（金比索）
面包	公斤	167.000	50.00	0.457	0.137
肉类	公斤	90.000	47.00	0.246	0.127
葡萄酒	升	51.000	19.00	0.139	0.051
糖公	斤	24.000	16.00	0.065	0.042
烟草	—		13.00		0.035
牛奶	升	83.000	8.30	0.227	0.023
巴拉圭茶	公斤	7.426	5.87	0.020	0.015
啤酒	升	11.42	4.57	0.031	0.012
咖啡	公斤	2.619	4.22	0.007	0.011
食用油	公斤	0.971	2.33	0.003	0.007
奶酪	公斤	1.607	2.09	0.004	0.005
大米	公斤	3.095	1.92	0.008	0.005
黄油	公斤	0.990	1.73	0.0027	0.0047
茶	公斤	0.214	1.00	0.00059	0.0027
其他食物	—		40.47		0.1108
总计	—		217.50		0.588

资料来源：Ernesto Tornquist & Co., *Economic Development of the Argentine Republic in the Last Fifty Years*, pp. 270-273.

附录的资料来源说明：

① 《阿根廷共和国过去50年的经济发展》(*Economic Development of the Argentine Republic in the Last Fifty Years*)是欧内斯托·托奎斯特公司(Ernesto Tornquist & Co.)在1919年出版的一本统计资料汇编，它的数据主要来自阿根廷在1869、1895和1914年进行的三次全国经济普查，该国统计部、财政部、农业部、商业和工业部等政府部门在1908—1919年间发布的有关统计年鉴和公报，以及部分非官方的著作和报刊资料等。笔者在选摘该书数据时，主要与1969年和1914年的两次经济普查的报告进行了比对；部分内容还参阅了《拉普拉塔河评论》(*The Review of the River Plate*)有关年份的资料。

② 米切尔所编《帕尔格雷夫世界历史统计：美洲卷，1750—1993年》（第四版）中有关阿根廷的历史统计，除大量参考《阿根廷共和国过去50年的经济发展》一书的数据之外，主要来源于该国的官方出版物，如1892—1914年的《统计总署年鉴》(*Anuario del Dirección General de estadística*)、1946年以后的《阿根廷共和国统计年鉴》(*Anuario estadístico de la República Argentina*)等，它的数据统计截至1993年，本书只选编了1930年以前的相关数据。

参考文献

档案和文件

　　Argentina. Superintendente de Censo. *Primer censo de la República Argentina. Verificado en los dias 15, 16 y 17 de septiembre de 1869*. Bajo la direccion de Diego G. de la Fuente, Superintendente del Censo. Buenos Aires: Imprintir del Porvenir, 1872.

　　Argentina. Congreso de la Nación. *Cámara de Diputados de la Nación. Diario de sesiones de la Cámara de Diputados*. 1875, Vol. 2.

　　Argentina. Comisión Nacional del Censo. *Tercer censo nacional, levantado el 1 de junio de 1914, ordenado por la Ley no. 9108 bajo la presidencia del Dr. Roque Saenz Peña, ejecutado durante la presidencia del Dr. Victorino de la Plaza*. Tomo 5 Explotaciones agropecuarias. Buenos Aires: Talleres Gráficos de L. J. Rosso y Cia, 1919.

　　Argentina. Comisión Nacional del Censo. *Tercer censo nacional, levantado el 1 de junio de 1914, ordenado por la Ley no. 9108 bajo la presidencia del Dr. Roque Saenz Peña, ejecutado durante la presidencia del Dr. Victorino de la Plaza*. Tomo 6 Censo granadero. Buenos Aires: Talleres Gráficos de L. J. Rosso y Cia, 1917.

　　Argentina. Comisión Nacional del Censo. *Tercer censo nacional, levantado el 1 de junio de 1914, ordenado por la Ley no. 9108 bajo la presidencia del Dr. Roque Saenz Peña, ejecutado durante la presidencia del Dr. Victorino de la Plaza*. Tomo 7 Censo de las industrias. Buenos Aires: Talleres Gráficos de L. J. Rosso y Cia, 1917.

　　Argentina. Comisión Nacional del Censo. *Tercer censo nacional, levantado el 1 de junio de 1914, ordenado por la Ley no. 9108 bajo la presidencia del Dr. Roque Saenz Peña, ejecutado durante la presidencia del Dr. Victorino de la Plaza*. Tomo 8 Censo del comercio; Fortuna nacional-diversas estadísticas. Buenos Aires: Talleres Gráficos de L. J. Rosso y Cia, 1917.

　　Argentina. Ministerio de Hacienda de la Nación. *Debate sobre el comercio de carnes. Los frigoríficos, el impuesto a los réditos y el control de cambios. Exposición del Ministro de Hacienda Dr. Federico Pinedo en el honorable Senado. (Reuniones del 12 y 15-16, 17 y 18] de julio de 1935)*. Tomo 1-2. Buenos

Aires, 1935.

Bourne, Kenneth and Watt, D. Cameron, eds. , *British Documents on Foreign Affairs: Reports and Papers from Foreign Office Confidential Print*. Part II: From the First to the Second World War; Series D: Latin America, 1914-1939 (ed. By George Philip). New York: University Publications of America, 1991.

Consejo Argentino para las Relaciones Internacionales. *Argentina -Reino Unido: acuerdos bilaterales y otros documentos, 1823-2002*. Buenos Aires: Centro de Estudios de Politica Exterior, 2004.

De Alvear, Marcelo Torcuato. *Mensaje y Proyectos de Ley sobre Consolidación de la Deuda Flotante*. Buenos Aires: Tálleres Gráficos del Ministerio de Agricultura de la Nación, 1923.

———. *Mensaje del Excmo. Señor Presidente de la Nación Dr. Marcelo T. de Alvear, Mayo de 1923*. Buenos Aires: Tálleres Gráficos del Ministerio de Agricultura de la Nación, 1923.

———. *Mensaje del Excmo. Señor Presidente de la Nación Marcelo T. de Alvear, Junio de 1924*. Buenos Aires: Tálleres Gráficos del Ministerio de Agricultura de la Nación, 1924.

———. *Mensaje del Excmo. Señor Presidente de la Nación Marcelo T. de Alvear, Mayo de 1925*. Buenos Aires: Tálleres Gráficos del Ministerio de Agricultura de la Nación, 1925.

———. *Mensaje del Excmo. Señor Presidente de la Nación Marcelo T. de Alvear 1926*. Buenos Aires: Tálleres Gráficos del Ministerio de Agricultura de la Nación, 1926.

———. *Mensaje del Excmo. Señor Presidente de la Nación Marcelo T. de Alvear 1927*. Buenos Aires: Tálleres Gráficos del Ministerio de Agricultura de la Nación, 1927.

———. *Mensaje del Excmo. Señor Presidente de la Nación Marcelo T. de Alvear 1928*. Buenos Aires: Tálleres Gráficos del Ministerio de Agricultura de la Nación, 1928.

De la Plaza, Victorino. *Mensaje del Vicepresidente de la Nación Dr. Victorino de la Plaza, Mayo de 1914*. Buenos Aires: Tálleres Casa Jacobo Peuser, 1914.

———. *Mensaje del Presidente de la Nación Dr. Victorino de la Plaza, Mayo de 1915*. Buenos Aires: Tálleres Casa Jacobo Peuser, 1915.

———. *Mensaje del Presidente de la Nación Dr. Victorino de la Plaza, Mayo de 1916*. Buenos Aires: Tálleres Casa Jacobo Peuser, 1916.

———. *Mensaje del Poder Ejecutivo y Proyecto de Ley de Presupuesto General para 1915*. Buenos Aires: Establecimiento Gráfico, 1914.

——. *Mensaje del Poder Ejecutivo y Proyecto de Ley de Presupuesto General para 1916*. Buenos Aires: Establecimiento Gráfico, 1915.

——. *Mensaje del Poder Ejecutivo y Proyecto de Ley de Presupuesto General para 1917*. Buenos Aires: Establecimiento Gráfico, 1916.

Justo, Agustín P. *Mensaje del Excmo. Señor Presidente de la Nación Agustín P. Justo, 1932*. Buenos Aires: Tálleres Gráficos del Ministerio de Agricultura de la Nación, 1932.

——. *Mensaje del Presidente de la Nación Agustín P. Justo, 1933*. Buenos Aires: Tálleres Gráficos del Ministerio de Agricultura de la Nación, 1933.

——. *Mensaje del Presidente de la Nación Agustín P. Justo, 1934*. Buenos Aires: Tálleres Gráficos del Ministerio de Agricultura de la Nación, 1934.

——. *Mensaje del Presidente de la Nación Agustín P. Justo, 1935*. Buenos Aires: Tálleres Gráficos del Ministerio de Agricultura de la Nación, 1935.

——. *Mensaje del Presidente de la Nación Agustín P. Justo, 1936*. Buenos Aires: Tálleres Gráficos del Ministerio de Agricultura de la Nación, 1936.

——. *Mensaje del Presidente de la Nación Agustín P. Justo, 1937*. Buenos Aires: Tálleres Gráficos del Ministerio de Agricultura de la Nación, 1937.

Mabragaña, H. ed. *Los Ensajes: Historia del Desenvolvimiento de la Nación Argentina Redactada Cronológicamente por sus Gobernantes, 1810-1910*. Tomo. I 1810-1839. Buenos Aires: Tálleres Gráficos de la Compaña de Fósforos, 1910.

——. *Los Ensajes: Historia del Desenvolvimiento de la Nación Argentina Redactada Cronológicamente por sus Gobernantes, 1810-1910*. Tomo. II 1840-1849. Buenos Aires: Tablares Gráficos de la Compaña de Fósforos, 1910.

——. *Los Ensajes: Historia del Desenvolvimiento de la Nación Argentina Redactada Cronológicamente por sus Gobernantes, 1810-1910*. Tomo. III 1852-1880. Buenos Aires: Tálleres Gráficos de la Compaña de Fósforos, 1910.

——. *Los Ensajes: Historia del Desenvolvimiento de la Nación Argentina Redactada Cronológicamente por sus Gobernantes, 1810-1910*. Tomo. IV 1881-1890. Buenos Aires: Tálleres Gráficos de la Compaña de Fósforos, 1910.

——. *Los Ensajes: Historia del Desenvolvimiento de la Nación Argentina Redactada Cronológicamente por sus Gobernantes, 1810-1910*. Tomo. V 1891-1900. Buenos Aires: Tálleres Gráficos de la Compaña de Fósforos, 1910.

——. *Los Ensajes: Historia del Desenvolvimiento de la Nación Argentina Redactada Cronológicamente por sus Gobernantes, 1810-1910*. Tomo. VI 1901-1910. Buenos Aires: Tálleres Gráficos de la Compaña de Fsforos, 1910.

Ministerio de Relaciones Exteriores y Culto, Republica Argentina. *Mensajes y Proyectos de Ley de Asistencia y Provisión Social. Remitidos al Honorable Congreso de la Nación por el Poder Ejecutivo*. Buenos Aires, Junio 1936.

Ministerio de Justicia e Instrucción Pública, Republica Argentina. *Mensaje del Poder Ejecutivo de la Nación a la Honorable Cámara de Diputados y Antecedentes sobre Publicidad del Registro de la Propiedad*. Buenos Aires: Tálleres Gráficos de la Penitenciaría Nacional, 1935.

Ortiz, Roberto M. *Mensaje del Presidente de la Nación Roberto M. Ortiz, 1938*. Buenos Aires: Compañía Impresora Argentina, S. A., 1938.

——. *Mensaje del Presidente de la Nación Roberto M. Ortiz, 1939*. Buenos Aires: Compañía Impresora Argentina, S. A., 1939.

——. *Mensaje del Presidente de la Nación Roberto M. Ortiz, 1940*. Buenos Aires: Compañía Impresora Argentina, S. A., 1940.

Saenz Peña, Roque. *Discursos del Dr. Roque Sáenz Peña al asumir la Presidencia de la Nación*. Buenos Aires: Tálleres Gráficos de la Penitenciaria Nacional, 1910.

——. *Mensaje del Presidente de la Nación Dr. Roque Sáenz Peña, Mayo de 1911*. Buenos Aires: Tálleres de la Oficina Meteorológica, 1911.

——. *Mensaje del Presidente de la Nación Dr. Roque Sáenz Peña, Junio de 1912*. Buenos Aires: Tálleres de la Oficina Meteorológica, 1912.

——. *Mensaje del Presidente de la Nación Dr. Roque Sáenz Peña, Mayo de 1913*. Buenos Aires: Tálleres de la Oficina Meteorológica, 1913.

——. *Escritos y Discursos*. Tomo II: La Presidencia. Buenos Aires: Tálleres Casa Jacobo Peuser, 1915.

Uriburu, José Felix. *Palabra del General Uriburu: Discursño, Manifiestos, Declaraciones y Cartas Publicadas Durante su Gobierno*. Buenos Aires: Roldan Editor, 1933.

——. *Mensaje del Presidente Provisional de la Nación Teniente General José F. Uriburu al Pueblo de la Republica. La Obra de Gobierno y de Administración*. Buenos Aires: Imprenta y Encuadernación de la H. Cámara de Diputados, 1931.

Yrigoyen, Hipólito. *Mensaje del Poder Ejecutivo y Proyecto de Presupuesto y de Leyes Impositivas para el Ejercicio de 1919*. Buenos Aires: Tálleres Gráficos Argentinos, 1918.

——. *Mensaje del Poder Ejecutivo y Proyecto de Presupuesto y de Leyes Impositivas para el Ejercicio de 1920*. Buenos Aires: Tálleres Gráficos Argentinos, 1919.

——. *Mensaje del Poder Ejecutivo y Proyecto de Presupuesto y de Leyes Impositivas para el Ejercicio de 1921*. Buenos Aires: Tálleres Gráficos Argentinos, 1920.

——. *Pueblo y Gobierno*. IV: Mensajes Inaugurales del Congreso de la Nación. 2nd Edición. Buenos Aires: Editorial Raigal, 1956.

中文书籍和论文

B. R. 米切尔编：《帕尔格雷夫世界历史统计：美洲卷，1750—1993 年》，北京：经济科学出版社，2002 年版。

鲍刚："庇隆主义的历史地位"，载《拉丁美洲研究》，1985 年第 1 期。

陈舜英："战后外国私人投资对阿根廷的影响"，载《拉丁美洲研究》，1981 年第 3 期。

——"庇隆政府经济政策简评"，载《拉丁美洲研究》，1982 年第 5 期。

——"战后阿根廷农业发展的经验教训"载《拉丁美洲研究》，1982 年第 6 期。

——"阿根廷的资本主义发展道路"，载《拉丁美洲研究》，1984 年第 6 期。

程洪："论阿根廷在二战期间的独特对外政策"，载《拉丁美洲研究》，2000 年第 1 期。

方旭飞："阿根廷经济危机对拉美经济的影响"，载《拉丁美洲研究》，2002 年第 4 期。

费尔南多·恩里克·卡多佐和恩佐·法勒托著，单楚译：《拉美的依附性及发展》，北京：世界知识出版社，2002。

冯秀文等：《拉丁美洲农业的发展》，北京：社会科学文献出版社，2002。

复旦大学历史系拉丁美洲研究室编译：《庇隆和阿根廷》，上海：上海人民出版社，1974。

郝名玮："欧洲移民与阿根廷"，载《世界历史》，1980 年第 6 期。

何百根、梁文宇主编：《拉丁美洲农业地理》，北京：商务印书馆，2003。

吉列尔莫·奥唐奈著，王欢、申明民译：《现代化和官僚威权主义：南美政治研究》，北京：北京大学出版社，2008。

贾东荣："外部因素与阿根廷的经济发展"，载《山东师范大学学报（人文社会科学版）》，2005 年第 1 期。

江时学："阿根廷危机的来龙去脉"，载《国际经济评论》，2002 年第 1 期。

——"阿根廷债务危机评析及其启示"，载《国际金融研究》，2002 年第 2 期。

——"阿根廷危机的由来及其教训——兼论 20 世纪阿根廷经济的兴衰"，载《拉丁美洲研究》，2002 年第 2 期。

江时学主编：《阿根廷危机反思》，北京：社会科学文献出版社，2004 年版。

劳尔·普雷维什著，苏振兴等译：《外围资本主义：批判与改造》，北京：商务印书馆，1990。

李春辉：《拉丁美洲史稿》（上、下卷），2 版，北京：商务印书馆，1983。

李紫莹：《阿根廷正义主义研究》，北京，世界知识出版社，2010。

莱斯利·贝瑟尔主编，徐守源等译：《剑桥拉丁美洲史》，第三卷，北京：社会科学文献出版社，1994。

莱斯利·贝瑟尔主编，涂光楠等译：《剑桥拉丁美洲史》，第四卷，北京：社会科学文献出版社，1991。

莱斯利·贝瑟尔主编,胡毓鼎等译:《剑桥拉丁美洲史》,第五卷,北京:社会科学文献出版社,1992。

莱斯利·贝瑟尔主编,徐壮飞等译:《剑桥拉丁美洲史》,第八卷,北京:当代世界出版社,1998。

刘纪新:"庇隆的劳工政策与阿根廷工会运动",载《拉丁美洲研究》,1992年第3期。

吕芳:《制度选择与国家的衰落》,北京:中国政法大学出版社,2007。

彭俊:"里根政府与英阿马岛战争",载《贵州师范大学学报(社会科学版)》,2004年第4期。

乔纳森·C·布朗著,左晓园译:《阿根廷史》,上海:东方出版中心,2010。

宋晓平编著:《阿根廷》,北京:社会科学文献出版社,2005。

沈安:《阿根廷危机的回顾与思考》,北京:世界知识出版社,2009。

苏振兴:"阿根廷农业资本主义的发展",载《拉丁美洲丛刊》,1980年第1期。

——"阿根廷农业发展缓慢的原因",载《拉丁美洲研究》,1981年第4期。

苏振兴、徐文渊主编:《拉丁美洲国家经济发展战略研究》,北京:北京大学出版社,1987。

苏振兴主编:《拉美国家现代化进程研究》,北京:社会科学文献出版社,2006。

霜叶:"庇隆及庇隆主义",载《世界历史》,1980年第3期。

汤志江、季小江、段迎君:"阿根廷债务危机的根源、影响及教训",载《金融教学与研究》,2002年第3期。

唐显凯:"劳工与庇隆主义的兴起",载《拉丁美洲研究》,1991年第1期。

特奥托尼奥·多斯桑托斯著,毛金里等译:《帝国主义与依附》,北京:社会科学文献出版社,1992。

王春良:"简论阿根廷庇隆政府的改革",《山东师大学报(社会科学版)》,1990年第4期。

威廉·阿瑟·刘易斯著,梁小民译:《增长与波动》,北京:华夏出版社,1987。

维克托·布尔默—托马斯著,张凡、吴洪英、韩琦译:《独立以来拉丁美洲的经济发展》,北京:中国经济出版社,2000。

谢曜:"在美英帝国主义奴役下的阿根廷",载《世界知识》,1952年第13期。

徐文渊:"阿根廷的工业发展水平",载《拉丁美洲丛刊》,1980年第1期。

——"阿根廷社会性质初探",载《拉丁美洲研究》,1981年第1期。

——"试论阿根廷的经济发展道路",载《拉丁美洲研究》,1982年第4期。

徐文渊、陈舜英、刘德:《阿根廷经济》,北京:人民出版社,1983。

叶尔莫拉耶夫主编:《阿根廷史纲》(上、下册),北京:生活·读书·新知三联书店,1972。

袁兴昌:"阿根廷农村生产关系的演变与性质当议——关于阿根廷农业资本主义发展'普鲁士式道路'的商榷",载《拉丁美洲研究》,1985年第4期。

曾昭耀主编:《现代化战略选择与国际关系——拉美经验研究》,北京:社会科学文献出版社,2000。

周丹:"庇隆主义与阿根廷农业发展(1945—1953)",载《贵阳学院学报(社会科学版)》,2006 年第 2 期。

西班牙文和英文书籍和论文

Academia Nacional de la Historia. *Nueva historia de la nación argentina*. Tomo 1-8. Buenos Aires: Editorial Planeta Argentina, 1999-2002.

Alejandra Palermo, Silvana. *The Nation Building Mission: The State-Owned Railways in Modern Argentina*, 1870-1930. Ph. D. Dissertation, State University of New York at Stony Brook, 2001.

Alhadeff, Peter, "Dependency, Historiography, and Objections to the Roca Pact", in Abel, Christopher and Lewis, Colin M., eds., *Latin America, Economic Imperialism and the State: the Political Economy of the External Connection From Independence to the Present*. 1985.

Alonso, Paula. *Between Revolution and the Ballot Box: the Origins of the Argentine Radical Party in the 1890s*. Cambridge: Cambridge University Press, 2000.

Amaral, Samuel. *Rise of Capitalism on the Pampas: the Estancias of Buenos Aires, 1785-1870*. Cambridge, UK: Cambridge University Press, 1998.

Baily, Samuel L. *Labor, Nationalism, and Politics in Argentina*. New Brunswick, N. J.: Rutgers University Press, 1967.

——, "Las sociedades de ayuda mutual y el desarrollo de una comunidad italiana en Buenos Aires, 1858—1918. *Desarrollo Economico*, Vol. 21, No. 84, 1982.

——, "The Role of Two Newspapers in the Assimilation of Italians in Buenos Aires and San Paulo, 1893—1913", *The International Migration Review*, pp. 321-340.

——. *Immigrants in the Lands of Promise: Italians in Buenos Aires and New York City, 1870-1914*. Ithaca: Cornell University Press, 1999.

Barager, Joseph R. *Why Perón Came to Power: the Background to Peronism in Argentina*. New York: Knopf, 1968.

Bicknell, Frank W. *Animal Industry of Argentina*. Washington, D. C.: U. S. Dept. of Agriculture, Bureau of Animal Industry, 1903.

Brennan, James P., ed. *Peronism and Argentina*. Wilmington, Delaware: A Scholarly Resources, 1998.

Burgin, Miron. *The Economic Aspects of Argentine Federalism, 1820-1852*. Cambridge: Harvard University Press, 1946.

Calvert, Susan and Peter. *Argentina: Political Culture and Instability*.

Pittsburgh: University of Pittsburgh Press, 1989.

Castro, Donald S. *The Development and Politics of Argentina Immigration Policy, 1852-1914: To Govern is to Populate*. San Francisco: Mellen Research University Press, 1991.

Chikhachev, Platon Aleksandrovich. *Trip across the Pampas of Buenos Aires 1836-1837*. Lawrence: University of Kansas, Center of Latin American Studies, 1967.

Cochran, Thomas Childs. *Capitalism in Argentine Culture: A Study of Torcuato Di Tella and S. I. A. M.* Philadelphia: University of Pennsylvania Press, 1971.

Crawley, Eduardo. *House Divided: Argentina 1880-1980*. London: C. Hurst, 1984.

Criscenti, Joseph T., ed. *Sarmiento and his Argentina*. Boulder: L. Rienner Publishers, 1993.

Conil Paz, Alberto and Gustavo Ferrari. *Argentina's Foreign Policy, 1930-1962*. Notre Dame: University of Notre Dame Press, 1966.

Conesa, Eduardo R. *Argentine Economy Policy Reform for Development*. Lanham: University Press of America, 1989.

Cortes Conde, Roberto. *Trends of Real Wages in Argentina (1880-1910)*. Cambridge: Centre of Latin American Studies, University of Cambridge, 1976.

Della Paolera, Gerardo and Alan M. Taylor, eds. *A New Economic History of Argentina*. New York: Cambridge University Press, 2003.

DeLaney, Jeane Hunter. *In Search of Lo Argentino: Modernization, Immigration and the Debate over Argentine National Identity, 1990-1900*. Ph. D Dissertation, Stanford University, 1990.

Deutsch, Sandra McGee. *Counterrevolution in Argentina, 1900-1932: the Argentine Patriotic League*. Lincoln: University of Nebraska Press, 1986.

Deutsch, Sandra McGee and Ronald H. Dolkart, eds. *Argentine Right: Its History and Intellectual Origins, 1910 to the Present*. Wilmington, Del.: SR Books, 1993.

Devoto, Fernando. *Historia de la inmigración en la Argentina*. Buenos Aires: Sudamericana, 2003.

Di Tella, Guido and M. Zymelman, *Las etapas del desarrollo económico argentino*. Buenos Aires, 1967.

Di Tella, Guido and D. C. M. Platt, eds. *The Political Economy of Argentina 1880-1946*. London: The Macmillan Press, 1986.

Di Tella, Guido and Watt, D. Cameron, eds., *Argentina between the Great Powers, 1939-46*. Pittsburgh: University of Pittsburgh Press, 1990.

Di Tella, Guido and Carlos Rodríguez Braun, eds. *Argentina, 1946-83: the*

Economic Ministers Speak. New York: St. Martin's Press, 1990.

Diaz Alejandro, Carlos. *Essays on the Economic History of Argentine Republic*. New Haven: Yale University Press, 1970.

Falcoff, Mark, "Economic Dependency in a Conservative Mirror: Alejandro Bunge and the Argentine Frustration, 1919-1943", *Inter-American Economic Affairs*, Vol. 35, No. 4, Spring 1982, pp. 57-75.

Fernández, Alejandro y José Carlos Moya, eds. *La inmigración española en la Argentina*. Buenos Aires: Editorial Biblos, 1999.

Ferns, H. S. "Investment and Trade between Britain and Argentina in the Nineteenth Century", *Economic Historical Review*, Vol. 3, No. 2, 1950, pp. 203-218.

——, "The Establishment of British Investment in Argentina", *Inter-American Economic Affairs*, No. 5, 1951, pp. 76-89.

——, "Beginnings of British Investment in Argentina", *Economic Historical Review*, Vol. 4, No. 3, 1952, pp. 341-352.

——, "Britain's Informal Empire in Argentina, 1806-1914", *Past and Present*, No. 4, November 1953, pp. 60-75.

——. *Britain and Argentina in the Nineteenth Century*. Oxford: Clarendon Press, 1960.

——. *The Argentine Republic, 1516-1971*. Newton Abbot: David & Charles, 1973

Ferrer, Aldo. *The Argentine Economy: An Economic History of Argentina*. Berkeley: University of California Press, 1967.

Fitzgibbon, Russell Humke. *Argentina: A Chronology and Fact Book, 1516-1973*. Dobbs Ferry, N. Y. : Oceana Publications, 1974.

Fleming, William J. *Region vs Nation: Cuyo in the Crosscurrents of Argentine National Development, 1861-1914*. Tempe: Center for Latin American Studies, Arizona State University, 1986.

Ford, Alec G. *The Gold Standard, 1880-1914: Britain and Argentina*. Oxford: Clarendon Press, 1962.

——, "British Investment in Argentina and Long Swings, 1880—1914", *Journal of Economic History*, Vol. 31, No. 3, September 1971, pp. 650-663.

Frank, Gary. *Struggle for Hegemony in South America: Argentina, Brazil and the United States During the Second World War*. Miami: University of Miami Press, 1979.

Friedman, Douglas. *State and Underdevelopment in Spanish America: The Political Roots of Dependency in Peru and Argentina*. Boulder: Westview Press, 1984.

Gallo, Klaus. *Great Britain and Argentina: From Invasion to Recognition*,

1806-26. New York: Palgrave in association with St. Antony's College, 2001.

Gálvez, Lucía. *Historias de inmigración: testimonios de pasión, amor y arraigo en tierra argentina (1850-1950)*. Buenos Aires: Grupo Editorial Norma, 2003.

García, Raúl Heras, "World War II and the Frustrated Nationalization of the Argentine British-Owned Railways, 1939-1943", *Journal of Latin American Studies*, Vol. 19, 1985.

——, "Hostage Private Companies under Restrain: British Railways and Transport Co-ordination in Argentina during the 1930s", *Journal of Latin American Studies*, Vol. 19, 1987.

——, "Las compañías ferroviarias británicas y el control de cambios en la Argentina durante la Gran Depresión", *Desarrollo Economico*, no. 116, 1990, pp. 477-507.

——, 'State Intervention in Urban Passenger Transportation: the Transport Corporation of Buenos Aires, 1939-1962', *Hispanic American Historical Review*, Vol. 74, 1994.

Gasió, Guillermo. *Yrigoyen: en crisis, 1929-1930*. Buenos Aires: Corregidor, 2006.

Germani, Gino. "Mass Immigration and Modernization in Argentina", in Irving Louis Horowitz, Josue de Castro and John Gerassi, eds. *Latin American Radicalism: A Documentary Report on Left and Nationalist Movements*. New York: Random House, 1969

Gibson, Herbert. *History and Present State of the Sheep-Breeding Industry in the Argentine Republic*. Buenos Aires: Ravenscroft and Mills, 1893.

Graham-Yooll, Andrew. *Forgotten Colony: A History of the English-Speaking Communities in Argentina*. London: Hutchinson, 1981.

Gravil, R. *The Anglo-Argentine Connection, 1900-1939*. Boulder and London: Westview Press, 1985.

Guy, Donna, "La industria Argentina 1870-1940: Legislación comercial, mercado de acciones y capitalización extranjera", *Desarrollo Económico*, Vol. 22, No. 87, 1982.

Hodge, John Edward. *Carlos Pellegrini, Argentine Statesman*. Thesis, University of Illinois, 1963.

Halperin Donghi, Tulio. "Para que la inmigracion? Ideologia y politica inmigratoria en la Argentine, 1810-1914", *El espejo de la historia: Problemas argentinos y perspectivas latinoamericanas*. Buenos Aires: Sudamericana, 1987, pp. 189-238.

——. *Buenos Aires Landed Class and the Shape of Politics in Argentina, 1820-1930*. Milwaukee, WI: Center for Latin America, University of Wisconsin-

Milwaukee, 1991

Hora, Roy. *Landowners of the Argentine Pampas: a Social and Political History*, 1860-1945. Oxford: Clarendon Press; New York: Oxford University Press, 2001.

——, "Landowning Bourgeoisie or Business Bourgeoisie? On the Peculiarities of the Economic Elite, 1880-1945", *Journal of Latin American Studies*, Vol. 34, 2001, pp. 587-623.

Ivereigh, Austen. *Catholicism and Politics in Argentina, 1810-1960*. New York: St. Martin's Press, 1995.

Jenkins, Rhys Owen. *Dependent Industrialization in Latin America: the Automotive Industry in Argentina, Chile, and Mexico*. New York: Praeger, 1977.

Kirkpatrick, F. A. *A History of the Argentine Republic*. London: Cambridge at the University Press, 1931.

Kroeber, Clifton B. *Growth of the Shipping Industry in the Río de la Plata Region, 1749-1860*. Madison: University of Wisconsin Press, 1957.

Latham, Wilfrid. *States of the River Plate: their Industries and Commerce. Sheep-Farming, Sheep-Breeding, Cattle-Feeding, and Meat-Preserving; Employment of Capital; Land and Stock, and Their Values; Labor and Its Remuneration*. London: Longmans, Green, 1866.

Levitsky, Steven. *Transforming Labor-based Parties in Latin America: Argentine Peronism in Comparative Perspective*. New York: Cambridge University Press, 2003.

Lewis, Colin M. *British Railways in Argentina, 1857-1914: A Case Study of Foreign Investment*. London: Institute of Latin American Studies, 1983.

——. *The Argentine: From Economic Growth to Economic Retardation (1850s-1980s): A Review of the Economic and Social History Literature*. MESA Redonda, 1995.

Lewis, Paul H. *The Crisis of Argentine Capitalism*. Chapel Hill: University of North Carolina Press, 1990.

Lynch, John. *Massacre in the Pampas, 1872: Britain and Argentina in the Age of Migration*. Norman: University of Oklahoma Press, 1998.

Mallea, Eduardo. *History of an Argentine Passion*. Pittsburgh, PA: Latin American Literary Review Press, 1983.

Marchak, M. Patricia and William. *God's Assassins: State Terrorism in Argentina in the 1970s*. Montreal; Ithaca: McGill-Queen's University Press, 1999.

Maria Rosa, Jose, ed. *Historia Argentina*. Tomo 1-12. Buenos Aires: Editorial Juan Carlos Granda, 1964-1992.

―― y Fermin Chavez, eds. *Historia Argentina*. Tomo 14-21. Buenos Aires: Editorial Oriente S. A. , 1992

Martinez, Alberto B. and Maurice Lewandowski. *Argentine in the twentieth century*. London, Unwin, 1911.

Mauro Pipino, Ovidio. *Tratado Roca-Runciman y el desarrollo industrial en la decada del trienta*. Buenos Aires: Editorial Galerna, 1988.

Nunez-de la Rosa, Angel R. *The Roca-Runciman Agreements of 1933 and 1936 as a Factor in the Consideration of the Nationalisations of the 1940s in Argentina*. Madison: University of Wisconsin-Madison, 1967.

Peron, Juan Domingo. *Peronist Doctrine*. Buenos Aires: s. n. , 1952.

Popescu, Oreste, *Studies in the History of Latin American Economic Thought*. London: Routledge, 1997.

Powers, Nancy R. *Grassroots Expectations of Democracy and Economy: Argentina in Comparative Perspective*. Pittsburgh: University of Pittsburgh Press, 2001.

Randall, Laura. *An Economic History of Argentina in the Twentieth Century*. New York: Columbia University Press, 1978.

Rennie, Ysabel F. *Argentine Republic*. New York: The Macmillan Company, 1945.

Richmond, Douglas W. *Carlos Pellegrini and the Crisis of the Argentine Elites, 1880-1916* . New York: Praeger, 1989.

Rivera, Kenneth T. *Argentina: Issues, History, Bibliography*. Huntington, N. Y. : Nova Science Publishers, 2002.

Rocchi, Fernando. *Chimneys in the desert : industrialization in Argentina during the export boom years, 1870-1930* . Stanford: Stanford University Press, 2006.

Rock, David. *The Politics in Argentina 1890-1930 : The Rise and Fall of Radicalism*. Cambridge: The Cambridge University Press, 1975.

――. *Argentina, 1516-1982 : from Spanish Colonization to the Falklands War*. Berkeley: University of California Press, 1987.

――. *Authoritarian Argentina : the Nationalist Movement, Its History, and Its Impact*. Berkeley: University of California Press, 1993.

Romero, José Luis. *History of Argentine Political Thought*. Stanford: Stanford University Press, 1963.

San Martín, José N. *Petróleo y la petroquímica en la Argentina (1914-1983): emergencia, expansión y declinación del nacionalismo petrolero*. Buenos Aires: EC, Ediciones Cooperativas, 2006.

Sanz-Villarroya, Isabel. "Economic Cycles in Argentina, 1875-1990", *Journal of Latin American Studies*, Vol. 38, 2006, pp. 549-570.

Sawers, Larry. *Other Argentina: The Interior and National Development*. Boulder: Westview Press, 1996.

Schulman, Sam. "Juan Bautista Alberdi and his Influence on Immigration Policy in the Argentine Constitution of 1853", *The Americas*, Vol. 5, No. 1, July 1948, pp. 3-17.

Scobie, Jame R. *Argentina: A City and a Nation*. New York: Oxford University Press, 1964.

——. *Revolution on the Pampas: A Social History of Argentine Wheat, 1860-1910*. Austin: The University of Texas Press, 1964.

Segovia, Juan Fernando. *Pensamiento político y económico de Carlos Pellegrini: su actualidad*. Mendoza, Argentina: Fundación Carlos Pellegrini, 1989

Sheinin, David M. K. *Argentina and the United States: An Alliance Contained*. Athens, Georgia: University of Georgia Press, 2006.

Simpson, John and Jana Bennett. *Disappeared: Voices from a Secret War*. London: Robson, 1985.

Smith, Peter H. *Politics and Beef in Argentina: Patterns of Conflict and Change*. New York, Columbia University Press, 1969.

——. *Argentina and the Failure of Democracy: Conflict among Political Elites, 1904—1955*. Madison: University of Wisconsin Press, 1974.

Smith, William C. *Authoritarianism and the Crisis of the Argentine Political Economy*. Stanford: Stanford University Press, 1989.

Snow, Peter G. *Argentine Radicalism, the History and Doctrine of the Radical Civil Union*. Iowa City: University of Iowa Press, 1965.

Solberg, Carl E. "Immigration and Urban Social Problems in Argentina and Chile, 1890-1914", *Hispanic American Historical Review*, Vol. 49, No. 2, May 1969, pp. 215-232.

——, "Mass immigration in Argentina", W. H. McNeil and R. S. Adams, eds. *Human Migration: Patterns and Policies*. Bloomington: Indiana University Press, 1978.

——. *Oil and Nationalism in Argentina: A History*. Stanford: Stanford University Press, 1979.

——, "Peopling the Prairies and the Pampas: The Impact of Immigration on Argentine and Canadian Agrarian Development, 1870-1930", *Journal of Interamerican Studies and World Affairs*, Vol. 24, No. 2, May 1982, pp. 131-161.

Spektorowski, Alberto. *Origins of Argentina's Revolution of the Right*. Notre Dame, Indiana: University of Notre Dame Press, 2003.

Sweeney, Ernest S. *Foreign Missionaries in Argentina, 1938-1962: A Study of Dependence*. Cuernavaca, Mexico: Centro Intercultural de Documentacion, 1970.

　　Taylor, Alan M. "Mass Migration to Distant Southern Shores: Argentina and Australia, 1870-1939", In T. J. Hatton and J. G. Williamson. *Migration and the International Labor Market*, 1850-1939. London: Routledge, 1994

　　——, "Peopling the Pampa: On the Impact of Mass Migration to the River Plate, 1870-1914", *Explorations in Economic History*, Vol. 34, 1997, pp. 100-132.

　　Tornquist, Ernesto &. Co. *Economic Development of the Argentine Republic in the Last Fifty Years*. Buenos Aires: Ernesto Tornquist &. co., limited, 1919.

　　Tulchin Joseph S. and Allison M. Garland, eds. *Argentina: the Challenges of Modernization*. Wilmington, DE: Scholarly Resources, 1998.

　　Yvonne Pineda, Yovanna. *The Firm in Early Argentine Industrialization, 1890-1930: A Study of Fifty-five Joint-Stock Companies' Owners, Finance Sources, Productivity, and Profits*. Ph. D. Dissertation of University of California, Los Angeles, 2002.

　　Véganzonès, Marie-Ange. *Argentina in the 20th Century: An Account of Long-Awaited Growth*. Paris: Development Centre of OECD, 1997.

　　Waisman, Carlos H. *Reversal of Development in Argentina: Postwar Counterrevolutionary Policies and Their Structural Consequences*. Princeton, N. J.: Princeton University Press, 1987.

　　Wallace, Robert. *Argentine Shows and Live Stock*. Edinburgh: Oliver and Boyd, 1904.

　　Walter, Richard J. *Student Politics in Argentina: the University Reform and its Effects, 1918-1964*. New York: Basic Books, 1968.

　　——. *Province of Buenos Aires and Argentine Politics, 1912-1943*. New York: Cambridge University Press, 1985.

　　Weil, Felix J. *The Argentine Riddle*. New York: The John Day Company, 1944.

　　Weisbrode, Kenneth. *Spiritual Nationalism and Politics in Argentina, 1900-1912: a Critical Interpretation*. Amherst, Mass.: Latin American Studies Program, University of Massachusetts at Amherst, 1991.

　　Williams, John H. *Argentine International Trade under Inconvertible Paper Money, 1880-1900*. Cambridge: Harvard University Press, 1920.

　　Wright, Ione Stuessy and Lisa M. Nekhom. *Historical Dictionary of Argentina*. Metuchen, N. J.: Scarecrow Press, 1978.

　　Wright, Winthrop R. *British-Owned Railways in Argentina: Their Effect on Economic Nationalism, 1854-1948*. Austin: University of Texas Press, 1974.

Zavala, Cristóbal Osvaldo. *Carlos Pellegrini; homenaje al prócer y al Banco de la nación argentina*. Buenos Aires: Talleres gráficos de la Penitenciaría nacional, 1941.

Zinn, Ricardo. *Argentina, A Nation at the Crossroads of Myth and Reality*. New York: R. Speller, 1979.

后　记

　　当我还是一个懵懂少年时,因为对足球的迷恋,深爱着"潘帕斯雄鹰"彪悍与技术兼备的球风。在1986年世界杯期间,竟可不顾高考临近而追看马拉多纳和他那神奇的"上帝之手"。那时的阿根廷,于我而言似乎只是足球和探戈的国度,其他一概不知。

　　在误打误撞地进入了拉美史研究队伍后,时常困扰我的是另一个更大的谜题:为什么拉丁美洲这样一个独立甚早、自然资源又如此丰富的地区,到20世纪末期仍然处于不发达的状态？2003年出版的博士论文《劳尔·普雷维什经济思想研究》,是我尝试从经济思想层面去解开这个谜题的一次努力。2004年,我承担了李剑鸣老师主持的教育部重点研究基地重大项目"世界近现代史上的政治民主化问题"子课题"拉美依附性经济形态下的政治民主化进程"的研究工作,试图从政治、经济相结合的角度去解决我心中的谜题。

　　然而,随着阅读量的逐步增加、对学术前辈种种努力的更多了解和自身思考的不断深入,心中的困惑非但没有消除,反增更多的问号。但认清了一点:当时的我太不自量力！

　　自觉心力不济的我,决心先从国别研究着手。2005年,我有幸参与了钱乘旦先生主持的教育部重大攻关项目"世界现代化进程研究"的子项目"拉丁美洲现代化模式研究"的研究工作,承担了其中阿根廷部分的写作任务。写作的过程,恰是我对这个遥远国度不断了解的过程。文字不多,也就5万多字,粗浅地梳理了阿根廷怎样从一个依赖初级产品出口而获得成功的富裕之邦,沦落为经济停滞、社会分裂、政治动荡的"衰败国家"的进程。我将阿根廷在短短几十年时间内从兴盛到衰败的过程称之为"阿根廷之谜"。

　　2006年,我承担了韩琦教授主持的教育部重点研究基地重大项目"拉美主要国家的现代化道路"子课题"阿根廷现代化进程研究"的研究工作,试图探寻破解"阿根廷之谜"的钥匙。同年,我很幸运地获得了中美富布赖特研究学者项目的资助,赴美国伊利诺伊大学香槟分校(UIUC)进行访问研究。访学期间,不仅收集了大量的学术资料,而且还从各种学术交流中获益良多;尤其让人震撼的是美国高校拉美研究队伍之庞大,研究视角之新颖,研究问题之深入,深感自身差距颇大。

2007年回国后,我几乎停止了一切娱乐活动,醉心于阅读和整理相关资料,希望能稍稍弥补与美国同行之间的差距,尽可能高质量地完成自己所承担的科研项目。然而,欲速则不达。2008年起,饱受肠道易激惹综合症(IBS)折磨的我,从一个体重140余斤的壮汉变成了不足百斤的"病夫",腹泻、腹胀、腹痛,几乎成了我生活中挥之不去的元素。心中构想的许多学术思路变成了梦想,甚至是幻想,未能按时完成科研项目带给我内心的愧疚,恰又成为病情进一步恶化的诱因之一。能够有整块的读书、思考时间,一时竟成了奢望。原定于2009年出版的本书,因之一拖再拖。

事实上,大约在2010年我就大体完成了目前书稿的写作。当时,我力图对阿根廷自独立以降的现代化进程做一个全盘的研究,早期现代化只是该计划的第一步。然而,通过对相关史料的反复研读,深感"阿根廷之谜"的根源断然不能仅从20世纪30年代以后的现代化进程中去探寻;更何况,拖着病躯的我勉强完成的写作,对阿根廷早期现代化问题的研究,远非令人满意。所以,我决定将研究重点放到大萧条以前的阿根廷,将破解"阿根廷之谜"的关键放到其早期现代化进程的成败得失之中。这实际上是对我自己的一种妥协,因为我必须选择一种身体状况能够承受的工作强度。

是年年底,我开始进行有规律的身体锻炼:我有幸成为"花花羽协"的一员。一周两次的羽毛球锻炼,朋友们的关心和鼓励,更为重要的是夫人的悉心照顾,使我的身体日渐好转。尽管依旧消瘦,尽管还时不时地反复,但我基本上恢复了正常的教学和科研工作。阿根廷早期现代化方面的史料,理所当然地成为了我研读的重点,希望尽可能消弭原书稿中的不足之处。然而,几经修改,书稿仍与我的预期相距甚远,许多问题尚待深入研究,出版事宜又拖延至今。在我看来,本书的面世,就像一个营养不良且又懒月的胎儿,姗姗来迟又存诸多不足。所以,在书稿付梓之际,心中不免惴惴。心中虽然惶恐,但更怀感恩,希望藉此表达

后 记

我对所有关心、帮助我的老师、同仁和朋友的感激之情。

一要特别感谢我的导师洪国起教授,洪先生在学术和为人方面都是我学习的楷模,先生的教诲使我受教终生。在生活上,先生与师母李老师对我和家人关怀备至,事无巨细,均为我们考虑周全。感谢韩琦教授,作为本套丛书的主编,他体谅我的身体状况,一再宽延交稿日期。感谢拉美研究中心的王萍、谭融教授和王翠文、潘芳博士,她们既是同道,亦是同门。还要感谢我的那些可爱的学生们,和他们的交流总能让我倍感愉悦。尤其要感谢曹龙兴同学,他在攻读硕士学位的三年时间里,花费了大量的时间和精力来陪我这个不称职的导师求医问药。如今他博士毕业,成为中国拉美研究界的一员,由衷地为他感到高兴。

二要感谢学界前辈和同仁们的关心和鼓励,特别是中国社科院拉美所的苏振兴、曾昭耀、徐世澄、杨志敏研究员、刘维广编审、谢文泽、方旭飞博士,北京大学的林被甸、李剑鸣、董经胜教授,福建师范大学的王晓德教授和李巨轸博士,中国社科院欧洲所的江时学研究员、世界史所的郝名玮研究员、王文仙博士,现代国际关系研究院的吴洪英研究员,浙江大学的夏立安、刘国柱教授,山东师范大学的孙若彦教授,以及南开大学历史学院的陆镜生、林和坤、李治安、杨栋梁、陈志强、杨巨平、哈全安、杨令侠、赵学功、孙立群、王利华、江沛、陈絜、肖玉秋、付成双、肖军、张聚国、丁见民等诸位教授和同仁。还要感谢 UIUC 拉美和加勒比研究中心的约瑟夫·洛夫(Joseph L. Love)、维纳·贝尔(Werner Baer)、希克斯托·克罗多阿尔多·索托(Sixto Clodoaldo Soto)教授,安吉丽娜·科特勒(Angelina Cotler)博士和格罗里亚·里布雷(Gloria Ribble)女士,以及 UIUC 拉美图书馆的内莉·冈萨雷斯(Nelly S. Gonzalez)馆长。

三要感谢"花花羽协"的各位朋友:李振亚先生、高辉、韦幼苏、姬丽萍、季建霞、陈弘、张建新等各位老师和朋友,以及杨向东和张雪梅夫妇、纪亚光和罗宣夫妇、张传忠和李福君夫妇。他们的睿智和幽默,总能让我的生活充满欢笑;他们的关心和鼓励,极大地帮助我挥去 IBS 的阴霾。还要感谢历史学院的诸位同事,门连凤、高艳林、黄春雨和蓝海等老师一直对我照拂有加,鼓励我尽快从 IBS 的病痛中走出来;资料室的侯咏梅、王秋香、杨永明和朱会玲,办公室的李明玉、郭明、王昊、谢东、王金连、高菲、王军等诸位老师,在查阅资料和其他各方面都给予我很大的帮助。

当然,心中最大的感激要给我的夫人王纯博士,在我生病以后,她毅然承担起家中的一切责任。既要照顾我和孩子的生活起居,辅导儿子的课内外学习,又兼顾自己的教学和科研任务;既要承担繁重的家务,还要处理家中的其他各项事务。也要感谢儿子董泽涵,感谢他对我的体谅和关心。作为一个父亲,应该说我是不称职的,在儿子最需要父亲陪伴他共同成长的年岁里,我却因身体的缘故很少陪他学习、运动、旅行和游戏。对于夫人和孩子的愧疚,只能以后稍作弥补。让我们共同努力,共同进步吧!

应该感谢的人还有很多,他们都对本书的问世作出了贡献。书中的不足和错误当然得由我承担全部责任,衷心希望学界前辈、同仁和各位读者提出宝贵意见。

董国辉
2013 年 2 月于南开园

出版后记

国土面积居拉丁美洲第二、世界第八的阿根廷，曾经是世界上最为成功的国家之一。其"现代化在20世纪初是拉美国家的佼佼者，但到20世纪末却被称为'破落'国家，政治长期动荡和经济由盛而衰成为人们费解的'阿根廷之谜'"。

本书共六章，从经济、政治、思想文化等方面探讨了"阿根廷之谜"的原因。第一章从整体上论述了阿根廷早期现代化进程准备阶段的政治、经济状况；第二章至第五章从思想准备、经济要素、政治发展，以及阿根廷人对其发展道路的反思为着眼点，分别探讨了阿根廷早期现代化进程的得失；作为结论的第六章，作者综合前五章的分析，对"阿根廷之谜"进行深入剖析后，最终认为，"早期现代化进程中存在的诸多矛盾"是阿根廷从20世纪初期的繁荣到后来的"衰败"国家的深层原因。

现代化研究兴起于20世纪五六十年代，从一开始，研究的重点就不是发达国家，而是发展中国家的发展问题。70年代关注的焦点是拉美，80年代后转移到东亚地区。但是，90年代以来，随着拉美国家推行的新自由主义改革的普遍展开，以及该地区出现的债务、金融、经济动荡和政治上的新趋向，拉美国家的现代化道路再次引起国内外的重视，成为学术研究的热点领域。正是基于这种考虑，我们和南开大学现代化研究中心联合推出"拉美国家现代化道路研究丛书"，包括对巴西、阿根廷、墨西哥、古巴和中美洲的专题研究，以及美国著名的拉美问题专家伯恩斯的《简明拉丁美洲史》。有点有面，点面结合，冀望以此呈献给读者关于拉丁美洲发展道路的全面而不失具体的认识，也为中国的未来发展，提供自己的绵薄之力。

服务热线：133-6631-2326　188-1142-1266
服务信箱：reader@hinabook.com

后浪出版咨询（北京）有限责任公司
2013年11月

图书在版编目（CIP）数据

阿根廷现代化道路研究 / 董国辉著 . — 北京：世界图书出版公司北京公司，2013.7
ISBN 978-7-5100-6724-2

Ⅰ . ①阿… Ⅱ . ①董… Ⅲ . ①现代化—研究—阿根廷—现代 Ⅳ . ① K783.51

中国版本图书馆 CIP 数据核字（2013）第 161051 号

阿根廷现代化道路研究
——早期现代化进程考察

著　　者：董国辉	丛 书 名：拉美国家现代化道路研究	丛书主编：韩　琦
筹划出版：银杏树下	筹划出版：银杏树下	出版统筹：吴兴元
责任编辑：闻静　张鹏	营销推广：ONEBOOK	装帧制造：墨白空间

出　　版：世界图书出版公司北京公司
出 版 人：张跃明
发　　行：世界图书出版公司北京公司（北京朝内大街 137 号　邮编 100010）
销　　售：各地新华书店
印　　刷：北京联兴华印刷厂（北京通州区张家湾皇木厂　邮编 101113）
（如存在文字不清、漏印、缺页、倒页、脱页等印装质量问题，请与承印厂联系调换。联系电话：010-61501799）

开　　本：690 毫米 × 960 毫米 1/16
印　　张：13　插页 2
字　　数：172 千
版　　次：2013 年 12 月第 1 版
印　　次：2013 年 12 月第 1 次印刷

读者服务：reader@hinabook.com　188-1142-1266
投稿服务：onebook@hinabook.com　133-6631-2326
购书服务：buy@hinabook.com　133-6657-3072
网上订购：www.hinabook.com　（后浪官网）

ISBN 978-7-5100-6724-2　　　　　　　　　　　　　定　价：30.00 元

后浪出版咨询（北京）有限公司常年法律顾问：北京大成律师事务所　周天晖 copyright@hinabook.com

版权所有　翻印必究

巴西现代化道路研究

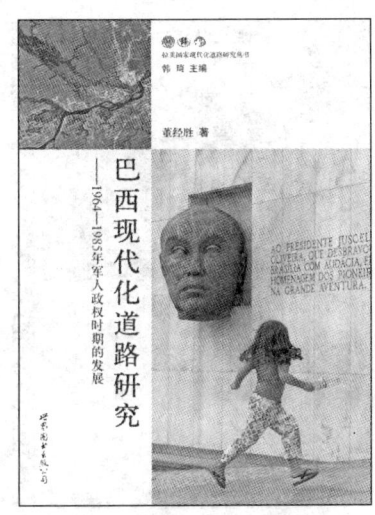

著　　者：董经胜
书　　号：978-7-5062-9587-1/C·63
页　　数：216
出版时间：2009.07　　定　　价：30.00元

内容简介

　　在巴西现代化进程中，1964—1985年的军人政权占有重要地位，它创造了经济增长的"奇迹"，同时在政治上以排斥性的、专制的威权主义为特征。本书主要从巴西各社会阶级、集团在现代化模式和战略选择上的分歧与斗争入手，分析军人政权产生的根源、采取的经济政策及其成败、威权主义统治的特点和后期向民主政治的转变，并对同一时期拉美国家盛行的军人政权和第三世界现代化道路的独特性作了有意义的探讨。

简明拉丁美洲史
（插图第8版）

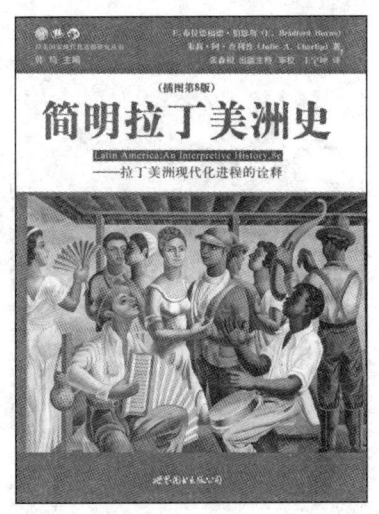

著　　者：（美）E·布拉德福德·伯恩斯
　　　　　朱莉·阿·查利普
译　　者：王宁坤　　审　校　者：张森根
书　　号：978-7-5062-9586-4/C·65
页　　数：424
出版时间：2009.09　　定　　价：39.80元

内容简介

　　本书从现代化的角度阐释了拉丁美洲自前哥伦布时代至21世纪初期的发展历程，重点聚焦于该地区的一个不解之谜——"富裕的土地上生活着贫穷的人民"。作者指出，之所以会造成这种悖论，关键在于殖民地时代形成的为上层人士服务的体制结构，在独立后得到加强，并延续至今。因此，拉丁美洲的现代化，是一种"增长但不发展"的现代化，广大人民未能分享经济增长的好处。在新的世纪,发展仍将继续成为拉丁美洲的主旋律。

大学堂 030

西洋现代史
（插图第4版）

著　　者：（美）罗伯特·帕克斯顿
译　　者：陈美君　陈美如
书　　号：978-7-5100-3939-3　　　页　　数：688
出版时间：2011.11　　　定　　价：88.00元

内容简介

　　二十世纪的欧洲人经历了非凡的成就以及巨大的不幸，对全世界、全人类影响极深。《西洋现代史》（插图第4版）论述时间范围为1914至2004年。《西洋现代史》结合欧洲文化背景，从一种比较的视角揭示了欧洲的权力、财富、创造力及其转移。发端于欧洲、持续了四年时间的第一次世界大战充满了血腥、毁谤与浩劫，而战后短短二十年中欧洲又经历了布尔什维克革命、法西斯主义的兴起和肆虐以及经济大萧条……续之以波及范围更广、更加血腥的第二次世界大战。

大学堂 031

世界舞台上的政治
（插图第12版）

著　　者：（美）约翰·鲁尔克
译　　者：白云真　雷建锋
推 荐 者：王逸舟
书　　号：978-7-5100-4044-3　　　页　　数：668
出版时间：2012.10　　　定　　价：88.00元

内容简介

　　《世界舞台上的政治》（插图第12版）同时涵盖了21世纪的大事件，如国际体系中的现代国家结构、全球化与政治经济、国际安全、国际合作组织与非政府组织、人权和环境等诸多问题。不同主题分为不同章节，使读者能够掌握世界政治的基本模式。本书还向读者展示了政治是如何影响个人生活的，并重点强调政治意识的重要性，引导我们做出正确的、负责任的行为。

世界史
（插图修订版）

著　　者：（美）卡尔顿·约·亨·海斯
　　　　　帕克·托马斯·穆恩
　　　　　约翰·威·韦兰
译　　者：费孝通　冰心等
书　　号：978-7-5062-8709-8
页　　数：584
出版时间：2011.04
定　　价：68.00元

历久弥新的大家译者　数千年鲜活如昨的历史

内容简介

　　20世纪上半期，美国三位著名史学家联合写作了《世界史》，从文明演进的角度来论述人类过去的历史，在美国风行一时，历经修订。我国于1946、1948年两次翻译此书，1975年又出版了冰心、吴文藻、费孝通等人的译本。此次我们采用1975年译本，并重新更换了大量精美而有趣的插图，撰写了丰富多样的图注，冀以展现原作的风采。

　　虽是写于半个世纪前，今日读来却不无有益有趣之处。它将从人类文明产生到1945年第二次世界大战结束的漫长过程，划分为四个阶段：文明的开端、古典文明、基督教文明、近代文明加以介绍，尤其以西方文明的发展路径为重点，文字轻快，论述精当，常有让人耳目一新之见。作者善于从细节来揭示历史大势，在不算长的篇幅内，却呈现出一幅有声有色、既有上层精英也有普通人日常生活的文明发展图景。

著者简介

　　海斯，哥伦比亚大学历史教授，著有《近代欧洲之政治史与文化史》《美国和西班牙》《西方文明史》等。
　　穆恩，曾担任哥伦比亚大学国际关系讲座，著有《帝国主义与世界政治》。
　　韦兰，弗吉尼亚州麦迪逊学院历史与社会学教授，曾著历史故事多种。

现代世界史
（插图修订第10版·上下册）

大学堂　011

著　　者：（美）R. R. 帕尔默　乔·科尔顿
　　　　　劳埃德·克莱默
译　　者：孙福生　陈敦全　周鸿临等
推 荐 者：罗荣渠　何兆武　刘北成
书　　号：978-7-5062-9536-9　　页　　数：1056
出版时间：2013.5　　　　　　　　定　　价：138.00元

世界现代史领域的殿堂级学术教科书
全世界几代学人透过他的眼睛看历史

《纽约时报》评为"所有时代所有学科中的19部经典教科书之一"
《华盛顿邮报》誉为"第一部晋身教科书荣誉殿堂的作品"
美国历史学会（AHA）评为"教科书的黄金标本"

　　自1950年初版以来，帕尔默等人所著的《现代世界史》便一直被誉为一部殿堂级的历史学术教科书，并被广泛采用作教材。在近60年的时间里，本书作者不断修订，如今已出至第10版，其销量在同类作品中一直名列前茅，是半个多世纪以来美国世界史教科书中寿命最长、读者最多、影响最大的一部。

　　本书内容丰富，领域宽广，以洋洋百余万文字阐述了现代欧洲的崛起这一世界性的事件。在作者笔下，曾经默默无闻的欧洲（或曰西方），在从16世纪初至今的五百多年里，逐渐创造出了一个辐射全球的政治、经济、军事、科技诸方面的世界体系。

　　作为一部将传统叙事与结构分析相结合的作品，作者在以政治和制度的演变为主线的同时，对于社会史、文化史、宗教史诸方面也作了简洁而生动的阐释。全书贯穿了作者的人文关怀和现实情怀，思想的火花与睿智的表达时时可见，使得阅读本书成为一次美妙的思想之旅。

现代世界史（影印版）即将出版